湖南社会科学普及
Hunan popularization of Social Science

湖南省社会科学普及读物
出版资助项目

剑、简牍与斑斓岁月

——益阳古遗址与器物价值解读

周立志 著

湖南大学 出版社·长沙

内 容 简 介

　　《剑、简牍与斑斓岁月——益阳古遗址与器物价值解读》是一本考古题材的文史普及读物。本书立足益阳，植根洞庭湖地区，放眼湖南三湘四水，着重介绍益阳境内涉及秦汉以前的主要考古遗址与代表性器物，萃取文化精华，聚焦文化亮点，梳理文化脉络，追寻文化遗踪，通过释读遗址与文物、文物与社会发展之间的诸多关系，探寻益阳乃至湖南的文明演变历程。

图书在版编目（CIP）数据

　　剑、简牍与斑斓岁月：益阳古遗址与器物价值解读/周立志著. —长沙：湖南大学出版社，2021.4
　　ISBN 978-7-5667-2107-5

　　Ⅰ.①剑… Ⅱ.①周… Ⅲ.①古城遗址（考古）—研究—益阳 ②古器物—研究—益阳 Ⅳ.①K878.34 ②K875.04

　　中国版本图书馆 CIP 数据核字（2020）第 245814 号

剑、简牍与斑斓岁月——益阳古遗址与器物价值解读
JIAN,JIANDU YU BANLAN SUIYUE——YIYANG GUYIZHI YU QIWU JIAZHI JIEDU

著　　者：周立志
责任编辑：肖晓英
印　　装：湖南省众鑫印务有限公司
开　　本：710 mm×1000 mm　1/16　印张：19.5　字数：258 千
版　　次：2021 年 4 月第 1 版　印次：2021 年 4 月第 1 次印刷
书　　号：ISBN 978-7-5667-2107-5
定　　价：68.00 元

出 版 人：李文邦
出版发行：湖南大学出版社
社　　址：湖南·长沙·岳麓山　邮　编：410082
电　　话：0731-88822559(营销部),88823547(编辑室),88821006(出版部)
传　　真：0731-88822264(总编室)
网　　址：http://www.hnupress.com
电子邮箱：781089448@qq.com

湖南省社会科学普及读物出版资助项目
编 委 会

前 言

习近平总书记指出:"一个没有发达的自然科学的国家不可能走在世界前列,一个没有繁荣的哲学社会科学的国家也不可能走在世界前列。"哲学社会科学是人们认识世界、改造世界的重要工具,是推动历史发展和社会进步的重要力量。社会科学的宣传和普及,是倡导科学方法、传播科学思想、弘扬科学精神的重要方式,是繁荣社会科学、提高公众社会科学文化素质、促进人与社会全面发展的客观需要。近年来,湖南社会科学普及工作不断深化,成效显著,通过建立社科普及基地、举办社科普及讲坛、开展社科普及主题活动周及系列特色活动、推荐与资助优秀社科普及读物创作、建设社科普及志愿者队伍等,在提升公众社会科学文化素质、推动社会科学发展方面发挥了积极的作用。

中国特色社会主义进入了新时代。一方面,我国社会主要矛盾已经转化为人民日益增长的美好生活需要和不平衡不充分的发展之间的矛盾。人民日益增长的美好生活需要,极大地体现在人们对文化、精神领域有了更高的追求。另一方面,面对社会思想观念和价值取向日趋纷繁、主流和非主流同时共存、社会思潮纷纭激荡的新形势，如何巩固马克思主义在意识形态领域的指导地位，培育和践行社会主义核心价值观，巩固全党全国各族人民团结奋斗的共同思想基础，迫切需要哲学社会科学更好地发挥作用。在这个背景之下，社会科学普及工作者应自觉担负起历史使命和时代责任，充分运用"社会科学普及+"思维，创新社会科学普及形式，在丰富人民群众精神文化生活的同时，对人民群众进行科学的教育、引导，提高人民群众的人文社科素养。

面对新形势、新任务，湖南省社会科学界联合会、湖南省社会科学普及宣传活动组委会办公室贯彻落实《湖南省社会科学普及条例》，开展湖南省社会科学普及读物出版资助项目，面向在湘工作的社会科学工作者征集未公开出版的社会科学普及优秀作品，对获得立项的优秀作品进行资助出版。其目的就是激发广大社会科学工作者的创作热情，推出更多更优秀的社会科学普及作品，把"大道理"变成"小故事"，把"学术语言"转化成"群众语言"，把"普通话"和"地方话"结合起来，真正让党的理论政策鲜活起来，让社会科学知识生动起来，让社会科学普及工作"成风化人、凝心聚力"，为建设富饶美丽幸福新湖南、实现中华民族伟大复兴的中国梦凝聚强大的正能量。

湖南省社会科学界联合会
湖南省社会科学普及宣传活动组委会办公室
2020 年 9 月

序　言

　　2017 年，湖南省首届文物价值解读大赛举办，唤起了社会大众对湖湘文物的持续关注与深度探求。文物是一个地方与人文历史连接最牢固的纽带，是凝聚人心的情感信物。塑造人文精神，培养地域情怀，增长知识，开阔视野，追远寻根，反刍岁月，文物所发挥的作用从来都无可替代。

一

　　文物是什么？文物是我们生存的过往，是连接历史和现在，启迪智慧和灵感的惊世传奇。它是先民给予后世的一种无私馈赠，是一种别致而神秘的美妙暗示；它是岁月与岁月的沟通，是不同场域下生存对话的集合。它甚至可以回答谁是土地的主人，他们从哪里来，如何生存，以及如何创造文明等若干哲学问题。文物是一盏灯，点亮了社会暗黑的天空，是一种问候，抵得上千次万次的重逢。

　　怎么看文物？看文物是需要态度的。没有像样的态度，人们无法走近文物，也就不会去深入探索和了解文物的含义和价值，以及它的发掘背景。看文物的态度，首先应当是谦卑而细致，饱含敬重与珍惜之情。起底消亡，从尘封大地挖出的坛坛罐罐，破铜烂铁，还有尸骨与朽木，它们远离尘世，与当下生活无法一一对应，所以很多人缺少兴趣和激情，认为不值一看。这绝非是对待文物的正确态度。据说日本人把能保存的文物都妥妥地放置于博物馆，成为一个民族国家源源不绝的精神财富和教育资源；一度被贬为"文化沙漠"的中国香港，在触动中激发了公众对文物的珍视——一个普通古代小陶罐，他们也会宝贝似的圈起，画出一米线让观者禁步，甚至拒绝任何轻佻之举。

在人们的印象中，中国是文物大国，遗址众多，文物丰富，人们驻足看文物，历来是站着看，是俯下身子细细打量。但是，与中国不同，日本人看文物，却是跪着看。跪着看，其实是对文物的一种敬重、感恩和珍爱。我们就得学学人家，懂得如何去欣赏文物——要从低头看，到抬头看，甚至可以放下某些尊严，学会跪着看。平视和仰视，看似只是视角不同，体现的却是对历史文化崇尚与传承态度的巨大反差。我们需要一种与世匹配的精神境界和文化情怀。

中国拥有亚洲最璀璨的古代文明，数十万年至今，延绵不断。感谢先民植根内心的厚葬远见，使大批文物和遗址存世，留给我们打开消逝历史的一扇扇窗户。但我们珍惜得还不够。数十年高强度国土开发建设，许多文物被野蛮施工毁损，破坏严重；盗挖文物曾一度猖獗，文物流失超过世界上其他任何国家，留下惨痛记忆。此外，发现文物价值，加强宣传普及，增强文化自信，也是建设文化强国和美丽中国的当务之急。所以，保护与珍爱文物，大力研究文物并传播文物知识，延续文明之根，所有奔走呼吁和高声倡议，都彰显历史担当，都值得褒扬和鼓励。

二

　　长江中游是中华文明的重要发源地，其中，洞庭文明是重要构成内容。洞庭湖盆地因为独特的凹陷沉降，保存了中国南方最古老的史前文明，被专家誉为"长江文明的天然博物馆"。洞庭湖堪称绝世宝藏。

　　考古调查表明，洞庭文明贯穿现代人类旧石器和新石器两个时代。距今8万年至12万年的临澧县伞顶盖遗址、沅江市赤山岛枫树嘴遗址，乃至距今40万年的益阳市赫山区黄泥湖遗址，都显示有现代智人中国南方人（南岭人）的分支——古洞庭人在广袤的洞庭湖平原生存繁衍。

　　洞庭文明在考古学上建立了一套完整的文明标尺体系，包括已发掘的1万年前的石门县皂市下层文化，8000余年前的澧县彭头山文化，约7000年前的安乡县汤家岗文化，约6000年前的重庆市巫山县大溪文化，约5000年前的湖北省荆门市屈家岭文化，约4000年前的湖北省天门市石家河文化，3000多年前商代的岳阳县费家河文化等。

　　到目前为止，环洞庭湖地域发现新石器时代之前的史前遗址总数达500余处，益阳境内也分布了百余处。这当中，超过10万平方米量级的大型聚落城址有十余个，最著名的，当数洞庭以北湖北天门的石家河遗址，面积超过100万平方米。就湖南而言，最大的聚落城址是华容七星墩遗址，面积超过25万平方米，最南端的是南县卢保山古城，面积也逾10万平方米，为益阳境内史前城址之最。上述在彭头山文化至石家河文化数千年里相继建立并延续时间不一的大型城址，虽无文字史料记载，但根据城址规模、数量和管辖范围，再结合骆越人的创世传说，我们可以推测，古人很可能在此构建了洞庭古国。古人在商周时用文字揭示了"洞"和"庭"的各自含义，并提出"洞庭"这一概念，就很耐人寻味。洞，金文为水边建筑的通道；庭通"廷"，是朝拜问政的地方，"洞""庭"二字合起来，意指在水泽大湖边修建的朝拜理政之所。如果这个假设能够成立，洞庭文明的历史价值就需要重新审视，长江文明在中国乃至东亚的历史地位就需要重新定位。

历史推进到春秋战国，益阳是楚国南楚地区最重要的军事驻地，并设置了楚县，具有洞庭地域历史文化的标杆地位，意义非凡。迄今为止，益阳境内发掘楚墓 2600 余座，证实此地是著名的楚人聚集之地。发现军士墓超千座的黄泥湖楚墓群，奠定了益阳洞庭水泽军事重镇的地位。在益阳中心城区铁铺岭故城附近的兔子山遗址，发掘了古井 16 口，出土秦汉简牍 1.5 万余枚，其中楚简 500 余枚，发现了秦二世的遗世文告，以及三国时东吴的大批县署档案，还揭开了楚国在益阳设县的古老历史秘密。在益阳爱屋湾遗址，发现了面积近 5 万平方米的大型东周城址，出土了湖南省唯一一套保存完整的青铜车马器。此外，境内还有大量重型青铜礼器出土，如安化东山的虎食人卣酒器，赫山区铁铺岭 200 余千克重的青铜簋，赫山区龙光桥越王州勾剑与赫山庙越王剑，它们无一不是稀世珍宝。

益阳是一座拥有 2300 余年历史的古老城市，县名一直未有更改，这在整个中国历史上实属罕见。楚国时期，益阳管辖面积达 4 万多平方千米，范围非常广，百越杂居，风俗各异，文化多元，在南楚影响巨大。益阳是梅山文化的发源地，孕育梅山古国千余年独立生存的精神文化内涵；益阳是楚国的百越羁縻之地，创设了中国历史上最早的土司治理制度，对后世影响深远；益阳是古代巴人"川盐入楚"的重要交通枢纽，吸引了大批巴濮族群来此定居，大量巴濮兵器在楚墓中现身，给人以丰富联想和启迪；古代益阳还包括宁乡，这里享有"南方青铜器之乡"的美誉，炭河里遗址，为文化益阳的演变历程写下了浓墨重彩的一笔。

三

洞庭，本是一个历史概念中的地望，人们赋予它的含义，是随着地质演变和朝代更替而不断发生显著变化的。1万年前，它是高差起伏数十米的广袤平原，是史前人类生存的乐土。夏商之前，它以极高的宜居指数，吸引了长江流域乃至岭南地区众多远古部落，他们纷至沓来，集结成群，农耕渔猎，取食自然，不亦乐乎！在经历了漫长的地质凹陷以后，到春秋之际，洞庭湖平原已经开始大范围、小面积地沼泽化，我们可视之为"沼泽平原"。但平原景观依然得以呈现。这一沼泽化进程，直抵汉晋时期。据史料记载，南北朝时，洞庭湖平原东部出现了一个方圆近100千米的巨浸，湖泊化地貌改变了人们对平原的认知。此时，洞庭湖平原正式变成后世名扬天下的洞庭湖。也可以说，在魏晋南北朝时，洞庭从单一平原身份分化为平原与湖泊并存的地貌。其后，天下洞庭，就是唐诗宋词中浩荡水云的壮阔之貌，是文人骚客潇潇烟雨的萧瑟意境，是传奇的不稽，是失意的情怀，当然也不乏拥有八百里洞庭的豪迈；置身于水泽大湖，伫立于草渚沙岸，面对无垠的野生动物世界，飞鸟扑食，麋鹿云集，洞庭湖，它甚至还是艰辛而不倦的谋生代称。

由平原到湖泊，这一独特的地理地质演变特点，让史前文化遗址和器物在这里得到原真性保存，为我们了解中国南方的史前文明提供了绝佳的平台和载体。洞庭湖也因此成了长江中游史前文明的博物馆。据不完全统计，环洞庭地区的古遗址超过520处，古城遗址有17处，稻作文化、聚落和陶器文化，是留给世人的不朽印象。

但是，就目前而言，环洞庭地区的古遗址和器物系统而深入的价值解读和普及宣传工作还非常薄弱，甚至留下不少空白。长期以来，文物部门的考古发掘虽能吸引公众眼球，但如何使遗址内涵和文物价值呈现，特别是它们的大众化、普及化，一直是亟待破解的一道难题。新闻界的关注，仅限于吸引眼球的动态描述以及专家个别访谈，缺少潜心探究和精确论证；省、市文博机构发表和出版的考古报告和学术著作，专业性强，读者范围小，社会影响有限；各类博物馆虽有专馆布展，但介绍简略，有的还器物不全，无法让观众获得历史文化的整体印象；党史地志部门对文物进行系统研究的也不多。这些现象的出现，究其原因，还是深入研究不足，宣传普及不够接地气，缺少对公众的关照等。千百年来，环洞庭地区的人们，在同洪涝灾害持续搏斗的过程中，不仅培养了顽强坚韧的品格意志，也对自身的生存环境提出了反思和质疑。他们迫切想了解艰苦的自然环境究竟是如何形成的，以及如何准确寻找自身的生存根基。考古和文物恰好能为人们解疑释惑，能够赋予他们以适应和缔造新生活的智慧灵感和精神力量。当然，这一点，也正是本书聚焦于秦汉以前益阳考古和文史解读的初衷。

综上所述，益阳有悠久的人居历史和璀璨斑斓的古代文化，它们是一批不可多得的文化遗产和精神财富，值得深入挖掘和用心传承。《剑、简牍与斑斓岁月——益阳古遗址与器物价值解读》的问世，就是这项基础性整理研究工作的特殊展示，非常具有现实价值和历史意义。将考古发掘与文史研究相结合，无疑会大大拓展益阳文史研究的深度和广度，将更多亮点和成果呈现出来。著者相信，此举对于夯实益阳人文根基，普及文史知识，物化文旅开发，增强文化自信，培养地域情怀，扩大口碑声誉，将产生独特而深远的影响；同时，也为满足阅读需求，方便读者寻根，弥补方志疏漏，刷新文化版图，起到引领和推动作用。

目　次

引言　挣脱文化困境

我们从哪里来？如果不涉及哲学意义，那么，这是一个寻找归宿感的命题。

对这种归宿感的溯源，一直困扰着一代代益阳人，因为益阳的地方文化，自汉唐至明清以来，曾不止一次出现过断层。

这个断层其实由来已久。早在先秦之前，因为人口迁徙、自然灾害、战祸频仍等而被不断掩覆和湮灭的本土文化，不可胜数，至今已让人产生诸多认知困惑。

众所周知，文化是由人在生产生活中逐渐积淀而成的，包括精神和物质层面，有地域、种族、时代等诸多差别。历史上，益阳因地处长江中游的洞庭之滨，代际传递和人口流动远比他处为甚，剧烈动荡的地域人文，包括灭失的、移植的和速生的，所表现的独特、丰富和辉煌，其显露的智慧，达到的高度，焕发的自信心和优越感，不仅让人心生眷顾与怀想，而且更容易驱使人们去探求、猜测和反思。洞庭湖曾经是世界稻作文明的源头，是华夏灿烂文化的发祥地之一。带着这种地域文明的标签，感叹、寻根和释怀，自然是其中涌动最多的一些情绪体验。不过，人们在感喟地域人文的珍贵与脆弱的同时，更为在历史沃壤中获取意象和灵感而倍感自豪。岁月无法反复，历史只留回响，而文化的衣钵，在不停召唤传承者来继承。人们深知，由时空编织的地方文化，唯有善加挖掘和利用，其焕发的风采才独具魅力，影响才最久远，才会最激荡和鼓舞人心。

益阳的地方文化，如果要寻根究底，追本溯源，就不得不从早期古越人在洞庭地域的历史遗迹和点滴遗存着手。而古越人在这一地理空间的生存印记，并不为人们所铭记，一是文献资料鲜有记载，二是深入研究和系统性整理少有成果，三是时代久远、探求艰难，少有所得。唯此，若揭开他们衣食起居的生活表层，触及深层次的地缘、族性和人文，今天的普通百姓要么知之甚少，要么一无所知，用"一头雾水"描述，似乎并不为过。

这其实是一种最真实的深度文化贫困和集体性历史贫血，是一种不问来路、无有遵循的困惑。要走出这种困境，就得从古越人生存的蛛丝马迹，去追寻来龙去脉，弄清历史走向；从百越生活场域，展开调查和推演，解析生存状况，进而构筑一套历史演化路径略微清晰的宏大叙事。怀揣这种使命和担当，让我们走进考古现场，打开尘封史籍，串起器物与遗址的记忆，一起拉直这样一个问号吧！

穿越迷蒙岁月

一、摩挲古越人足迹

（一）古越人的起源构想

古越人是一个十分宽泛的概念，构成复杂多样，身份不明，视之为某个单一种群未免偏颇。以地域文化主人的身份来理解他们，或许更恰当些。

在长江流域乃至岭南地区，由于种群进化的快慢不同，以及地域分布的差异，古越人分化出不同的语言表达系统，主要是南方的苗瑶语属、壮侗语属两大类，还包括生活在区域边缘地带的藏缅语属。

具体到洞庭湖平原，在不同社会发展阶段，因为不同地理演化环境及自然条件，生活在这片区域的民族各不相同。旧石器时代中晚期，最先出现的，可能是壮侗语属的古越人。新石器时代开始，苗瑶语属的古越人进入，并发展成为这里的土著族群。

大约在新石器时代中晚期，益阳的土著先民，是考古意义上的古越人。由于没有出现文字，或者因岁月久远而记忆弦断，这些史前文明的创造者，包括约 7000 年前的汤家岗文化、约 6000 年前的大溪文化、约 5000 年前的屈家岭文化、约 4000 年前的石家河文化等若干因考古学年代分期而被纳入这一文化序列的种群，人们皆只能以"古越人"或"古越族"相称。

说到古越人，就不得不提及他们的来历问题。而这，其实相当深奥和棘手，因为人类的起源和进化，是一个至今仍悬而未解的世界性难题。

大多数人类学家认为，距今约 7 万年，东亚原始人没能熬过第四纪之晚更新世①冰期的酷寒，全部灭绝。

关于现代智人的起源，目前学术界大致流行两种理论：一种是非洲起源说，另一种是多点起源说。

非洲起源说。1987 年，美国一批与人类学相关的专家从全球不同国家和地区抽取 147 个妇女样本做 DNA 检测，发现她们的初始基因集中在一个非洲女性身上，距今有 20 万年。西方媒体将她称为"夏娃"，这也是有关现代人起源的"夏娃理论"。这种起源说构想如下。早在约 9 万年前，来自东非的黄种人首先迁移到今天的两河流域，进而到达中亚草原。在经过相当长的适应性生活以后，他们进入中亚高原，原始的猎捕和采集生活是他们生存的主要方式。在中亚高原的山谷，现代东非智人演变成为中亚人，他们发现了最早的野生苹果。若干年过去，这些野生苹果经过培植和改良，随着他们外迁的

① 晚更新世，地质学术语，年代测定为 1 万—12.6 万年前（±5000 年），正值欧亚大陆冰川期，许多巨型动物灭绝。

队伍，陆续来到东亚、南亚，甚至从温带进入亚热带地区。

多点起源说。这一观点是指现代人类不只起源于某个地理区域，而是起源于数个地理空间。具体而言，已出土的旧石器时代的大量智人骨骼和牙齿，以及器物证明，早在东非妇女所谓的肤色分化和迁徙殊途，即离开非洲大陆之前，现代智人早就存在于亚洲，特别是中国南方和南亚地区，由此产生了考古领域公认的南岭人（或称中国南方人）和马来人。前者属于黄种人，是东亚原始人的某种延续；后者属于棕色人种，是海洋蒙古人种或南岛-蒙古利亚人种，两者均被视为现代智人。

中国科学院院士、古人类学家吴新智不赞同"夏娃理论"一说。他认为，在中国南岭一带发现的古人类化石显示出一脉相承的进化脉络，没有进化链条的缺失，中国的旧石器文化无论在哪个时期都无法判读出来自亚洲以外的文化取代中国原有文化的迹象。

事实上，仅在湖南境内，大量考古发掘也能证实这个观点。在洞庭湖之滨的赤山岛上的横山岗、陆家岭等地发现的距今约 70 万年的强网纹红土中，石核砍砸器、石球等类似"奥杜威石器"① 少量出土，记录了目前为止湖南最早的人类活动轨迹。在益阳市赫山区黄泥湖一带所出土的约 40 万年前的文物中，就有大量石器工具遗留下来。

伞顶盖遗址，也是其中的代表性发掘。遗址地处洞庭湖平原边缘的澧水南部，位于海拔 110 米的丘岗台地上，北距澧水一级支流道水河约 1.5 千米，属常德市临澧县佘市桥镇荷花村（原长湖村）官岭组管辖。考古调查表明，湘西北澧水流域是湖南旧石器时代遗址发现和发掘最早的区域，也是湖南及华南地区旧石器时代遗址集中分布区之一。自 2011 年以来，考古人员从这一

---

① 旧石器时代人类一种砍砸石器，距今约 180 万—200 万年，1931 年，由英国人路易斯·利基最早发现于坦桑尼亚北部号称"人类摇篮"的奥杜威峡谷。

流域百余处旧石器时代遗址中，筛选出十余处进行勘查，证实道水河流域河谷两侧的丘岗地带是更新世时期古人类密集活动的活跃区，其中，伞顶盖遗址是面积最大、遗物数量最多的一处。考古人员从中更新世晚期至晚更新世早期，即距今8万—12万年的该遗址中发现了完整的石工业这一罕见考古成果。逐水而居的伞顶盖人，利用居地的底层砾石，制作以中小型为主的各类工具。他们懂得石器材料的分类，拥有旋转的剥石制作石器技术；特别值得一提的是，他们充分利用河流裹挟而来的卵石，尤其是富集的燧石用以击石取火，制作硬度、大小、用途不一的各种石器工具。从制作石器取食，到生火熟食取暖，一条河流，简直蕴含了南岭人生存与进化的全部秘密。这样的岁月一直延续了数万年，直到1万年前全新世①来临。

2011—2013年，中国科学院古脊椎动物与古人类研究所、湖南省文物考古研究所和永州市道县文物局组成联合工作组，在道县乐福堂乡福岩洞遗址发掘出具有完全现代人特征的人类牙齿化石47枚，经测定，它们的年代范围在距今8万—12万年。这表明，8万—12万年前，"现代人"已经出现在湖南地区，他们是东亚最早具有完全现代人特征的人类。②

调查显示，到目前为止，湖南共发现300多处旧石器遗址，这些遗址、遗物，都支持中国人种和文明无一不源于它们的内生性和融合性，即表明中国南岭人独立主导了自己的演化进程。

这意味着，数十万年以来，脱胎于南岭人的古越人，一直没有从他们生存的土地上消失。古越人的存在，有可靠的考古发掘给予支持。

---

① 全新世，地质学术语，从11700年前开始。

② 陈薇、吴映秋：《冰冷的石头会唱歌：复原湖南远古人类历史》，载华声在线2019年4月16日。

（二）环状迁徙——南岭人的生存密码

位于长江中游的洞庭湖平原，在史前时期，土著民族当是古越人和他们的祖先南岭人。早在数十万年前的旧石器时代，长江流域、岭南地区，乃至中国东南沿海地区，就有人类在此生活。

1996 年，在益阳境内赫山区黄泥湖，考古调查人员发现了一处旧石器时代的早期遗址和数百件旧石器时代标本，距今约 40 万年。这是目前为止资水流域发现的最久远的人类活动遗迹，也是华南旧石器时代的重要组成部分。[①]

沅江市南嘴镇牛栏岭旧石器时代遗址及打制砍砸石器特写（周立志摄）

2015 年夏天，在益阳到南县高速公路的一个水泥搅拌场建设工地，人们从两米多厚的纯净红土中，发现了大批砍砸、投掷等石器工具。经考古专家确认，这个位于沅江市南嘴镇兴南村牛栏岭的旧石器时代遗址，距今约 10 万年。

2016 年春夏之间，考古人员在益阳沅江市赤山岛区域的枫树嘴、杨腊丘和虎须山等三处相继发现旧石器文物，发掘石制品近 1000 件，这些石制品初

---

① 蒋作斌主编：《厚土珍藏》，岳麓书社 2008 年版，第 4 页。

具"阿舍利手斧"① 风格，距今 12 万—30 万年。经检索得知，这是在西洞庭盆地首次发现的具有连续规模特点的旧石器时代遗址，令文物考古专家们喜出望外。

这些器物的主人，自然是一种叫东亚原始人的现代智人。种类丰富和形态各异的石器出自他们之手，也是判定其身份的主要依据。栖居时代的他们，普遍生活在温暖宜居的高原和台地，历经漫长的人种演变，再进入以猎捕、简单采集和挖掘等方式繁衍生息的进化阶段。据人类学家推测，在冰川期生物大灭绝时代，东亚原始人可能没能躲过酷寒以及随之而来的食物短缺。他们被认为是人类进化史上的一声绝响，没有继续走下去的机会。这些粗糙的石制品，会不会就是他们在集体谢幕的前夜留下的最后那一批惊世之作呢?

实际上，这个机会给予了古越人的祖先南岭人。因为从目前已知的人类遗迹看，是南岭人最先开拓了包括古代益阳在内的洞庭湖平原的这片土地。古越人和他们的祖先南岭人，在洞庭湖一带留下的一系列考古学意义上的文化遗址，从石器、陶器，到玉器，从数十万年到数万年，从上万年到数千年，从史前文化到有历史记载，他们的进化链条是相对完整的。

考古发掘显示，在洞庭湖周边，新石器时代古越文化的遗存最丰富，分布最广，时间跨度也最长。基于此，人们在拨开史前文明遗址笼罩的层层迷雾，完成想象和推演之后，才意识到，对南岭人乃至古越人生存状态，古代史籍早就给予了最经典的描述——"饭稻羹鱼"，其中所透露的衣食无忧，更是赋予了古越之地安宁乐土形象，并因此为后人所心仪与向往。

那么，南岭人究竟是如何在洞庭湖平原生存下来的呢?

---

① 属于旧石器时代早期阿舍利（Acheulian）文化类型的工具。这种石斧两面打制，一端较尖较薄，另一端略宽略厚，呈泪滴等形状，流行于距今 20 万—170 万年前后，被公认为人类历史上第一种标准化加工的重型工具，它代表了直立人石器加工制作的最高技术。

沅江市新湾镇杨腊丘旧石器时代遗址（周立志摄）

沅江赤山岛，这是我国第一大内湖岛屿，也是南洞庭湖地域的制高点，长30千米，宽不足4千米，面积约106平方千米，设有南嘴和新湾两镇。岛上的杨腊丘、虎须山等地留下了距今约12万—30万年的一些旧石器时代文化遗存。其中杨腊丘和虎须山两处地方同属沅江市新湾镇周公湖村，从毛田村至蒋家坳，沿高速公路地段，相隔仅2千米。

专家们分析认为，数量不多的石器分别存放在各个地方，这一分布特点揭示了某种规律，证实了关于中国南方人当时仍处于栖居时代而不是过着穴居生活这一猜测的真实可信——为了采集和捕猎，居住在馒头形低缓山丘的这类人，在山岭四周采集各种野果和嫩叶，用石头和木棒围猎和袭击出没此地的野兽，同时，也时刻警戒着来自周围环境的种种威胁。他们成群穿梭于茂密的原始丛林中，栖身在树杈和隐秘的草丛之间，尚未进入地面定居阶段。而且石器遗址分布显示，在洞庭湖平原的丘岗处，他们把一堆堆石器工具放置在某个区域的某一固定地点，生产生活则围绕石器点呈圆圈形状向四周扩展。笔者结合横山岗等地石器遗址推测，其最远可达二三十千米。这种呈环状频繁迁徙的生存策略，是他们努力适应复杂而残酷的自然环境最为突出的特点之一。

（三）中亚人的东迁和南下

根据人类学和考古学研究，再结合盘古神话和汉族"西来说"相关载录，[①] 笔者认为，距今 1.8 万—2 万年的旧石器晚期，属于蒙古利亚人种（Mongoloid）的中亚人，从广袤的葱岭（即帕米尔高原，Pamirs，亦作 Pamir，波斯语译为平顶屋）一带集体性迁移，以克服食物的短缺与躲避严寒的袭扰。最初，中亚人部落大体分为两大阵营：一部分东迁，走过戈壁草原，穿越河西走廊，涉足河套平原，进入东亚地区；另一部分南下，进入印度的恒河流域，然后沿着喜马拉雅南麓扩散开来。

先说南下的中亚人。在随后的若干年里，他们中的一个分支穿越高耸峻峭的横断山脉，进入到多雨湿热的缅甸高原，以及高差巨大且洞穴密布的云贵高原。另一个分支则继续沿着海洋边缘，南下至中南半岛各地。在中南半岛乃至东南亚一带，中亚人遇到了现代智人马来人的抵抗，双方通过战争、交换和通婚等形式，达成某种程度的交往和融合并完成了迭代进化。后来，为躲避台风袭扰、寻找居住洞穴、扩大食物来源以及拓展生存空间等，中亚人继续北上，将势力散布到中国辽阔的岭南地区和东南沿海地带。在那里，他们遇到了现代智人中国南方人。中亚人对中国南方的季风气候情有独钟，也对中国南方人的面貌特征、生存方式和溶洞遍野的穴居地貌产生相当程度的认同和喜爱。随后的结果是，他们也与中国南方人通过战争、交换和通婚等形式产生融合，完成迭代进化以后，形成了岭南地区的古越人。有分析认为，中亚人从南亚进入东南亚，再从热带地区进入到亚热带地区，最终演变

---

① 参见〔宋〕李昉、李穆、徐铉等《太平御览》卷二、〔唐〕司马贞《补三皇本纪》等著作。

成为中国西南、南方和东南各地语属悬殊的古越人，时间上持续了数百年乃至上千年不等。在随后的不长时间里，古越人甚至越过了南岭山脉，到达了南岭以北的湖南南部地区。

再说东迁的中亚人。他们是华夏族的先民。最初出帕米尔高原时，他们向东穿过大漠戈壁，踏遍草原平地，饱经纷争，历尽艰辛险阻，一路猎捕和游牧，进入黄河流域。在这里，中亚人可能与冰川时期孑然遗世的中国秦岭人（**古东亚人**）进行了迭代杂交，形成著名的阿尔泰部落。后来，随着迁徙范围的不断扩大，他们在不同的地理单元，衍生出三个不同的分支，继续以猎捕、游牧和采集为生。其中，突厥群落（**包括匈奴、突厥**），居于河套和黄土高原；蒙古群落，居于河北平原；通古斯群落，居于环渤海和朝鲜半岛。这些长期生活在温带和寒带等高纬度地区的中亚混合人类，最终都演化成北亚人种。其后，又是上万年的进化与演变，到新石器中晚期时，即距今约5500年，进入黄土高原且已经走出洞穴的华夏先民，为躲避野兽的侵害和袭扰，开始在广袤的原野上，在有巢氏等部落首领的带领下，修建了房舍，组成了聚落，并从事种养和耕作，辅之以采集、渔猎等谋生方式。

阿尔泰部落在东进昆仑山的过程中，经过了一个不算短的迁徙过程，逐渐形成了原始的汉藏部落。汉藏部落后来分化成两大部族：藏缅语族，居住在湟水流域、昆仑山、河西走廊；而原始汉语部族，则从甘肃天水、陕西宝鸡一带，进入黄土高原定居。原始汉语部族以血缘为纽带，在山西立足以后，不断向西边的渭河平原渗透，后来更是进入关中平原核心区从事农牧种养等生产活动。殷商时，以羌人为主体的他们，放弃了低效率的游牧生活，精心于农耕养殖生产方式，建立完善的聚落村社，繁衍人口，积蓄力量，扩充势力，增强声威影响，最终与疲于流浪的殷人，以相同的血缘和对定居生活的认同，一起构成了汉语族的先祖。

（四）古越人北迁

1. 穴居与渔猎

最初的数千年里，古越人饱受沿海地带台风肆虐、湿热多雨气候的折磨，产生了诗和远方的冲动。其中的一个分支，在翻越高耸的南岭山脉进入岭北之前，他们便选择了岭南山丘的台地，背靠大山，面朝绵延的丘原和潺湲的溪河，获得了一种相对安全而宜居的生存空间。在广东清远、韶关等地，古越人适应了当地温暖的气候条件和比较平坦的自然环境，依托大量石灰岩溶洞，过着穴居生活，形成著名的青塘（今属广东省英德市青塘镇）遗址。这是一处华南新旧石器过渡阶段的洞穴遗址，考古专家从中发掘出华南最早的穿孔蚌器与广东最早的早期陶器，以及广东境内保存最完整的古人类化石。

1959—2018 年，考古专家先后在晚更新世晚期至全新世早期连续的地层堆积中，即位于广东清远以北的青塘遗址中清理出墓葬、火塘等多处重要遗迹，出土古人类化石、石器、陶器、蚌器、骨角器等各类文物标本万余件。经测定，螺壳的年龄为距今 17140 年。在一座墓葬中出土人骨化石 1 具，其葬式为蹲踞葬，经碳十四年代测定，距今约 13500 年。该墓葬是迄今为止所发现的华南地区最早、可确认葬式的墓葬，其墓主人应该是古越人。

研究表明，渔猎是青塘遗址的要项，捕捞可能是主要生存方式。结合贝丘遗址[①]的形成看，广西南宁顶蛳山遗址，与青塘遗址在生存方式上有某些相似，比如捕捞螺蛳等水产品，二者体现了一定的渊源关系。

---

① 生活在沿海的人们，通过捕捞获取食物，经过常年积累，遗留下人们食用过的鱼骨、贝壳等遗物，从而形成包含大量贝壳的堆积，这类遗址被称为贝丘遗址。这类遗址与洞穴遗址、台地遗址相对应，都是人类居住遗址的一种表现方式。贝丘遗址多分布于沿海以及湖泊、河流的沿岸。

2. 稻米和陶器的结缘

道县玉蟾岩遗址远景

南岭，长江水系与珠江水系的分水岭，它连起的延绵群山，组成一道中国中部以南的地理屏障。其中，五岭是南岭的代表性山脉，分别是越城岭、都庞岭、萌渚岭、骑田岭和大庾岭，海拔在 1500 至 2000 米不等。在偌大的中国，像五岭这样高度的山脉，可谓数不胜数。但它位居热带和亚热带之间，把湖南与两广地区分割开来，天然地成为中国华南的一条地理分界线。由于它的存在，大自然赐予了五岭南北不同的气候、土壤、水文和植被等生存要素，也孕育了古越人不同的生存方式，决定了人种进化方向。

1993 年 11 月，湖南省考古队对永州道县寿雁镇白石寨村寿雁糖厂后山的玉蟾岩遗址洞穴群进行了首次发掘，在一个当地俗称蛤蟆洞的洞穴中，意外发现一些原始陶片和 2 粒古稻壳；1995 年 10—12 月，湖南省考古部门邀请国内顶级专家，组建联合考古队对玉蟾岩遗址开展第二次发掘。在此次发掘中，中国农业大学教授、著名水稻史专家张文绪发现了 2 粒颜色呈灰

道县玉蟾岩遗址蛤蟆洞出土的
人类最早的古栽培稻标本

黄色的古稻壳；2004—2005 年，湖南省考古机构邀集来自欧美等地的全球顶级权威专家成立考古队，对该处遗址进行第三次、第四次发掘，获得的成果是，考古人员发现了数粒炭化米粒。经年代测试，这些古稻遗存的时间基本确定是距今 1.4—1.8 万年。张文绪认为，玉蟾岩出土的稻谷是一种兼有野、籼、粳综合特征，从普通野生稻向栽培稻初期演化的最原始的古栽培稻类型，他将其定名为"玉蟾岩古栽培稻"。

道县玉蟾岩遗址出土的釜形陶器

考古专家从玉蟾岩遗址中发现了国内最早的陶器制品。这些低火候的泥陶，几乎一捏就碎，它们是伴随着稻谷一同出土的。经年代测定，最早的陶片距今约 1.8 万年，属于旧石器时代晚期作品。原始陶器和野生稻谷，不相干的两者同时出现，不禁让人产生丰富联想——最早的陶器，原来是用来煮食稻米的器具。这反映了古越人的生存智慧。专家们甚至猜想，采集野生稻以后，因为无法生吃，炊煮稻米的陶器便成为迫切的需求。接下来，从野生稻的采集到野生稻的储藏，以至普通野生稻的栽培，这一系列步骤的发生便演化成为一种社会行为。有了水稻，农业获得快速发展，于是有了定居村落，安定的村落和农业使得人口迅速增长。①

取食水稻，无疑是人类进化史上一次巨大无比的跨越，展示了原始人最杰出的生存本领，其历史功绩再怎么夸赞也不过分。而五岭地区具有绝佳的气候、地利和机缘，是水稻在自然界野蛮生长的摇篮，给予了古越人获得独特生存能力的自然禀赋。至今，在湖南江永一带，人们都还能找到一种野生

---

① 陈薇、吴映秋：《冰冷的石头会唱歌：复原湖南远古人类历史》，载华声在线 2019 年 4 月 16 日。

水稻的鲜活存在。所以，古越人在这里算是找到了可靠稳定的主食来源。从捕捞到烧烤取食芋头，再到发现和栽种水稻，创造和发明了烧土陶胚乃至陶器的他们，可谓是进入了生存的自由王国。

古越人在温暖湿润的南岭山麓发现和培植了水稻以后，他们的生产方式便从游牧渔猎进入种植农业阶段。稻作农业使古越人的生活跃上了新台阶，人口快速增加，生存空间得到不断拓展。经过3000—4000年，水稻种植在五岭南北的广大区域得到推广普及，气候温暖、土地肥沃和地势平缓的丘原地带，是稻作农业最兴盛的地域。由于稻作农业越来越成熟，古越人中操苗瑶语的一个分支便离开了南岭北麓的湖南江河源头，沿湘江、资水继续北上，占据流域内的河岸冲积洲和山间盆地，继续推广稻植农业，最后把水稻耕作技术扩散到洞庭湖平原。在广袤的洞庭湖平原，他们修建起众多邑落和城址，大量开垦稻田，繁殖人口，增强势力。

（五）古越人的创世神话

古越人几乎涵盖了所有东夷、南蛮，乃至大部分西南蛮夷。

关于南蛮的起源问题，我们先从南北朝时期范晔《后汉书·南蛮西南夷列传》记载的一则神话故事说起。

昔高辛氏有犬戎之寇，帝患其侵暴，而征伐不克。乃访募天下，有能得犬戎之将吴将军头者，购黄金千镒，邑万家，又妻以少女。时帝有畜狗，其毛五采，名曰盘瓠。下令之后，盘瓠遂衔人头造阙下，群臣怪而诊之，乃吴将军首也。帝大喜，而计盘瓠不可妻之以女，又无封爵之道，议欲有报而未知所宜。女闻之，以为帝皇下令，不可违信，因请行。帝不得已，乃以女配盘瓠。盘瓠得女，负而走入南山，止石室中。所处险绝，人迹不至。于是女解去衣裳，为仆鉴之结，着独力之衣。帝悲思之，遣使寻求，辄遇风雨震晦，使者不得进。经三年，生子一十二人，六男六女。盘瓠死后，因自相夫妻。织绩木皮，染以草实，好五色衣服。制裁皆有尾形。其母后归，以状白帝，于是使迎致诸子。衣裳班兰，语言侏离，好入山壑，不乐平旷。帝顺其意，赐以名山广泽。其后滋蔓，号曰蛮夷。外痴内黠，安土重旧。以先父有功，母帝之女，田作贾贩，无关梁符传、租税之赋。有邑君长，皆赐印绶，冠用獭皮。名渠帅曰精夫，相呼为姎徒。今长沙武陵蛮是也。

帝喾是华夏首领黄帝的曾孙，传说他屡征犬戎不克，就以小女悬赏，赐给斩下犬戎吴将军首级者为妻。盘瓠是帝喾所养的一条五色犬，某天竟然杀死吴将军，衔着人头，到了他的殿堂门口。人狗婚配，有违人伦，但"一言九鼎、驷马难追"的帝命也不可违，于是就产生了这桩人狗婚配的奇事怪事。

抛开猎奇的一面，我们如果释读其蕴含的关于人种起源的描述，可以作如下思考。一是人与狗无法完成后代繁衍，这是科学结论。而兄弟姐妹互相繁衍，不符合华夏文化确立的道德观念，也无法避免遗传缺陷出现；但在某种程度上，确实也能实现种族繁衍的代际延续使命，尤其是远古人类面临类似"世界末日"灭顶灾难之际。一些少数民族传说，也有不少兄妹结亲的故事。笔者认为神话透露的信息是，南蛮的种族起源，是一个种属杂交进化的神话叙事。人与狗不可以，兄妹不到万不得已，也是不可以。但多数情况下，南蛮的先民古越人，古越人的先民中国南方人，他们与中亚人、马来人等现代智人形成杂交繁衍，是完全可能的，也是已经出现了的进化现象。事实上，这种杂交所获得的进化优势，使得古越人在体力、智力和颜值等方面得到不断优化和完善。二是五色犬在范晔笔下被描述为一种驯化的家养动物，但它实际上指代的不是动物，而是真实的人。这明显是华夏文化优越论者对粗野的南蛮人等的一种象征性指称。这个寓言性的指称，包含了其外貌、性情和智慧等方面拟物化的概括。犬之所以为犬，不全在于奴性，而在于交错的犬牙。而在这方面，人的龅牙与犬的獠牙，在形态上是有共通之点的，所以五色犬应当理解为，他是一位长有满口龅牙的南蛮仆人。

有道是："南方多龅牙，龅牙出苗蛮。"相关统计显示，牙齿发育异常、骨性龅牙在中国南方人群中分布比较突出。从人种进化角度看，龅牙是啮齿发育的某种返祖现象，发生频率较高，它给头颅颌面形态的发育带来负面观感，从而引发自信不足尤其是社会性评价降低等问题。而这点，同时也为华夏文化所特别看重，因为它既是中亚人获得的人种进化优势所在，又符合一般社会大众的审美心理需求。在进化过程中，北方人种取得的外表优势，与南方古越人遗留的某种外表缺陷，各自形成独特的族性文化认知，这恐怕是华夏文化与古越文化之间出现的一种审美冲突。最终，随着黄帝部落统一北方，华夏文化主导了整个社会心理的演变进程，并逐渐将其积淀成具有深厚内涵的民族文化心理，然后纳入历史典籍予以传承和发扬。

龅牙和獠牙，人、兽兼具，皆为撕咬咀嚼所需，由此产生出的一系列原始宗教祭祀图腾，从渤海周边到岭南赤地，亦大同小异。著名的查海遗址（距今7000—10000年），位于辽宁省阜新蒙古族自治县沙拉镇，是新石器早期的一处文化遗址。在其东南约5000米外的塔尺营子遗址，考古专家于2015年发掘出一个带獠牙的石雕神人面像。这块骨牌大小的灰色燧石，磨制光滑，正面上部用阴刻技法刻出人面主体图案，下部刻一道横线。人面圆睛，长弯眉，山形鼻，窄平口，口的两侧显上下獠牙，牙外侧有双弧线，外弧线长尖齿突，呈放射状，据认为是抽象化的四肢。此类带獠牙的石雕造像，在内蒙古巴林右旗也出过一件，是片状的小块人面像，在林西县白音长汉遗址也发现过一件，是镶嵌蚌片的小型獠牙石雕人首。

江南地区，獠牙造像并不少见。高庙遗址，位于湖南省洪江市安江镇东北约5000米的岔头乡岩里村，2005年，考古人员在沅水岸边约3万平方米的

**怀化市洪江市高庙遗址
出土的獠牙纹饰神符**

贝丘遗址上挖掘出高庙文化晚期的一处大型祭祀场所，出土了中国目前所见年代最早的装饰有凤鸟、兽面和八角星等神像图案的陶器（距今约 7800 年），还发现了中国目前所见年代最早的白陶制品。考古专家在多件陶器上（特别是在那些装饰着精美纹饰的祭祀品中）发现有戳印篦点纹的獠牙。有人认为，这是洞庭湖平原流入的一种象牙纹陶器；但龅牙纹饰的图腾化，其可能性无法排除。此后的考古工作中，良渚文化和石家河文化的玉器上也时有刻画獠牙的人面像发现。[1] 这说明，古人不仅从象牙中汲取了艺术灵感，更多的是直面人类龅牙的进化真相，将它符号化，勾画成具有审美趋向的纹饰，乃至加以神化，创造出一系列巫鬼气息浓烈的图腾崇拜面具。

所以，不妨推断，史籍文本所隐含的寓意，体现在古越人祖先的同种异属杂交之上，尤其是龅牙所具有的狰狞之美，以原始图腾崇拜纳入古越人的世俗生活，这打开了他们通往精神世界获得生存价值的境界之门，从而使得其进化步子迈得更快更稳，文明程度也随之大幅度提升。

二、烛照益阳的原始文明

（一）彭头山文化时期——饭稻羹鱼，聚落族居

彭头山文化距今 8300—9000 年，稻作文化和城邑最具代表性，其文明成

---

[1] 刘勇：《辽宁阜新查海遗址发现七千五百年前石雕神人面像》，载《光明日报》2019 年 9 月 29 日第 11 版。

就是长江中游尤其是洞庭湖平原新石器文化的一座丰碑。

　　在益阳，最著名的当属南县涂家台遗址。其年代与彭头山文化大体相当，时间上稍晚近500年。在社会缓慢演化的新石器时代，衡量与比对历史及文明，人们往往以千年的标尺去观照。姗姗来迟的500年，其实并不算长。那些遗址和它的文物，照样用无声的语言述说着某种传奇与神秘。

澧县彭头山遗址简介碑
（周立志摄）

澧县彭头山遗址复原的原始房舍（周立志摄）

　　在彭头山遗址，出土器物以红陶系为主。大口深腹罐、圜底罐等红陶，大小和粗细不等的绳纹，从陶肚滚压到口沿，这些器物和纹饰，在彭头山文化早期是比较常见的，这似乎暗示着某种演变的默契。遗址中，出现了小舟形状的墓葬，具有水泽湖乡特色。而代表女性生殖崇拜的玉器出土，这意味着处于母系氏族社会鼎盛时期。遗址的住所文化也比较成熟。居所实现了功能分区，主体建筑和公共场所各一，居室有灰坑和祭祀小土台，公共场所则用专门的红烧土块铺砌而成，既防潮，又美观。

　　彭头山遗址中，居地有邑落，邑落周边有稻田遗存，居所残存稻谷、谷壳以及灰坑等遗迹，稻作文化特色非常明显。此外，渔猎也是辅助的生活方式，动物骨骼比比皆是。而在益阳南县的涂家台一带，稻作文化没有留下痕迹，动物骨骼未见出土，猜测的渔猎生产方式无法得到证实，邑落也发育得并不充分。因此有人怀疑，南洞庭湖平原上的遗址可能是彭头山文化的一种地方亚型，也可能仅受彭头山文化辐射，是不同部族留下的，是否属于另一系统的文化，目前尚无定论。

澧县彭头山遗址复原的家畜驯化围栏（周立志摄）

根据考古和古人类学的一些研究，在彭头山文化时期，洞庭湖平原主要活动着两大族群，均自岭南北迁，都由古越人分化而来。一个属苗瑶语属部族，最早发起稻作农业，建立了稳固的聚落和较大的城址，陶器丰富多彩，制作精细美观，石器数量少，主食稻米，生活水平比较高，部族势力强大。另一个是壮侗语属部族，稍晚才进入湖南四水流域及洞庭湖平原，所掌握的稻植技术也要比苗瑶语属部族迟上数百年，主要以渔猎方式维生，兼食稻米，聚落规模偏小，石器占比大，陶器制作进化缓慢，部族势力尚不够强大，他们主要集中在地理条件稍次的小块河岸冲积平原和山间盆地。根据目前考古发掘推测，洞庭湖的北部和西北部平原可能分布着生产力比较先进的苗瑶语属部族，而湘江、资水和沅水流域的中下游，壮侗语属部族可能分布较广泛。显然，后者的石器、陶器以及其他遗存，尚不及传说中准备前往北方与华夏族争夺势力范围的苗瑶语属部族的。

（二）汤家岗文化时期——摇轮慢旋，浮雕初现

汤家岗文化，距今 6300—6800 年，属长江中游地区新石器时代考古学文化范畴，因出土于湖南常德安乡湘鄂交界的安全乡汤家岗村而得名。这种文化主要分布在洞庭湖地区。考古专家从汤家岗遗址中发现了古城墙雏形，该遗址精美的白陶制作工艺，至今都令人叹为观止。

汤家岗遗址陶器以红陶为主，白陶圈足盘是代表性的器物；普遍饰戳印纹和篦印纹，具有浅浮雕风格。此外，不同形状的镂孔也很发达。生产工具中，石器不多，存在细小燧石片和有肩石锛（指木工用的一种平木器，削平木料的平斧头）。

南县新湖遗址外景

汤家岗文化主要为稻作农业，房舍为地面式，以红烧土做内室地面以防潮，墙壁用编竹夹泥，并进行焙烧加以建造。也有观点认为，汤家岗文化仅是大溪文化的一种地方类型，应称为"汤家岗类型"。

益阳境内的南县新湖遗址，位于北河口乡黄坡村的新湖渔场（现麻河口镇北河口社区），是洞庭湖区汤家岗文化的一处代表性遗址。该遗址于 1987

南县新湖遗址出土的陶盘

年和 1988 年被先后发掘清理。专家在汤家岗文化生活层发现灰坑和墓葬各 2 处。石器出土较少，仅 1 件石斧。出土的陶器，距今约 7000 年，基本上为手制。个别器物的某些部位，可能经过古越人的摇轮慢旋，器形平滑、规整和美观。品种主要是釜、罐、盘、碗等，质地大体以泥制红陶、夹炭陶为主，也有少量夹砂陶和粗泥红陶，胎质较薄。陶器纹饰相当丰富，大多装饰了由箆点纹组成的水波纹、凹弦纹、雨线纹、几何纹等各种美丽纹饰组合，以压印、刻画、戳印、拍印等方式呈现在器物上。

新湖遗址汤家岗文化层出土的陶碗、陶盘，纹饰繁复，器形精美，体现了原始的意识形态、审美观念和装饰技巧等方面的诸多文化内涵，极富研究价值。

其中，最富有特色的是，红陶器底外壁，出现由箆点纹组成的八角形图案，而器壁则装饰了一系列浅浮雕图案，显示出很高的工

南县新湖遗址出土的陶碗

艺制作技巧。这意味着，在这个大型聚落，人们从稳定安宁的饱暖生活，开始萌生享受原始艺术美的精神追求。

新湖遗址首次被考古界以汤家岗文化提及，体现出它与涂家台遗址具有重要的渊源关系。新湖遗址延续时间有近 2000 年，从汤家岗文化一直延续到石家河文化，古越人在这里安宁生存，不断进化，开创了一段如火如荼的鼎盛岁月。这也意味着距今 5000—6000 年之间，居地高处、临近水源的古越人，发展出一系列没有断层的地域文化，留下益阳乃至南洞庭湖平原土著文

化演变的一个旷世聚落传奇。一般认为，印纹硬陶是古越人的代表性陶器，印纹反映着他们的生活场景和审美追求，硬陶反映出他们的制陶工艺和烧制技术，是人们了解古越人的一项重要指标。不是古越人的生活地域，比如在游牧民族生活地区，此种器物几乎不存在。笔者在《益阳探秘》一书指出，如果以印纹硬陶这种经典陶器作为判定其是否为古越人的标准，那么，陶器的主人应该被纳入古越人范畴无疑。新湖遗址文化证实，洞庭湖平原上益阳的远古文明，与长江中游的演化进程是同频共振的。

（三）大溪文化时期——文化鼎立，玉器富集

大溪文化是中国长江中游地区的新石器时代文化，因出土于重庆市巫山县大溪镇瞿塘峡附近的大溪遗址而得名，距今约 6000 年。

大溪文化，是益阳史前文化的一个巅峰。蔡家园遗址，则是益阳境内大溪文化的代表性发掘。

益阳市赫山区谢林港镇蔡家园遗址（周立志摄）

蔡家园位于益阳市赫山区谢林港镇，处于志溪河的一级台地。西距益阳市区 12 千米，西南距谢林港镇 1.5 千米，东距防洪大堤 30 米，西边没入志

溪河。1986 年 5 月,益阳地区文物工作队进行了为期近两个月的发掘,从中发现了从大溪文化至汉晋时期的大量器物。其中,大溪文化主要有陶窑、灰坑、陶器、石器等。

灰坑 4 座,呈不规则椭圆形。

陶窑 1 座,长 2—2.44 米,宽 0.6—0.8 米;呈券顶形;窑尾有一较大的支柱,两侧是烟囱,烟囱呈圆筒形。建造方法是黏土拌细砂,经垒砌焙烧而成。

陶器,有夹砂红陶、灰陶、黑陶、内红外黑陶、泥质红衣黑陶、夹炭红衣陶等;纹饰非常丰富,有戳印纹、刻画纹、指甲纹、弦纹等,多组合呈现;器型有鼎、釜、罐、豆、盘、杯等。

石器,有石饼(无穿孔)、斧、锛、石凿、砺石、箭镞。

玉器,有玉璜。

有黑熊、东方剑齿象、鹿等动物骨骼。

益阳市蔡家园遗址出土的陶簋

发现房址 1 座,呈不规则鞋底形,长 4.65 米,宽 1.7—3 米,深 0.15—0.2 米,有 15 个柱洞,整个面积在 10 平方米左右。柱洞口径为 20—40 厘米,最大的 53 厘米,最小的 13.5 厘米。南北向,当门左右立柱,中间一排粗大的立柱前后贯通,左右柱子并不严格对称。在主要柱子外,因为某种原因,如雪压、年久欠修缮等,还增加了一些辅助柱子。从立柱形状来看,可推测它的前半部是人字形坡屋顶,后半部可能是包围式坡屋顶。

从功能上看,前半部供遮风避雨、储存和饮食,粗大柱子可能用于悬挂猎物;后半部分前排柱子间距较大,但柱子口径大,后排柱子比较密集,柱子粗细一般,排列不够规则,人员穿插比较困难,有后期增设的可能。密集的柱子，一为承重和支护所需，可能捆绑了床榻之类卧具；二为安全防护所需，包括雨雪灾害防垮塌、野兽入侵防伤害，甚至防外敌长驱直入。

关于蔡家园遗址的文化性质和文化特征，《先秦南湖庭》一书的作者认为，蔡家园遗址与湘江流域堆子岭遗址（今湘潭县锦石乡苍场村）陶鼎、陶钵、陶盆等形制一样或相似，是同一文化类型或同一族群的遗存，与汉寿马栏咀遗址也相差不大。

这里顺便说说毗邻益阳的马栏咀遗址。该遗址位于汉寿县百禄桥镇百禄桥村的沅江岸边，是沅江与洞庭湖的汇合处，另一侧深入沅江市胭脂湖中。在平缓的山坡上，分布面积达 2.5 万平方米，文化堆积厚约 1.2 米，采集有石斧和陶片，陶片有红衣黑陶、夹砂红陶和灰陶，纹饰有刻画纹、戳印纹、剔刺纹、绳纹等，器型有盆、罐、鼎等，属典型的新石器时代大溪文化聚落遗址。有研究认为，马栏咀遗址处于堆子岭文化典型遗址、蔡家园文化类型遗址和湘西高庙文化的连接点上，是一处综合多元文化交融的古遗址。它与沅水中上游地区高庙上层遗存、松溪口（今怀化市辰溪县火马冲镇大桥村）、征溪口（今怀化市辰溪县修溪镇征溪口村）等遗址的新石器时代文化遗存也具有一些共同的文化因素，表明它们之间应存在一定的交集。[①]

在资水下游，与马栏咀新石器时代遗存同时期且文化面貌具有较强一致性的遗址有新湖、石嘴头（亦称石咀头）、黄家坝（今属南县大通湖农场）、玉竹包、蔡家园、麻绒塘、丝茅岭等，皆在益阳市境内。其中，蔡家园遗址既有洞庭湖区大溪文化的特点，又与湘江流域堆子岭文化遗存相类似，同时更具有自身的文化特征，其文化内涵表现出浓厚的地域特色和鲜明的时代特征。[②]

---

① 赵亚锋：《湖南汉寿马栏咀遗址新石器时代遗存》，湖南省文物考古研究所，《湖南考古辑刊》（第9集），岳麓书社 2011 年版。

② 益阳市文物管理处、益阳市博物馆：《先秦南洞庭　南洞庭湖古遗址发掘报告集》，科学出版社 2016年版，第 122 页。

从考古发掘的结果看，大溪文化时期，洞庭湖平原南、北平原应该分属两个差异比较大的文化集团。这可能是族群的不同所形成，也可能是因地域隔绝而产生的文化分化。它们都是古越人的后裔，一个地处平原的西北部，一个属于资水流域和湘江流域。前者，稻作农业发展非常成熟，陶器占比大，生活水平比较高，懂得一定的精神享受，估计是苗瑶语属族群；后者，有稻作农业，但渔猎方式占了很大比例，出现不少贝丘遗址，石器工具较多，估计是壮侗语属族群，很有可能包括一部分骆越人。另外，不排除也有长江下游的东夷越人部族小规模迁入。

大溪文化时期，玉器也是很有代表性的器物文明。在此时期，益阳的玉器文明达到了一个什么样的高度呢？

调查发掘显示，大溪文化遗址几乎遍及益阳全境，是益阳古越人最兴旺发达的鼎盛时代。而大溪文化的玉器，则主要出土于资阳区的李昌港、爱屋湾、麻绒塘，赫山区的蔡家园、泞湖，南县的新湖、大通湖和沅江的茶盘洲农场、漉湖等地。据分析，这些地方有一个共同点，那就是临湖或临江，居于一个地势高低适中的土台之上。大溪文化的先民之所以选择这些土台居住，主要考虑到它们靠近水源，多面围水或地处岛洲，可以防御猛兽出没和外敌入侵，最重要的恐怕还是可以利用独木舟或竹木筏，在湖沼中游弋，以解决交通和运载之需。他们用石斧、石锛和石刀等清障除草，用石锄刨土开垦，种植庄稼作物。在形如孤岛上生存的远古部落或氏族，就仿佛进入一个与世隔绝的"世外桃源"。这样，居住在洞庭湖一带的古代益阳先民，便按照季节更替和雨水涨落安排水稻种植和水中捕捞。①

---

① 汤济夫：《大溪文化玉器，勾勒出古代益阳美好家园》，载《益阳日报》2018 年 11 月 13 日。

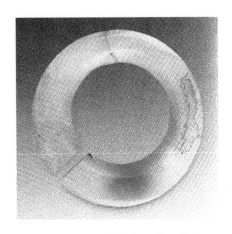

沅江市玉竹包遗址出土的玛瑙玦　　　　沅江市玉竹包遗址出土的红陶高圈足盘

　　沅江玉竹包遗址，位于茶盘洲农场鹅洲分厂，西距沅江市约 30 千米。1989 年春，当地百姓平整土地时，在一处高出周围约 1.5 米的沙滩台地上，发现了大量大溪文化陶片和石器。同年，益阳地区考古人员介入，并进行了抢救性挖掘。在 106 平方米的探方中，清理出大溪文化时期墓葬 2 座，房址 1 座，灰坑 9 座，器物若干。器物包括陶器、玛瑙器、玉器、石器和骨器。推定年代为大溪文化中期和中晚期，距今 3500—3900 年。

　　玉竹包遗址的陶器种类不甚丰富，但它的浅盘高柄豆，与益阳市资阳区麻绒塘遗址的同类器物如出一辙；而且，两处都出土了较多的玛瑙器。《先秦南洞庭》一书的作者认为，诸如玛瑙环、玛瑙玦、玛瑙璜在其他几个遗存中未见出土，而资水沿岸的玉竹包、麻绒塘遗址中则有出土，其文化内涵有相似之处。他们推测的结论是，玉竹包遗址和麻绒塘遗址，其居民很可能是从长江下游一带某部落迁徙而来，或受到了外来文化的强烈影响。[1]

　　传说中，大溪文化时期的古越人，在洞庭湖平原积蓄了相当强大的力量，

---

[1]　益阳市文物管理处、益阳市博物馆：《先秦南洞庭　南洞庭湖古遗址发掘报告集》，科学出版社 2016 年版，第 199 页。

**沅江市玉竹包遗址
出土的玛瑙璜**

创造出鼎盛的古代文明，组建了巨大的部落联盟。然后渡过长江黄河，与炎黄部落开始了逐鹿中原的决战。由于势力强盛，故而依附者众多，广袤的洞庭沃野，应该处于一种相对安宁稳定的局面。可以想象，他们忙时耕种、渔猎，闲时制陶（红陶）、磨制农具、祭祀神鬼、歌舞作乐等，特别是部落里众多能工巧匠，用他们的坚毅、智慧和汗水，将艰辛开采与获取的玉石原料琢磨成器，抑或用自己的劳动果实，去换取周边甚至更远部落工匠手中精美的玉石器作。

益阳资水尾闾的大溪文化遗址富集。在资江南岸，古越人留下具有代表性的蔡家园遗址；在江北平原，他们留下有麻绒塘、丝茅岭等遗址。其中，丝茅岭遗址是省级文物保护单位，麻绒塘遗址也被纳入市级文物保护单位名录。

值得一提的是，考古人员在新湖遗址处清理了一座保存完整的大溪文化时期的陶窑，是典型的早期龙窑。龙窑也称蛇窑、蜈蚣窑，是江南山坡地依山就势所建的一种窑炉，呈长条形，自上而下，如龙似蛇，故名。笔者经检索得知，新湖陶窑属中国新石器时代早中期陶窑，极为罕见。这一突破性发现，为中国陶窑烧制史增添了新的篇章。

（四）屈家岭文化时期——社会分层，诗画生活

屈家岭文化时期，距今5000年上下，是长江流域一种具有代表性的新石器文化类型，因于1955—1957年发现于湖北京山屈家岭而得名。遗址位于湖北省荆门市屈家岭管理区5000米外的屈家岭村和京山市雁门口镇高墩村，是以屈家岭遗址点为核心，包括殷家岭、钟家岭、冢子坝、九亩堰、大禾场、土地山、

杨湾等遗址点的新石器时代大型环壕聚落遗址，面积达 2.84 平方千米。

屈家岭文化分为早、晚两个阶段。早期，石器磨制普遍较粗糙，有斧、锛、凿和穿孔石锛等；多黑陶，灰陶次之，黄陶和红陶则少见，陶器表面大多素面磨光。晚期，石器磨制比较精细、光滑，双肩石锄是常用农具；种植水稻普及；猪、狗为主要家畜；彩陶纺轮开始出现。

湖北省沙洋县的城河新石器时代遗址，被誉为 2018 年"全国十大考古发现"之一。城河遗址的王家榜墓地，是迄今发现的规模最大、保存最完整的屈家岭文化墓地。首次发现了独木棺，同穴多室墓，此外，还发现了城垣、人工水系、大型建筑、祭祀遗存等。据专家观察分析，墓葬存在空间分组现象，其面积差异和空间分布悬殊，极有可能意味着社会分层和群聚现象开始产生。

位于沅江市漉湖芦苇场的石城山（亦称石君山）遗址，距今约 5000 年，属于屈家岭文化遗址的一部分。在一处略高于四周的台地上，深入地表 2 米有余，考古人员发现了火烧土房基、陶灶、陶窑、灰坑，还有大量的陶器和石器。

**沅江市漉湖芦苇场石城山遗址
出土的陶杯**

早期遗存中，有灰坑 2 座，灰沟 1 条，房址 6 座。灰坑，有泥质灰陶、黑陶、泥质磨光黑陶等残片及豹、犀牛、牛、猪和鱼等动物骨骼。灰沟，有少量泥质磨光黑陶、红陶残片等。石器，包括斧、杵、刀等，都是砍伐和耕作用器。

晚期遗存中，有灰坑 3 座，房址 4 座，墓葬 1 座。灰坑大致呈不规则圆形，锅底状，包含物多，其中陶器最多，器型有鬶、鼎、壶、碗、纺轮及砺石，质地为泥质黑陶、红陶。

房址是最有看点的遗迹。早期阶段的遗存中，最具代表性的一座房址大

**沅江市漉湖芦苇场石城山遗址
出土的陶纺轮**

致呈圆形，包围式坡屋顶，南北向，红烧土地面，差不多有 15 厘米厚，上垫含有芦苇及稻草碎末的青灰泥捣筑层，厚薄不均，15—45 厘米不等。

当初，考古人员小心剖开房基并仔细将它剥离，清理出大小柱穴十多个，在红烧土块上，甚至还能清晰见到编竹和谷壳留下的痕迹。陶器包括折腹豆、黑陶壶、扁足鼎、薄胎彩陶杯、纺轮等，以泥质陶为主，占六成多。其次是灰陶、红陶。再次是褐陶。陶器绝大多数为素面陶，个别有纹饰的，以弦纹为主，刻画纹次之。器型有釜、罐、鼎、簋、碗、豆、纺轮、器盖等。

晚期阶段，房址中最大的一座，大致呈南北向，长 4.8 米，宽 4.2 米，同早期房址一样，都有平整的红烧土居住面。其中，有两处小面积红烧土生活面，疑为灶或火塘的遗迹。房基填土发现芦苇和稻草的碎末痕迹，以及红烧土颗粒，推测是就地取材，由青泥拌入切碎的芦苇、稻草等进行捣筑、拍打而成。①

灰坑中，有多种未完全烧灼的兽骨出土。显然，聚落修建起竹木房舍，种植水稻，饲养猪牛，闲时还狩猎捕鱼，这一切，无不是古越人进入父系氏族阶段以后所留下的。其中，烧烤兽骨，不仅是烧烤取食，其中还可能涉及用它制作预测未来的某种道具。《益阳探秘》一书认为，火烧土房基和规整的柱穴是古越人居所文化的展示，红陶演变为灰陶和黑陶标志着制陶工艺水

---

① 益阳市文物管理处、益阳市博物馆：《先秦南洞庭　南洞庭湖古遗址发掘报告集》，科学出版社 2016 年版，第 245 页。

平的提高，纺轮意指纺织业兴起并带动社会进一步发展，谷壳是稻作文明的产物。众多烧灼的兽骨更是社会阶层出现分化的标志，因为这些兽骨蕴含着通灵秘语，是问天祀神的道具，而当牛角吹响山林，且巫条被身的时候，占卜则已然成为一种特许的专门职业。

漉湖石城山遗址还发掘了一条从东北蜿蜒至西南方向的道路遗迹。从定居地出发，平整的青灰色小路延伸十余米，路面满是陶碎片、炭末和少量箭镞的混合物。置身遗址高处，凝思眺望，一幅和平安宁且让人满怀憧憬的古越人生活图景，就这样如诗如画地展现在数千年后的世人面前。

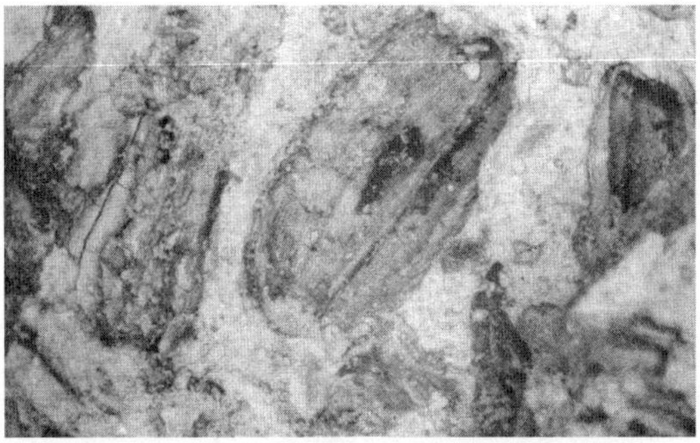

沅江市漉湖芦苇场石城山遗址出土的红烧土中掺和植物茎秆和水稻的印痕

关于屈家岭时期的生产生活形态，可从洞庭湖平原核心区的数个遗址进行推断。漉湖遗址出土大量陶纺轮，它们是加工植物纤维和动物毛的工具，用于搓制绳索、纺纱织布和编结渔网等。与其邻近的玉竹包遗址，有大量缝制衣服的石针出土。陶纺轮、石针，还有这些地方都出土的陶制和石质网坠，构成了古越人渔猎生活的一道亮丽风景线。而粳稻和稻的遗存，则是稻作农业的佐证。此外，漉湖遗址出现较多的动物遗骸，如黑熊、猪、犀牛、鹿、象、豹等，其中数处发现黑熊骨骼，说明这种喜吃竹笋、芦苇、苔藓的杂食动物，属于当地留居者，这又可以帮助人们更深入了解当时的生态环境、地理地貌和气候变迁等。

有研究认为，在漉湖、玉竹包等遗址存续期间，即距今 4600—4800 年，较广阔的中国季风气候抬升了南洞庭湖的冬季气温，使得原本栖身于南亚热带草原甚至热带森林中的犀牛、剑齿象，能够在亚热带常绿阔叶林甚至温带落叶阔叶林中生存下来。高温多雨的密林，金毛狗之类大型蕨类植物在潮湿酸性土壤中长得格外生机蓬勃，野生动物便有了栖息空间；而温热潮湿的湖沼和淤积的平原，为水稻种植和渔猎活动提供的无疑是最优生态环境与最佳地理条件。因此，狩猎、捕鱼、采集和稻植农业，就成了这个时代主要的生产生活形态。

与澧阳平原不同，瀼湖屈家岭遗址及周边南洞庭地区的遗址没有高出周围平原数米乃至十余米的岗地；受近5000年来南洞庭湖历史地理气候构造和人类活动影响，湖水岸线发生过多次涨落，湖底的裸露和沉陷，又恰好被淤积的文化层所证实。这样，原本生活在聚落周边广阔的山地、丘陵和湿地的先民，在亚热带常绿阔叶林和草原构成的较大空间范围内，依靠集体力量猎取大型食草动物，采集可食的植物叶片、根茎和果实种子，或稻植沼泽湖积地，或饲养动物，维持并不单一的生活方式和饮食结构，形成复合的生存形态。从他们的生活方式可以推测，当时洞庭湖盆地已经存在河湖交错的地貌景观，但云梦大泽并未形成地跨江南江北的沼泽湖泊。当时，北向的湘资沅澧，很可能直接流入长江。①

（五）龙山文化时期——诸越杂处，方国割据

距今约4500年的龙山文化，位于山东省济南市历城县龙山镇（今济南市章丘区龙山街道），是北方陶器文化的高标。而在长江流域，自1955年至今，在湖北省天门市石家河镇陆续发掘了石家河遗址。8平方千米规模的石家河古城、长江中游最大的史前祭祀遗址印信台、超红山文化和良渚文化的史前

---

① 益阳市文物管理处、益阳市博物馆：《先秦南洞庭　南洞庭湖古遗址发掘报告集》，科学出版社2016年版，第373页。

中国最精湛的石家河琢玉工艺，这些核心内容构成了与良渚文化相媲美的石家河文化（距今约 4200—5900 年）。石家河文化鼎盛于距今 4300 年前，诞生了冶铜业，出现了一系列刻画文字，社会分工精细，是一种具有国家形态的文明成就，代表了长江中游史前文明的最高水平。

石家河文化以文化圈形式存在，它辐射江汉平原和洞庭湖平原，涵盖面积达 22 万平方千米，是中华文明南方源头之一。它与龙山文化、河姆渡文化互相影响和借鉴，是华夏文明多元一体的历史见证。在此文化圈内，黑陶是代表性器物。龙山文化和石家河文化，在时序上大体相当。专家们推测，在石家河文化最鼎盛时期，长江中游自洞庭湖平原一直通往岭南山区和珠江三角洲地区，众多土著部落在这片广袤的土地繁衍生息。研究认为，以黑陶为介质，从黄河流域到长江流域乃至岭南地区，自北向南，南北方部族可能从种族、行为、文化上彼此建立起了某种联系。

实际上，长江流域的石家河文化，已经把文明的触角伸到了岭南地区乃至中南半岛。湖南省博物馆原馆长高至喜认为，从考古器物看，洞庭湖南岸和湘中地区，龙山文化的特点是鬶（guī，古代陶制炊事器具，三个空心的足，有柄喙）很多，流行圆锥形足的罐形鼎，有绳纹釜、直口盆、钵。① 湖南省文物考古研究所研究员何介均认为，这似曾受到了广东境内石峡文化（今韶关市曲江区马坝镇石峡遗址群）的影响。长期以来，越南人对"骆越源于洞庭说"也是深信不疑。他们认为，其祖先骆越人曾在远古时代的洞庭湖平原上生存过很长时间，并建立了部落社会，后来因为南迁，于公元前 3000 年左右建立了一个骆越人掌控的国家，名叫文郎国，最后在青铜时代被蜀国所灭。随后，骆越人进入了中南半岛。在那里，他们建立了与华夏文化同源的新国家，并在此基础上逐渐演变成现代国家越南。那么，传说中的骆

---

① 高至喜：《楚文化的南渐》，湖北教育出版社 1996 年版，第 7 页。

越人，是否就是洞庭湖平原上最早的那一批土著先民呢？

考古发掘显示，洞庭湖区益阳境内已经发掘的龙山时期的文化遗址包括益阳县（今益阳市赫山区）石湖、笔架山等地。①

据统计，1976—1985 年，考古人员在益阳境内西部丘陵之间的志溪河沿岸，如桃江县灰山港镇栗子山村坟山坡、桃花江镇花桥村牛车园，益阳县（今益阳市赫山区）谢林港镇石湖村等地，发现了一批为新石器时代至商周时期的遗址；东部湖区台地，有兰溪镇杉木桥、泉交河镇泞湖竹泉山、笔架山乡新兴、凤凰湖乡毛家咀等处同期遗址；在北部平原，有长春镇胜林村长塘、香铺仑乡石家咀和红山咀、迎风桥镇九牛坝和黄土地及新桥河镇等地多达数十处龙山文化至商周时期遗址。②

益阳石湖遗址出土的五件大石斧之一、之二（益阳市博物馆供图）

石家河文化时期，正值新石器时代末期，长江以北开始出现青铜器，洞庭以南仍属于黑陶时期。整体而言，当时社会已经迈入青铜文化阶段。

20 世纪 80 年代，益阳县邓石桥公社石湖大队（现益阳市赫山区谢林港镇北峰坑村）一处名叫梨子坪的台地上，益阳地区文物工作队从中发现了 3 座古墓，出土有陶壶、盆、杯等陶器，以及磨制精细的大石斧 5 件。石湖村位于志溪河畔，北部是石马山，山脚有一个十余平方千米的河岸平原，地势平坦，土地肥沃。河岸冲积洲上有几处水塘，其中数谌家湖最大，石湖村取

① 高至喜：《楚文化的南渐》，湖北教育出版社 1996 年版，第 7 页。
② 舒华昌：《益阳轶史初探》，《益阳县文史资料》第二辑，第 109 页。

石马山和谌家湖的首尾两字而得名。石湖遗址，就在谌家湖的旁边，当地人称之为老屋坪，是一处古老的房屋基址。

　　石湖遗址最令人瞩目的，是批量出土了大型石斧等器具。这些石斧的上部，均凿有一圈凹槽，其中最大的一件，长约9尺（1尺＝1/3米，全书同），宽约4寸（1寸＝1/30米，全书同），重达10千克。专家们认为，凹槽为捆扎和固定长木柄所用，作为生产工具，其实用价值并不大，在当时石器和青铜器交替之际，其象征意义比它的生活用途可能更大一些。因此，他们推断，这些石斧，当是代表王权的权杖，从属于某个部落酋长。其拥有者，身份非比寻常，在石湖的原始部落当中，可能掌握着至高无上的权力。换一种说法，这类重器的出土，说明石湖一带曾经出现过很重要的部落方国或酋长国。它延续多久，人们并不很清楚。如果这样的部落王权一直延续到了楚人的到来，那么，它与附近黄泥湖上千座楚墓遗址的存在，是否有某种必然的关联呢？历史上，权杖类石斧是石器步入巅峰的象征，同时它也意味着石器时代的终结。有专家进一步分析认为，石斧尚未被青铜钺所取代，印证了当时青铜器还未进入石湖方国的生活圈子，青铜时代离他们还相当遥远。此外，石湖遗址上还发现了手工作坊陶窑、成片的红烧土地面，以及残留灰烬的红烧土灶膛等。①

　　在南县新湖遗址的石家河文化层，发现灰坑2座，房址1座，遗物包括陶器、石器等。灰坑主要出土夹砂红陶、泥质红陶、灰陶碎片，就地取泥，火候不高；房址平面呈不规则三角形，红烧土地面呈长方形，长2.8米，宽2.3米，红烧土厚10—20厘米，南北向，预计是主体房舍外加盖饲养动物、储存和码放杂物之类的偏房。房址出土的陶器，与灰坑出土的器物种类相似。陶器器型有罐、鼎、豆、钵、纺轮等，纹饰主要是斜线纹、绳纹、方格纹等，

---

① 舒华昌：《益阳轶史初探》，《益阳县文史资料》第二辑，第110页。

有少量黑陶出现。石器主要是斧、锛，也有砺石。

　　整体而言，石家河文化时期，新湖遗址与周边同期文化多有相似相近之处，其中粗柄圈足豆和陶鬶是这一时期的典型器物。它的存续时间，考古分析报告认为，属石家河文化偏早阶段，预计在公元前2300—前2200年，即中国历史上夏朝建立之初。

益阳市资阳区石嘴头遗址文物
保护石刻碑（周立志摄）

益阳市资阳区石嘴头遗址
出土的陶器座

　　在益阳市资阳区长春镇幸福村，还有一处名叫石嘴头的石家河文化遗址。该遗址位于一处相对独立的圆形山包上，全部面积12万平方米，海拔约40米，山顶平坦，有8000平方米左右。北面是谢家河，有大片河岸冲积洲，是一个水草丰美的山湾。此地以前叫谢家桥村，前几年村庄合并后改名为幸福村。该处遗址的文化堆积主要集中在山顶，厚0.3—0.8米，经探方试掘，从黄土中先后采集有夹砂灰、黑陶，以及泥质灰、黑陶，纹饰以绳纹、刻画纹、方格纹为主，器型有罐、壶、豆等。考古确定的年代是新石器时期至商代，延续时间有千余年。

　　据当地一秦姓村民介绍，当年，有人在此地翻耕自留地时，就曾发掘过一批石斧和玉器。他描述，石斧有槽，没有孔洞，表面光滑。玉器一共两件，一件为钩形的玉璜，两端有孔，顶端偏蓝，上端为三角形，下端为圆形；另一件为玉圭，不到 4 寸长，表面光滑，有残端，未见纹饰。石斧后来被当地文物管理部门收集；而玉器则被人上门收走，流进了文物交易市场。

考古人员在安化发掘了城埠坪商代遗址。遗址位于安化县东坪镇大城村，在资水南岸的一级阶地上，西南为城埠坪茶场。1986 年，当地文物普查人员从中发现新石器时代遗址。2008 年，为配合株溪口电站基建，湖南省及安化县文物部门又联合实施抢救性挖掘，不过未清理出龙山文化时期遗存。在先前的龙山文化层，出土陶釜、罐、钵、杯残片，能复原的仅陶釜和罐，其器型以泥质红陶为主，不见磨光黑陶，纹饰大多为拍印方格纹，部分绳纹，少量弦纹。① 这是安化境内罕见的一次史前遗址考古发现，证实了夏商之际古越人的分布遍及整个资水流域的中下游。

三、揭秘益阳史前遗址

（一）涂家台遗址

地标：南县南洲镇大郎城村

保护级别：国家级文物保护单位

时代：新石器时代

类别：古遗址

文化类型：彭头山至皂市下层文化相互连接的重要遗址

涂家台遗址位于益阳市南县九都山乡（今南县南洲镇）大郎城村，北距县城约 4000 米。遗址北端有 9 个相距不足 200 米的小土包，涂家台在最南

---

① 参见盛定国《安化县城埠坪遗址》，《中国考古学年鉴》(1987)，文物出版社 1988 年版。

南县涂家台遗址简介碑（周立志摄）

端，东南西三面都是一望无垠的湖积平原。^① 土台为长条形，是一处不规则台地，面积达 1 万平方米，高出周边稻田约 2 米。

大郎城村，以大郎城而得名，原属华容，清光绪末划入南县前身南洲直隶厅。古华容是洞庭湖地区的文明发祥地，其境内有皂市下层文化、大溪文化、屈家岭文化、龙山文化等典型考古遗存，有车辖山、踏地坪、方台湖、坟山堡（约 7000 年前）、长岗庙、鳌山坡、天命嘴、石家港、刘卜台等遗址，还包括南县大郎城村涂家台（约 7000 年前）、新湖渔场、东线等遗址，以及南县境内的古作唐县遗址。

大郎城，由 9 个小土包（土台）围成一个圆圈，绕一圈有近 2000 米。土台，当地人俗称"炮台"，直径不足 40 米，高 4 米有余。土台与土台之间，是堆砌的黄土埂。这些土埂，要比内外两边高出数米，被确定为城墙遗存。这 9 个连珠炮式的土包所构筑的城池，当地人称为大郎城，相传为南宋杨幺或岳飞驻守屯兵时所营建。湖南大学向桃初教授考察后认为，大郎城的地名、土包间的城墙、淤积的护城河以及村子里随处可见的厚大青砖老瓦，这一切清楚表明这里很可能是一处古代城址，唐宋至明清皆有可能，但不早于唐宋时期。这与传说是杨幺或岳飞所筑的城在时间上并不矛盾。其实，土台远比土埂历史悠久。附近往北的一个土岗，1986 年，益阳地区博物馆工作人员曾在此发掘过一座战国墓。

---

① 潘茂辉、谈国鸣：《南县涂家台早期新石器时代遗址调查报告》，湖南省文物考古研究所，《湖南考古辑刊》（第 6 集），岳麓书社 1994 年版。

　　涂家台遗址是洞庭湖区新石器早期遗址中具有代表性的历史文化遗存，在洞庭湖区新石器时代演变过程中至关重要。它上承彭头山文化（遗址在今常德市澧县），距今 8000—9000 年；下接皂市下层文化时期（遗址在今常德市石门县），距今约 7000 年。一些器型表现出皂市下层文化与汤家岗文化（遗址在今常德市安乡县）的过渡形态。这两种文化存在于同一遗址当中，涂家台遗址是第一例。

　　包括大郎城在内的整个涂家台遗址，现存面积约 3 万平方米，文化层堆积厚薄不均，不同部位的保存状况也不一致，有水沟开掘和建房等人为因素的破坏。1999 年，曾发掘过一处面积仅 240 平方米的探方，后得以及时回填并被恢复原貌加以保存。

　　开挖探方剖面发现，遗址地层堆积较简单：第 1 层为耕土层，厚 30 厘米。第 2 层为扰乱层。第 3—4 层为皂市下层文化地层，包含物丰富。第 5 层为彭头山文化地层。该层为暗黄色黏土，出土物较少，有大口深腹罐、圜底罐，遍体粗绳纹，口沿滚压绳纹，为彭头山文化早期的代表性器物。第 6 层为黑褐色黏土层，厚约 40 厘米，距地表约 8 米，未发现文化遗物。这一层包含有丰富的细石器、燧石器和石英石器，它们多见于澧阳平原的岗地、澧县十里岗遗址。据加拿大魁北克博物馆高登博士测定，该石器年代距今约 1.8 万年。

　　调查发掘证实，遗址有丧葬区、生活区、生产区，说明当时已存在社会功能的区分。墓葬出土以红陶系器物为主，质地美观，器形规整，制作精良，其纹饰纷繁复杂，比彭头山文化时期单纯、粗犷的风格有较大改观。后来汤家岗文化时期，陶器发展出繁复规整的纹饰，其进化链条在这里亦可以完整找到。

　　发掘过程中还发现了彭头山时期墓葬，中间深、两端浅，状如小舟，随葬器物有深腹圜底钵、支座等。

涂家台遗址体现出母系氏族社会的特点。如出土一种寓含对女性生殖崇拜的玉器，被冠名为"丰产女神"，这在我国早期新石器时代遗存中十分罕见，属于标杆性器物，它为研究母系氏族社会的繁荣进步提供了十分难得的实物资料。

"丰产女神"是一件造型奇特的宗教艺术品，形状略似女性的臀和胯部。双乳丰臀，"人口丰产"的想象便由此而生。出土时玉器分成两片，一正一反，紧挨着摆在墓葬中部。拼合后发现，其远非完整，可能是一球状神像中的一组。乳房及大腿之间，一为生，一为养，承袭生命链条，备受原始人类敬重。对它们加以崇拜，其寓意不外乎感谢和祈祷上苍所赐；而感谢和祈祷，莫不集中体现在人丁兴旺和食物丰裕之上。

古墓中的尸骨骨架保存完好，是研究古人类体质、人种等方面的重要标本。两具个体骨架已妥善保存，现收藏于南县博物馆供人参观。人骨样本也由复旦大学遗传研究所收集，正进行遗传基因分析，用于新石器时期长江以南居民的族属和迁徙等课题的研究。

涂家台遗址极少发掘动物骨骼，尤其是鱼、螺、蚌等水产的遗骸基本不见，水稻遗存也未见到。如果说当时的洞庭湖平原没有多少沼泽化迹象，仍是陆生系统主宰，水产少见则是可以解释清楚的；而水稻遗存缺失，就有些令人费解了。同期的澧县八十垱等遗址，已发现有丰富的水稻遗存，证实当时人们的食物主要依赖水稻种植和家养家畜，而辅之以捕捞和采集等生产方式。那么，涂家台一带的人群，又是如何取食生存的呢？是不是澧阳平原的生存环境与南县涂家台有明显不同，而导致二者出土遗存出现巨大反差呢？

发掘房址 2 座。居所主体 1 座，为长方形地面建筑，面积约 20 平方米，东西向一排九柱，约 1.8 丈，柱洞大小仅够容纳一根擂茶棒，深度在 6 寸左右，柱洞间距在 2 尺之间。其房舍规模，大抵与一个窝棚相当。房址处于台地北侧，在墙基以北 1.2 尺处，有两个间隔 3 尺的柱洞，当是立柱以支撑互墙，形成门道。西墙往北 4.5 尺处，有一直径 4 尺、厚近 8 寸的圆形土台，用文化层土堆筑而成，分上、下两层，下层较松软，上层土黏质净，较硬，疑似祭祀台。

出土的另一座，为居所的公共活动场所。发掘面积 43 平方米，土层中添加大量红烧土，刻意铺成三条东西向红烧土彩带，宽 6 寸，深约 3 寸，红烧土颗粒一般直径 1—2 厘米，3 厘米以上的少见，活动面也未见灰烬。那些红烧土如何取得？考古专家联想到同一时期，澧县城头山遗址大溪文化时期，有专门烧制红烧土块的窑场，涂家台皂市下层文化时期，很可能也采取了类似的做法。

I

1998 年年初，大郎城村有农民在备耕春播时，透过犁铧翻动的底泥，相继从耕作层深处发现石器、陶器碎片、铜钱、兵器等物品，这引起当地文物部门注意，并逐级上报到省文物考古研究所。

1999 年，来自省、市文物部门的考古人员历时一个月，在离地表 50 厘米的黄土中，分别挖出 3 具无墓无棺且风化了的人骨。经专业处理，确认两具尸骨完整。此外，还挖出大量石器、粗陶及烧过的草木灰。其后，专家们经十余年的研究，并通过碳十四测定，确认此处是一个 7650 年前的文化遗址。

II

1999 年的考古试掘，文物专家用大量可靠的出土器物证明：洞庭湖深处的南县一带，新石器时代遗址，大致可分为东、中、西等区域群，分别以小寄山、涂家台、新湖为聚落中心，初步估算，其辐射面积在 100 余平方千米。

涂家台遗址位于洞庭湖核心地域的中部，区位优势明显，平原和缓丘的地貌特征具有一定的样本意义，是一处极为重要的新石器时代遗址。有分析认为，在空间分布和地理条件方面，涂家台遗址发挥着聚落中心的作用，辐射面广，地位特殊。实际上，在其周围不到 4000 米的范围内，还分布有东炮台、茶林山、木新嘴、卢保山等多处东周及新石器时代遗址。

南县卢保山遗址保护碑（周立志摄）

2019 年秋天，离大郎城不远的卢家湾，在一处学校建设的基址旁边，市、县文物部门发现了一座距今约 4500 年的古城遗址——卢保山遗址，长 300 米，宽 350 米，面积达 10 万平方米。据了解，在 31 米的台地上，有一条数十米长的探沟，考古人员从中发现了夯土城基，距地面有 2 米多深，宽度在 20 米上下，是清一色夯土。可以明确，这是南洞庭湖区最新发现的大型史前聚落城址，也是环洞庭地域最南端的一处。有专家据此推测，在石家河文化时期，长江中游特别是洞庭湖平原，一批大规模聚落城址相继出现，可能意味着准国家体制在此地得到了某种形式的确立。只是，古越人并无文字载录它们，这无疑又留下一大文明空缺。初步探测表明，其城址当是益阳首屈一指的。目前，考古发掘才刚刚开始，后续动态值得密切关注。

Ⅲ

有研究显示，现今的洞庭湖，作为一个碟形湖盆，仍处于不断下沉又不断淤积的进程当中，是一处不规则沉降的结果呈现。但在数千年前，涂家台遗址生存的皂市下层文化时期，这里却是一片植被茂密的平原和缓冈，海拔大致在 26.5 米。

托洞庭湖沉降不均匀之福，遗址所处的大约 36 平方千米的黄土平原，从

200多万年前的远古时代，一直延续到现在，并未被湖水所淹没——纯净的网纹红土，覆盖了整个区域。就算有一尺厚的耕作层因尘降而积淀，怀揣穿越古今的激情和梦想，在土台边缘寻幽访古的人们，总能一睹纯净生土所展示的那种独特风采和气质，能亲手触摸到它的朴实、沉稳和温柔。平原之上，有低缓的丘原和大片不连续的沼泽湿地，那是原始丛林和茂草交织的一派亚热带平原景观，当中并不缺少江河溪沟的日夜奔流不息。丛林深处，频繁活动着诸如大象、犀牛、老虎、野猪、麋鹿、野兔等陆生动物，它们或成群觅食，或互相追逐，在杀机四伏之中，弱肉强食和繁衍生息的剧情随处上演。而在江河中，则生活着鳄鱼、江豚、鱼类、龟贝、水獭等各种水生生物。围猎和捕捞，无疑是当时人类获取肉类食物的重要途径。

在这样的原野上，早期原始人类步入新石器时代，完成定居生活，学会搭建木房，普及取火用火知识，掌握用火烧烤食物、取暖御寒、驱散瘴疠、隔离野兽以及烧制红陶等技能，还懂得用红烧土硬化地面以隔绝水汽对人体的侵害。在他们的生活场景中，打制石器是主要的生产工具，歌唱与舞蹈，是宣泄和传导情感的重要表达方式，原始祭祀贯穿于他们的全部生活，是灵魂主宰和信仰支柱，抑或是治疗疾病的重要手段。

这些原始人类的石器从何而来？传说女娲补天所采之五色石，取自洞庭瀚海，所以此地再无岩石可采。地质学家不相信传说。他们的研究结论是，洞庭湖平原的黄土层，是200多万年前所生成。洞庭湖平原遍布黄土，这是事实。就是洞庭湖底，冬季枯水期，剖开湖底淤泥，再挖下去也是厚厚的一层黄土，南洞庭湖的万子湖一带，尤其明显。有人做过统计，在南县境内，除开湖面，未被水淹的黄土地一块块累积起来，多达101平方千米。如此大面积的黄土地，其地表不见岩石踪迹，是完全可能的。

那么，其地表下岩石的分布又是怎样的呢？调查发现，借助现代深井开采技术，打到 150 米深时，人们见到的尽是白石、黄流沙。整个南县，有岩石的山头唯有明山和寄山两座，可它们被 20—30 千米宽的湖面所分隔，在生产力极其落后的年代，跨越湖面那简直比登天还难。所以推测起来，一种可能是，古代洞庭湖平原在此处的凹陷不如别处严重，水域也没有当今辽阔，原始人甚至早就掌握了驾驭独木舟和竹木筏之类技术，可以轻松地去采掘石头，制造出各种石器工具。

除此之外，那些石器工具，还不排除从他处带来。结合洞庭湖平原的地理地貌特点，数千年前，他们从邻近的澧阳平原迁徙传入，也并非不可能。但是，掌握稻作技术的澧阳人，是否会改变生产生活方式，退化到最初的采集和捕捞阶段呢？或许，尽管都是古越人，他们与澧阳平原的原始人，根本就不是同一个进化序列的种群。如果说澧阳平原的土著属于苗瑶语属的话，那么，南洞庭湖平原属于壮侗语属的一个分支，也未可知。总之，海拔 20 余米、视野通透的这样一片宜居之地，原始人早就看中了它，在此营建了一个繁衍接力的生存空间。

（二）丝茅岭遗址

地标：益阳市资阳区沙头镇友谊村

保护级别：省级文物保护单位

时代：新石器时代

类别：古遗址

文化类型：大溪文化时期重要的地域类型遗址

丝茅岭遗址（也称丝毛岭遗址），位于资水北岸 1.5 千米处的广阔淤积平原上，距益阳市 10 千米，最早发现于 20 世纪 70 年代末。1977 年，益阳县沙头镇兴隆村（现益阳市资阳区沙头镇友谊村）一江姓村民因填筑房基，在门前一条宽约 2 米、深约 3 米的水沟里取土时，无意中发现这处新石器时代遗址。

据当事人介绍，在下挖至沟底约 1.2 米深处，一个布满花纹的罐子露出，是泥质陶罐。此后，又相继挖出一些带有黑色条纹的红胎陶器。在加深沟底至 1.3 米时，这 10 厘米厚的土层全部是黄土，板结严

益阳市资阳区丝茅岭遗址文物保护
石刻碑（周立志摄）

重，中间夹着陶片，混杂石块。下面一层，大约有 30 多厘米厚，是黑土，很像磷肥，黑土里面掺有瓦片。后来，在此出土的一些陶器，被选送到省、地参加展出时，引起了各级文物部门的关注。

1986 年 6 月，益阳地区和益阳市文物部门派人前来进行调查，对遗址的四至范围做了详细勘探，还予以拍照存档。经判定，这里是一处远古人类的大型生活聚居地，距今 5500 年左右。探方勘察显示，这处新石器时代遗址里，分布着硬化的房基和灰瓦生活层，属于大溪文化早中期的文化遗址。

1986 年的这次文物勘探，基本确立了丝茅岭遗址的考古和历史价值。经调查研究，考古专家认定，丝茅岭遗址北高南低，其面积约 8 万平方米，遗址文化层厚度为 1—2 米，东西堆积稍厚，采集有鼎、罐、釜、豆等陶器及斧、凿等石器，文化内涵及年代为大溪文化早中期，是洞庭湖区一处重要的新石器时代遗址。2011 年 11 月，湖南省人民政府将它确立为省级文物保护单位。

勘探发掘显示，所出陶器全部为手制，胎质厚薄不均，其数量大小依次是夹砂夹炭陶—夹砂陶—夹炭陶—泥质红陶—泥质白陶。其中胎质坚硬，表

皮是酱褐色，胎呈炭黑色陶最具特色，约占 60%。夹炭陶片，内含稻谷壳、茎、穗及草茎掺和料；其余种类，多数做工较粗糙。未发现彩陶。陶色几乎全为酱褐色、黑褐色。陶器纹饰主要是戳印、刻画、模印和锥刺形成的镂孔、圆窝、指甲、弦纹、绳纹、条纹、雨线纹等。白陶片中，出现了用篦点纹做底、由剔刺刻画纹组合出的浅浮雕式图案，花纹图案极富变化，个别纹样表现奇特。

考古专家潘茂辉认为，从该遗址的主要文化内涵分析，它与洞庭湖区大溪文化及周边地区同期遗存相比，有某些共同的文化特征。遗址中众多的釜、罐在丁家岗等遗存中似可找到某些相类似的器型，三足盘与湖北枝江关庙山第一期遗存所出三足盘风格相近，镂孔杯器形与安徽望江黄家堰遗址出土的陶杯器形相类似，表明该遗址在受到周边地区同期文化影响的同时，还受到外来文化的强烈冲击。但是它与资水沿岸的蔡家园、石嘴头、麻绒塘一样，以陶鼎、陶釜、陶罐、陶豆等器型为基本特征，构成了该遗址的主要文化内涵，具有资水流域大溪文化时期的特点。从其年代来看，部分陶器可能具有大溪文化早期因素的特点，因此其上限可能相当于大溪文化早期，延续到了中期或略晚。①

丝茅岭虽冠名为岭，其实并无山岭，它不过是一处高地而已。"那是要比一般地方高点，属于洞庭湖较高的地方。1996 年整个民主垸遭水淹，这里比其他地方高出有 10 多厘米。"当人们询问此地为何叫丝茅岭时，当地村民如是回答。

拜洞庭盆地下陷所赐，如今的洞庭湖几乎成了整个中国仅有的一处史前文化博物馆。封尘的淤泥之下，原真保存了各种地层信息，每一层，都记录下先民的活动轨迹和文明积淀，当然，也包括沧海桑田所发生的人间巨变。

---

① 潘茂辉：《益阳市沙头镇丝茅岭新石器时代遗址调查报告》，载《江汉考古》1999 年第 1 期。

拿史前遗址来说，同样类型的新石器时代遗址，益阳境内著名的南县涂家台遗址，那是离地表约 8 米深处，发掘了 7000 年前的房屋基址；而丝茅岭遗址，硬化的房基离地表 4.3 米。二者相差约 2000 年，同样属于台地，在远古时期开始下沉，洞庭湖平原中北部下沉速度之快，沉降幅度之大，远比人们想象的要严重得多。

（三）麻绒塘遗址

地标：益阳市资阳区新桥河镇原李昌港片麻绒塘村

保护级别：市级文物保护单位

时代：新石器中晚期

类别：古遗址

文化类型：大溪文化时期重要的地域类型遗址

麻绒塘古遗址位于资阳区原李昌港乡麻绒塘村，在爱屋湾遗址东北侧 4000 米处，南距资水约 1500 米，东南距益阳市区约 7000 米。明清时，遗址四周为湖沼所覆，名叫竹鸡湖。后来围湖筑垸，属长春垸上四垸，方圆数里田畴平整。遗址在一处高出地面 1 至 2 米的台地上，高 47 米，现存面积约 5000 平方米，属于资水尾闾的冲积平原。

益阳市资阳区麻绒塘遗址文物保护
石刻碑（周立志摄）

麻绒塘遗址是在当地进行农田基本建设和烧砖取土时被村民发现的。1993 年，因麻绒塘村修建一条水渠，遗址被掘开暴露了出来，益阳地区博物馆随即派专家前往调查，并采集了陶片等标本。1997 年，因村民烧砖取土，遗址遭到破坏，益阳市文物管理处组织人员进入现场开展考古勘查，获取了一批陶器、玉器等标本。1998 年，为了进一步了解该遗址的文化面貌，市文物处派专家进行小面积试掘，基本弄清了该遗址的文化内涵。2006 年，在报请省文物局批准后，由湖南省考古研究所专家牵头，市文物处组织工作队对遗址进行了试掘，出土较多的陶鼎和玉璜等器物。经分析比较，专家认为，陶鼎和玉器富集异常，这种现象在湖南特别是洞庭湖地区新石器时代遗址中实属罕见，值得深入研究。

探方发掘显示，遗址剖面深达 1.5 米，堆积较单纯，主要为新石器时代的文化遗存。具体分布如下：第 1 层为耕作层，厚 15—25 厘米，是松散的灰黑色土。第 2 层为扰乱层，厚 10—25 厘米，深 25—40 厘米，属于松散的杂色土。上述两层均为耕作层。第 3 层为黄土层，厚 8—15 厘米，深 35—55 厘米，是稍紧的灰黄土，出土有泥质红陶，褐陶，夹砂、夹炭陶片，有陶鼎足、罐、釜口沿等。第 4 层为褐灰土层，厚 10—25 厘米，深 50—65 厘米，是较紧的褐灰土，出土有泥质红陶片、夹砂褐陶片，夹砂、夹炭鼎足以及釜、盘、豆形器等。第 5 层为褐土层，厚 15—30 厘米，深 70—110 厘米，属紧实褐土，出土有夹砂褐陶釜口沿、豆柄、泥质褐红陶盘、鼎足等。第 6 层为红褐土层，是生土层的最后界面，厚 5—15 厘米，深 90—125 厘米，是坚实的红褐土，出土遗物较少，器型也难以辨识。

同爱屋湾遗址同时期的古代先民一样，距今约 5500 年的麻绒塘一带的古越人在选择定居地时，之所以选择类似麻绒塘这样的土台栖身，不外乎有如下考量因素：①视野开阔。其好处是既可以守望家园，时刻保持警觉，还可以饱览自然风光，拥有舒畅快乐的心情。②四周临江涉水。既便于通过水稻耕作和渔猎方式获取充足的食物来源，还可乘独木舟或排筏，解决交通和运载问题。③孤岛地貌。以此居高临下，易守难攻，既可以阻隔大型野兽的袭扰，还可以抵御外部敌人的掳掠。上述因素，是他们观念、知识、经验、智慧等方面的充分展示，多为后人所借鉴。

其实，麻绒塘遗址备受关注，主要还是在于它的出土器物与众不同：一是数量较多玉器的出土，其中包括玉琮和玉璜，具有标杆意义，也衍生出新的内涵；二是精美的红陶器物出土，不仅展示了当时高超的制陶技术和超凡的艺术表现力，更反映了他们的生活面貌和审美情趣。

麻绒塘遗址出土的一件圆筒形玉器，碧玉质地，高 8.8 厘米，直径 6.8 厘米，内径 3.6 厘米，水银沁和土沁随裂纹，已深入玉器的肌理。其整体呈圆筒形，素面，钻孔为喇叭口，内壁比较光滑。多数玉器专家认为，它应该算是玉琮，属于男性拥有的装饰品，代表着权力。之前，母系氏族社会走向鼎盛，女性装饰品玉璜盛行一时。而玉琮取代玉璜，意味着女性地位的下降，标志着当时的社会已进入父系氏族社会阶段。笔者经深入研究后发现，麻绒塘遗址的这种圆形玉琮，要早于方形圆孔的玉琮，是玉琮制作的初始阶段。

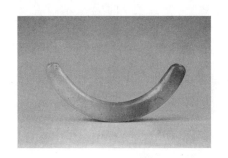

益阳市资阳区麻绒塘遗址出土的玉璜（资阳区文管所供图）

麻绒塘遗址还发现了三件玉璜，也堪称精美绝伦。它的发现，缘于一次偶然的寻访。1997 年，刚从安化县调任益阳市博物馆的一位新馆长慕名来到李昌港乡麻绒塘村，专程了解这处大溪文化遗址。他在一个 2 米高、约 400 平方米的土台旁的水沟里，先是捡到一截玛瑙璜，然后在土台边四处苦苦寻找余下部分。经反复细致搜寻，最终他在一农户做煤球取土处的边缘，找到另外三支玛瑙璜。玉璜是女性装饰物，造型优雅，雕琢精美，说明其技艺水平超凡。古玉器专家、湖南省博物馆研究员喻燕姣评价道："在出土的大溪文化玉器中，益阳的是最美的。"①

但问题是，玉琮和玉璜，都不为本地所产，因为洞庭湖周边，一直缺少玉石资源，这是地质条件所决定的。这些玉石制品，只能从外部输入。而外部输入的途径很多，移民、战争和贸易，都能达成这一目的。考虑到他们从母系氏族社会跨越到父系氏族社会历时久远，所以，外部迁徙带入的可能性较小。相反，通过与外部部落进行产品交换，实现玉器的持有，这种可能性极高。事实上，进入父系社会阶段以后，部落之间的产品交换已趋于常态化。根据考古发掘、传说和史料记载，古越人在新石器中晚期一直分布在长江流域，因此，除开战争因素外，麻绒塘一带的先民，必定会和沿江地区生产玉器的古越人部落开展某种交易，这样，精美的玉琮和玉璜之类玉器才会进入他们的生活之中。

1996 年，麻绒塘遗址还出土了一批红陶制品，其中有一种高圈足盘令人叹为观止。盘子造型稳重，喇叭口足，朝下，托起一个浅盘，盘子与喇叭口足的接口下面，有一对长方形穿孔，整个盘子给人的仪式感很强。盘子是红陶质地，胎泥细腻，器形规整，制作手法娴熟。陶盘的喇叭口足上，遍布多圈不同的纹饰，一直延伸到穿口处。从上及下，其纹饰分别为成行的大雁、饱满的谷穗、成捆的稻草，以及象征渔网的网格和链扣组成的图案。这些图案用抽象化的线条、精细复杂的刻画技巧和质朴流畅的表现风格，从天空、陆地，到水下，展示出一个立体的全视域的生活场景。从器物的表现内容看，后人读懂了古越人的生活轨迹，那就是，稻作农业是他们的主要生活方式，

---

① 汤济夫：《大溪文化玉器，勾勒出古代益阳美好家园》，载《益阳日报》2018 年 11 月 13 日。

渔猎是他们生活的重要组成部分，享受自然，纯净内心，追求艺术美，是他们的世俗情怀。笔者在《益阳探秘》一书中评价道："这是古越人留下的器物。它似乎告诉人们，古越人已从洞庭湖平原核心地域走出，农业生产和手工业生产都比较发达的这些原始部落，已懂得将渔猎耕作以艺术和美的形式表现出来。其精湛技艺和古朴之美，甚至让今人都会感到自叹弗如。"

益阳市资阳区麻绒塘遗址出土的高圈足盘陶器（资阳区文管所供图）

大溪文化发现于 20 世纪 50 年代末，遗址在重庆巫山县大溪镇，它是长江流域的古文明发祥地之一。据碳十四断代并经年代校正，考古分期为约公元前 4400—前 3300 年，由历史学家郭沫若命名。大溪文化是母系氏族社会晚期至父系氏族社会萌芽期的一种原始文化，影响辐射洞庭湖周边地域，以红陶和石器为主要器物，稻作农业已然普及，红烧土居室地面的房屋流行，较多使用竹材建房，实行公共墓地，葬式复杂多样。

益阳麻绒塘遗址所呈现的大溪文化，改写了洞庭之南的分布空白，反映了这一时期玉器的富集程度，增添了世俗化的艺术风采，显示了它的独特和迷人之处。

三苗崛起

一、稻田、聚落和城邑的传奇

根据目前考古发掘，古越人操苗瑶语的一个分支，率先离开了他们发现野生水稻并将其带入食物链的华南五岭地区，然后沿着向北的江河，进入洞庭湖平原，开展更大规模的稻植农业垦殖拓展活动。这个时间，距今至少1万年。

八十垱遗址，位于湘西北澧县梦溪镇五福村的夹河北岸，是一个从打制石器时期延续到新石器时期乃至陶器时代的古文化遗址。距今约1万年甚至更早，遗址属于旧石器时代，目前仅出土一批打制石器，被定义为八十垱下层类型。这是古越人留下的最早的石器遗存。这种由石器延续的文明一直没有中断，而且发展得越来越丰富和先进。距今约 8000 年，即彭头山文化时期，陶器、聚落、城址、祭祀、稻作农业，是这个时期的一组关键词。放眼东亚地区，稻作农业催生出璀璨的聚落文化和巧妙的生存智慧，这无疑点亮了整个洞庭湖平原辽远而空旷的历史天空。

澧县城头山遗址外景（周立志摄）

地处洞庭湖平原西北方的澧县城头山遗址，位于澧水下游澧阳平原西北部，属湖南省澧县车溪乡城头山村管辖，总占地面积约 15.2 万平方米，已发掘面积近 9000 平方米。这处中国南方史前大溪文化至石家河文化时期的遗址，被誉为"中国最早的城市"。该城址保存较好，平面呈圆形，由护城河、夯土城墙和东、西、南、北四门组成，占地超 7.6 万平方米。

距今约 8000 年，整个洞庭湖平原上，城址还未兴起，但聚落业已形成。城头山遗址的考古发掘表明，已开辟的成片稻田表明，农耕为当时人们的主要生存方式。距今约 7000 年，人们居住在高出四周平原 2—4 米的矮冈上，从事生产、猎捕等活动。分析表明，洞庭湖平原下沉等因素，改变了生存环境，使先民集中搬到台地上居住。距今约 6000 年时，城邑出现，当地居民直接在原生土面上筑造城墙、房舍和道路。从营造演变历史看，堆筑是唯一形态，夯筑痕迹不明显。遗址出土了一种磨光的红陶小鼎，被认为是公共权力的象征。这说明，当时的社会组织化程度较高，礼仪制度开始渗透到社会的某些方面。此外，在城外壕沟的淤泥里，还出土了稻、瓜等 170 多种人工种植和野生植物种子，以及猪、羊、狗、鹿等 20 多种家养和野生动物骨骸。

考古发掘显示，城头山遗址周边 10 余千米半径范围之内，发现了人工栽培稻及大量稻田。这些稻田，有 40% 人工栽培痕迹，配建有水坑和水沟等原始灌溉系统。经检索，它们属于世界上已知的最早的水稻田。研究认为，这个遗址延续了数千年。

澧县梦溪镇八十垱遗址全貌

八十垱遗址是彭头山文化在古代洞庭湖平原留下的代表性遗址。考古研究显示，八十垱遗址早期，活动范围超过 3 万平方米，晚期仅 200 平方米。中期，遗址内活动范围不足 3 万平方米，却是最兴盛的阶段。主要表现在：环绕聚落的围墙和围壕堆砌和开挖出来；居住建筑大量出现，内有灶坑，住屋包括半地穴式、地面式、干栏式和台基式，以干栏式居多。在一个海星状土台上有中心柱和牛下颌骨出土，它们被推测为宗教祭祀遗迹。这一时期，随葬品主要是陶器。遗址中有鹿、麂、牛、猪、鸡、鱼等动物骨骸；有耒、铲、锥、杵、钻等竹木器；植物种类有菟丝子属、莎草属、藜属、栎属、悬钩子属、紫草属、谷草属等近 20 种。尤其是大量完整形态的稻谷、稻米的出土，经专家确认，八十垱遗址是目前世界上发现的最早稻作农业遗存。作为长江流域发现的最早环壕聚落，八十垱遗址对研究聚落形态的起源、发展及中国古代都城的起源都具有重要启示。

　　几乎是同一时期，即距今约 8000 年，在长江流域的中下游，尤其是在广袤的洞庭湖平原乃至鄱阳湖平原，包括苗瑶语属和壮侗语属在内的多个古越人部落族群，分别在洞庭湖平原、江汉平原和鄱阳湖平原等处，建立起邑落和城址。他们掌握了先进的农耕技术，摸索和积累出包括农历、天象、气候、灌溉、种养、图腾崇拜、祭祀、巫术、禁忌、歌舞、绘画、服饰、建筑和民俗等一套完善的耕作制度和丰富多彩的族属文化，组建了稳定有序的农耕社会，创造了辉煌的农耕文明。据说，他们也掌握了先进的金属制造技术，能制造锋利的兵器和带羽毛的弓箭等。借此，他们屡次战胜周边部落的进犯和掳掠。在这里，以稻作农业著称的古越人，维持了一段相当长时间的和平与安宁生活。

　　江西省万年县东北 15 千米外大源乡的小河山，有一处名叫仙人洞遗址的新石器时代遗址。1962 年至今，先后清理出石器、骨器、角牙器和蚌器等 200 余件，以及佐证定居生活的人骨和动物骨骼等不少遗物。遗址还清理出一批陶器残片，被确定在距今 1.9 万—2 万年，是目前已知人类最古老的陶制品。专家们推测，这些粗糙的原始陶器，是古越人把随手捏拢的泥坯投入火堆而烧制出来的，是有意生产，还是无意捏制，尚未明了。不过，特别让人不解的是，遗址下层文化层所反映的新石器时代特征，与陶器所显示的旧石器晚期测年，其年代跨度存在上万年，这因此成为长江中游考古学上的一大悬案。

　　其后，古越人又渡过长江，进入黄河流域下游，在距今约 5500 年时，终抵渤海周边，沿途次第形成包括百越在内的若干部落。在地理环境、气候、饮食结构等因素长期作用下，从热带和亚热带不断迁居拓展的他们，最终进化成为南亚人种的古越人。

结合史料记载和考古发掘，著名楚史学者张正明认为，新石器晚期，包括江汉平原在内的长江中游是东亚人口最集中、民族最复杂、文化最先进的地区，主要体现在人种多元、语言丰富、文化习俗斑斓、社会形态各异。此时，东夷部落集团已抵近江汉平原以东，他们属于壮侗语族。江汉平原以南，分布着众多的苗瑶语族，他们在光热充足、降水丰沛的亚热带平原，一直从事原始稻作农业。在江汉平原以西地区，生活着兼牧兼农的巴人，他们是藏缅语族的先民，据说来自青藏高原和秦岭一带。总的说来，在新石器时代，洞庭湖平原的古越人，应当多数就是苗瑶语属的先民。

二、涿鹿之战的传说

传说中的苗蛮，也称"有苗""三苗"，是南蛮的主体族群。苗蛮源自蚩尤九黎部落和炎帝祝融部落，是华夏民族形成过程中的重要构成部分。和华夏先民一样，苗蛮也是远古时一同走出中亚高原的那拨人。所不同的是，他们吸收融合了古老的南方人类智慧，发展出先进的稻作农业，从岭南往北发展，经长江流域进化演变而来。

苗蛮进入黄河流域以后，自然灾害、人口增加及资源的缩减，引发不同部落之间人地矛盾尖锐和生存问题凸显等问题。据司马迁《史记》所载，距今约 5500 年，华夏部落首领黄帝联合姜姓部落首领炎帝组成部落联盟，与以蚩尤为首领的九黎部落大战于涿鹿郊野。

这场争夺生存权益的决定性大战，持续数年，双方人马对垒，历经大小交战无数。每一次纷争，无不鼓声震天，马啸车裂，刀箭飞舞，尘土蔽日，生灵涂炭，血染大地。最后的结局是，随着那位铜头铁额的英雄首领蚩尤被擒杀，九黎部落悲壮而败。战败后的九黎部落被迫离开中原大地，向南迁徙。它的子民扶老携幼，排着长长的队伍，一路悲歌恸哭，流落到长江中游的江汉和洞庭之间，那是一片荆棘丛生的平原地带。

据《逸周书·尝麦解》记载："赤帝分正二卿，命蚩尤于宇。"赤帝相传是湖南数千年前的神农氏部族首领。实际上，神农部落只是蚩尤部落的一支，而蚩尤才是这个联盟的部族英雄。后世苗瑶诸族，均尊蚩尤为始祖。盘瓠氏，蚩尤传人，他主导了部族子民的大迁徙和大拓荒，因此被尊为苗民的祖先。他的艰辛遭际和不朽功勋，一直是苗族史诗的传唱主题，常唱不衰，历久弥新。

闯入湿热而原始的生活环境以后，苗蛮部落集团驱赶了零星的史前野蛮人，如壮侗语系的原始中国南方人部落，夺得大片宜居宜垦的土地，建造了众多赖以生存的原始聚落和城址，完成了集约化的邑落居住使命，改变了原来的饮食习惯和生活方式，将旱作农业改为水旱兼收，将刀耕火种改为水薅渔猎，发展出一套精细的农耕稻作技术。于是，成片的稻田得到开辟、栽种，依托夯土版筑技术建起的聚落城池，便开始出现在雨量充沛的广袤原野之中。

此后，苗蛮集团与四方觊觎者经过千余年的争夺，从血统、文化上吸纳和融合大多数其他族群，并演化成为自身的一部分。在长江中游南部地域，主要生存方式是从事稻作农业活动，辅之以渔猎生产方式。大量实证研究显示，北方部落与南方部落的不同之处在于，北方部落游牧征服习气浓厚，满含血性和剽悍；而南方部落往往能够秉持包容的态度，实现多元文化的共存。这样，苗蛮与东夷越人一样，也以大范围杂居、小部落聚居的分布形态，推动着部族社会的演变和进步。

三、耕耘洞庭沃野

洞庭湖平原，是长江流域文明的重要发源地，曾孕育了异彩纷呈的古代文化。益阳既属于洞庭湖平原，也是洞庭湖的一部分。要了解益阳的史前文化，特别是由苗蛮集团演变而来的三苗文化，先得从了解洞庭湖平原的地域文明开始。

澧阳平原在益阳的西北部。在湖南省澧县涔南乡复兴村（**今涔南镇鸡叫城村**）的一块台地上，考古专家发现距今 4000 多年的一处名叫鸡叫城的屈家岭文化中晚期遗址。

相传，远古时有仙人夜间筑城，鸡叫而成，故名"鸡叫城"。城呈圆形，东西长约 480 米，南北宽约 460 米，总面积约 22 万平方米。城墙四面，均用黄色黏土夯筑而成，有明显的夯筑层。古城埠外，以人工河或自然小河为壕，有若干堰塘和低洼田分布，大小不等。东、北两门外约 1000 米处，各筑烽火台一座，残高 2—4 米。鸡叫城一度为湖南最大的史前文化遗址，同时也是澧阳平原四大稻作遗址之一。

七星墩遗址，位于洞庭湖平原东部，属于岳阳市华容县东山镇东旭村辖区内，是目前已确定的湖南规模最大的新石器时期城址。七星墩所在的大荆湖地域，是长江岸边一处与长江相通的湖泊，三面环山，一面邻水，生存环境绝佳，早为古代人类所相中，形成一个规模巨大的聚落群，而规模最大、堆积最丰富的七星墩台地，就处在这个聚落的中心位置上。

华容县七星墩遗址考古发掘现场　　　　　　华容县七星墩遗址出土的陶碗

　　考古显示，遗址分为内、外两圈城、壕，城邑内圆外方，总面积约 25 万平方米。该遗址一次性修筑而成，分夯筑和堆筑两种方式。它虽未能体现稻作文化特色，但城墙的夯筑特色鲜明。此处夯土并非单质纯色土，而是选用褐色、黄色、棕色黏土以及黄色粗沙、青膏泥等多种材料制作而成，被专家定义为"五花土"。经测定，七星墩城址建于公元前 3000 年左右，大约使用至公元前 2000 年，到石家河文化晚期才废弃。这就意味着，距今约 5000 年，在七星墩城址周边的洞庭湖平原，苗蛮或其祖先古越人，他们在此生活了差不多有 1000 年。

　　苗蛮部落开始退离洞庭湖平原，正是它陷入湖沼化的阶段。洞庭湖平原的缓慢下沉，长江和云梦泽的漫流浸润，导致洼地积水，沼泽丛生。随之，可供耕作的稻田减少，虐虫滋生，乃至瘴疠流行，令生存环境恶化，宜居指数降低。

　　而此时，长江下游的东夷部落崛起，东夷越人开始进入这片区域，扩充土地，掳掠人口，争夺各种资源，打破了苗蛮部落牧歌式的农耕生活节奏。根据笔者的分析，大约在夏朝建立之初，东夷越人已经占据洞庭周边的水泽地带，并驻守下来。比如，华容七星墩遗址在夏代前期，而苗蛮部落开始放弃其城址，就是在这个时间点。

　　夏禹是夏的开国君主。历史上，《尚书·吕刑》有"禹伐三苗"的文献记载，表明三苗集团由于落伍的社会发展水平，故没法抵挡住这个早期奴隶制国家的多番围剿。不过，这也大大加速了华夏部落与苗蛮部落在血统和文化上的融合。

华容县七星墩遗址出土的陶鬲

　　《战国策·魏策》记载："昔者三苗之居，左彭蠡之波，右有洞庭之水，文山在其南，而衡山在其北。"三苗统辖的四至范围是：最东，至鄱阳湖平原；最西，为资水下游；最南，到湘水下游和赣水中下游；最北，抵长江。不难理解，三苗核心区，介于鄱阳湖平原和洞庭湖平原之间。考古发掘也支持这种说法。考古学意义上的文化分期，如大溪、屈家岭乃至石家河等新石器文化，均是三苗留下的文化遗存。

　　进入青铜时代，三苗一度北上中原，开疆拓土，发展势力，后被夏人击退。殷人推进到长江中游以后，那些被称为"荆"或者"荆蛮""楚蛮"的三苗遗部就变得七零八落，朝不保夕了。在湖北监利和湖南华容一带，曾出现过一个州国，规模不大。据楚史学家张正明推测，它可能就是三苗的遗部。

　　此一时期，总体而言，益阳三苗部族"在灰山港、莲子塘、赫山庙、羊舞岭一带，均有密集的聚居群体"①。

　　泞湖商代遗址，位于益阳市赫山区泞湖乡沱塘村（今泉交河镇竹泉山村）胡家咀台地上，西距益阳市区约 20 千米，东距欧江岔镇约 1000 米，北

①　吕庆怀：《益阳风采》，湖南美术出版社 1989 年版，第 5 页。

边毗邻烂泥湖，南边距新河 250 米，海拔 72 米。

1988 年，为配合当地百姓开辟橘园，平整土地，文物部门对此第一次予以发掘。1991 年，再次对遗址进行了发掘。

遗址文化层分两期。一期，发现陶器，以泥质红陶为主，占近六成；夹砂红陶次之，约占三成；再次是泥质灰陶。陶片素面约占六成，纹饰以绳纹、弦纹为主，附加堆纹次之。陶器有釜、罐、钵、豆、缸、盘、纺轮等。动物骨骼有犀牛、黑熊、牛、鹿、猪等。石器有斧、锛、凿、镰、镞、网坠、砺石等。二期，有灰坑 18 个，灰沟 1 条，房址 6 座，窑址 2 座，墓葬 1 座。陶器以泥质红陶为主，

益阳市赫山区泞湖遗址
出土的陶器座

超过一半；夹砂红陶次之，约占 1/4；再次是泥质黑陶，占 12%。陶片以素面居多，占七成，纹饰以绳纹、弦纹、附加堆纹为主，另有少量方格纹、戳印纹、篦点纹等。器型有釜、罐、缸、豆、鼎、盘、钵、网坠等。

灰坑最有特色，是清一色的袋状灰坑。这类形状的灰坑在龙山文化时期就开始大量流行，在中原较常见，但在江南地区很少见。从挖掘场景看，这种袋状坑的坑壁规整，坑底有草木灰拌泥做垫底，被认为是一种用于储藏的窖穴。泞湖遗址少有商代中原因素，唯独袋状灰坑与中原地区的相同，这是否意味着当时就受到中原商文化的辐射，或者属于远古蚩尤部落遗留下的某种传承，尚未可知。当然，也可能仅仅是一种巧合，因为在江南，灰坑还有保存水产渔获的功能。

晚期的生活面，石器主要是斧、锛、凿、镰、镞、网坠、砺石等。发现房址 6 座，面积为 4—12 平方米，整体造型大致为圆形，大部分柱子排列无

规则，但比较密集。

从泞湖遗址商文化遗存的文化性质看，它应是一种具有显著地方特色的土著文化。它很少受中原商文化因素的影响，而是与资水中下游流域的城埠坪、麦子园、羊舞岭等商代遗存文化性质相似或相近，是一种新的地方文化类型。①

泞湖遗址所处的年代，正是三苗在南洞庭湖平原的存续期间。从这个具有土著文化特色的遗址，我们领略到三苗文化基本未受扰动的本色风采。而历史上，殷商征伐洞庭三苗的传说，不仅有典籍记载，而且是以器物形式在现实存在着。这或许是泞湖先民没有想到的一幕。

**益阳市赫山区千家洲遗址
出土的商代大铜铙**

2000 年 8 月末的一天，益阳市赫山区千家洲乡出土了一件商代青铜大铙。这是一种打击类军乐器，多用于祭祀，其上刻有商代风格鲜明的兽面纹（饕餮纹）。铜器高 75 厘米，重 90 千克，体量居全国第三。据说出土时口部朝上，布置规整；不远处的资水江中，还有一件同期的商代铜戈作陪。研究认为，它们是商朝军队征伐三苗之地的历史见证。此类重器在益阳出土，说明商人曾涉足江南，而且在顽强勇猛的苗蛮部落面前，似乎只是一掠而过，最终没能让他们臣服。

① 益阳市文物管理处、益阳市博物馆：《先秦南洞庭 南洞庭湖古遗址发掘报告集》，科学出版社 2016 年版，第 325 页。

四、退走武陵雪峰山

苗，田禾也。苗蛮，顾名思义，本是在地利水便处饲稻谋生的古越族群落。所谓蛮，是北方阿尔泰人后嗣对古越族的一种贬称，是华夏族在典籍中留下的负面著录。此处的蛮，意指缺少文字，缺少农业的精耕细作。当北方华夏族居窑洞、食粟谷时，古越苗人在江南广袤平野居邑落，垦稻田，羹鱼饭稻，取利自然。最让华夏人反感的是，其肉食来源主要在于捕猎和网鱼，而不是圈养鸡豕和牛羊。

古代典籍，关于苗蛮的民族性格，可以用"凶悍""刚毅"来形容。

《隋书·地理志·下》记载："人率多劲悍决烈，率敬鬼神，尤重祠祀。"

汉魏张揖《广雅》曰："蛮苗憍（jiāo，通"骄"）伹（cū，粗疏、鲁莽），倨傲侮慢，傷（dàng，同"荡"）也。"① 其意是指，以苗族为主的蛮族，性情骄蛮，举止粗鲁，桀骜不驯，缺少教化和礼仪。虽然有鄙夷贬低之意，但从一个侧面反映了苗蛮文明进化的缓慢和生产发展落后的社会状况。

但是，苗蛮虽然具有刚毅凶悍的族性，在社会发展落后和自然环境改变的状态下，却没有获得什么生存发展的优势。最初，洞庭湖平原向沼泽平原和湖盆化平原一步步演化的进程中，由于人地矛盾尖锐化，部落战争频发，掌握青铜冶炼技术的东夷越人，用长矛和弓弩，把苗蛮部落从洞庭湖平原这一沃土驱离，将大片宜耕之地据为己有。

位于长江中游的江汉平原和洞庭湖平原一带，从夏、商一直到西周，均不断受到华夏集团和东夷部落的征讨和侵犯，众多苗瑶语族子民生存空间遭

---

① 参见〔魏〕张揖《广雅》卷三，收录于《四库全书》。

到冲击和挤压，不断南迁和西入。

三苗从平原区退出的复杂过程，差不多花了 400 年。这个时间内，百濮、夷人、巴人等相继进入，各种观念和文化在该区域内互相激荡，彼此吸纳融汇，形成了以族属文化为背景、农耕文化为主题的丰富多彩的民俗文明，我们称之为"农耕文明的盛宴"。到了战国时期，由于外部诸侯兼并加剧，人口流入增加，资源紧张和人地矛盾尖锐，部族之间纷争不息。弱势的三苗，居地不断被侵占，被迫从平原，退至丘岗，最后进入高岭山寨。其他如扬越、濮人、夷人、庸人，也与三苗遭遇相同，一改传统的平原生存模式，在上百年或更长时间里，相继适应了江南丘陵的山居生活。从"饭稻羹鱼"到"畲山燎肉"，这一社会生活巨大改变形成的反差，直接导致益阳境内各部族生活水平显著下降，同时，生产方式也遭到颠覆性破坏——生产力倒退，社会发展停滞，甚至出现某种文明的退化和历史的断层。

三苗和东夷都是稻作族群，远古时曾经结盟，与炎黄部落争夺生存空间，有传说里共同从北方南迁的历史记忆，又世居长江中下游地区，在考古学上的各个年代，都有器物承袭和交换的文化链条。语言虽然不同，但共同的文化心理和历史情感，使他们很容易达成一种协作与默契。

但是，争夺土地、人口和资源一直是部落之间的不变主题，这一主线，贯穿于商周以来的部落战争之中。

春秋时期，百濮和扬越相继占据了资水流域和洞庭沼泽平原南部的大部分地域。也正是此一时期，苗蛮部族因铜、铁、盐等战略资源丧失，武备制造技术退化和失传，生产力停滞不前这一系列战略劣势出现，才导致部族交战失利并形成恶性循环。在益阳境内，拥有数千年农耕稻作文明史的苗蛮集团开始分化：资水流域东面的，集结形成"长沙蛮"，在经历上百年的适应期后，逐渐演化为一种山居民族，"梅山蛮"是也；居于资水流域西面和北面的，遭到百濮、巴人的挤压，分化形成武陵蛮、五溪蛮等地域性族群。在争夺土地和阳光的过程中，苗蛮族群一次次落败，最终沦为长江流域迁徙最频繁的农耕民族。留无可留之际，他们只得长歌上路，沿着湖南的三湘四水，不断吸纳其他族群，往上中游的山涧河谷乃至武陵山系的高岭山寨，继续四处寻找栖身之所。

新化县紫鹊界梯田鸟瞰（周立志摄）

依靠族群的强大凝聚力和崇高的使命感，那些永远乐观面对生活的苗瑶先民，并未被崇山峻岭所吓倒，而是依山就势，拓荒垦殖，用智慧建起吊脚廊桥连通的一个个村寨，用巧手辟出可供引水灌溉的一山山梯田，继续过着以种植稻谷为生的日子。山顶是天赐水源的涵养，山腰是架空房舍搭建的人居畜圈之所，山脚大小不一的丘块水田，是结伴而至的苗瑶诸族世代耕作的活命饭碗。湖南省娄底市新化县水车镇奉嘎山近两万亩（1 亩 = 667 平方米，全书同）的紫鹊界梯田，贵州省从江县 25 千米长、近万亩的加榜梯田等众多梯田景观，都是他们稻作文化的惊世杰作和不朽标本。

百越斑斓

一、百越根源回溯

在先秦古籍中，百越部落，常统称之为"越"。"百越"，百者，泛言其多。"百越"这一概念，首见于吕不韦所编《吕氏春秋·恃君览》，之前未有记载。这说明百越最终形成阶段，是在春秋时期。

吕思勉先生是一位史学巨擘，他在《中国民族史》一书中指出：先秦的越人不等同于南方畲瑶壮侗等民族，也不等同于东南亚越南人等。越跟齐、楚、燕、晋、秦一样，都是诸夏之一，非民族概念。他得出的结论，越人，是上古生活在长江中下游一带华夏稻作先民中的一支。

传说中以部落冲突著称的涿鹿大战爆发，是在距今约 5500 年。不同文明的交锋，其结局是，华夏部落崛起，九黎部落败退，蚩尤后裔纷纷南渡。瓦解后的九黎部落，黎民百姓集中迁往赣北、江汉、洞庭湖平原一带，在那里重组部落，各自割据，时间长达千余年。这些分割的部落族群，乃百越之肇始、异俗之源头。其时，一度结盟于九黎部落的东夷部落，也被迫从黄淮地区南迁至长江流域的下游。东夷部落后因人口增殖和生存空间拓展，又沿着长江两岸，逐渐从下游进入中游地区。这些沿江而迁的东夷人，在汉水流域发迹后，就是百越人当中一度称雄于世的扬越人。

扬越，也称扬粤，是百越的一个分支，其名最早出现于战国时期。最初，他们在湖南和江西之间，沿洞庭湖和鄱阳湖周边的平原水泽地带生活，后受楚人羁縻而被征服。汉朝以后，浙闽赣粤的扬越人被同化，成为汉族。另一部分扬越人，主要是洞庭湖周边的扬越人，融合和发展比较复杂，大致有三条出路：一部分西迁至云贵高原和中南半岛；一部分迁入湘中雪峰山和湘西武陵山等高山大川之间，分化成诸多族属种群，分布于各处聚落村寨，其中以侗族居多；一部分融入包括汉族在内的其他民族当中，其扬越人身份不复存在。

《吕氏春秋·恃君览》记载："扬、汉之南，百越之际，敝凯诸、夫风、余靡之地，缚娄、阳禺、欢兜之国，多无君。"

上述记载说明，在西周时期，鄂东南、赣西一带的土著居民都是越人。①

而考古发掘又给出了怎样的答案呢？出土遗物说明，商周时期，湖南的湘水流域和资水中下游地区也是百越人聚居地。② 简言之，在楚人进入江南之前，按照文博专家高至喜的说法，这里的大部分地区，原来都是百越人的天下。

---

① 吴明生：《湖南东周时期土著文化与楚文化的关系》，载《江汉考古》1989年第4期。
② 衡阳市博物馆：《衡阳市周子头遗址发掘简报》，湖南省文物考古研究所，《湖南考古辑刊》（第3集），岳麓书社1986年版。

二、百越版图的盈亏

祭祀和战争，是古代部落生存的法宝。而战争的延续和诸侯邦国的灭失，直接导致人口的迁徙和族群的重组。

宁乡市炭河里遗址出土的大禾人面青铜鼎

春秋战国，群雄崛起，百越就是这种战乱条件下的产物。其中，楚国在长江中游大举扩张，虎视眈眈，其欲逐逐，独步春秋诸侯丛林，是百越形成的直接动因。我们如果要梳理南楚族群迁徙的源流，那么大致可以得出这样一个判断。先是殷商遗民逃难于南楚地，像吉卜赛人一样流落四方，靠买卖货财赚取营生，并被冠以商人之名。他们中的大多数最终成为汉人。后是虎方人南下，把大批青铜器带入益阳，随身捎带不少虎图腾崇拜的文化私货，其中包括著名的虎食人卣青铜器。他们在殷商遗老遗少的帮助下，甚至还在古代益阳境内的宁乡炭河里，建立了一个以青铜器著称于世的方国——相（湘）国（也有人以出土的大禾人面青铜鼎，称之为大禾方国）。

按照著名历史学家李学勤的判断，在黄材盆地周边山岭出土的这只相鼎，是周王赐予的分器，被视作镇国宝鼎。炭河里遗址发掘的青铜器众多，达300余件，制作精良，纹饰精美，诸如四羊方尊、大禾人面青铜鼎、兽面纹瓿、象纹大铙等，均是国宝级青铜器，宁乡因此被誉为"南方青铜器之乡"。

最后，是楚国横空出世，对周边大小诸侯方国穷追猛赶，赶尽杀绝。楚国在北上和东进过程中，江汉地区的濮人、庸人先后被吞并或驱散，部族纷纷南迁，占据着资水流域和沅水流域的下游。被灭国的罗子、麇、蔡等举国南迁，安置到洞庭湖畔的东部巴陵和西部武陵境内。于是，经由战争的荡涤，诸侯国进行了重组，到了春秋时期，洞庭湖以南的益阳，三苗部落、殷商遗民、东夷越人、濮人、巴人等族群纷纷拥入，组成一个庞大的混合族群。这个混合族群，便是史籍所称的百越民族。

这一结论，在考古发掘上已得到证实。初期，扬越部族势力最大，百濮势力次之，其他族群均属于寄附性质。东夷扬越人，主要分布在地理条件最好的湘江流域；百濮势力，主要集中在资水流域和洞庭湖周边；三苗主要依附于百濮势力，以杂居方式分布于沅湘之间的下游平原。此一时期，因三苗所居历史悠久，而扬越和百濮也都比较强大，古代史籍因此亦常将湖南全境以"三苗""百越"或"百濮"相称。

东夷部落比百濮更早进入长江中游一带。东夷崛起，产生了夏朝。夏禹统一中原，百濮南移江汉地域。而夏伐三苗，则极大地削弱了苗蛮集团的势力，大大压缩了其在洞庭湖平原一带的生存空间。其实，最重要的一点是，云梦泽滩涂化这一环境改变因素，吸引了东夷部落，使得他们接踵而至。而洞庭湖平原沼泽化，宜居指数下降，这很可能是促使苗蛮部族退走，压垮这匹巨大骆驼的最后那根稻草。从尧、舜、禹数次征讨三苗的历程看，东夷越人的进入，是一个缓慢而艰辛的过程，持续上百年也就不足为奇。

考古发掘显示，在春秋战国时期，益阳的三苗和扬越人实现了和平共处的杂居生存模式。最初，三苗在洞庭湖平原生活，过着安宁的日子。春秋时，洞庭湖平原沼泽化，稻田被淹，耕作困难，三苗被迫退出平原地带的核心区。这一过程一度与扬越部落产生冲突。好在当时的益阳地广人稀，依托良好的光热条件，在江南丘陵的山间旮旯和盆地，可供开垦的稻田基本能满足他们的生存所需。当然，扬越人虽是主宰者，但其他族群和部落依然有足够的势力谋取属于自己的生存权利。

后来，楚国崛起，吞并周边诸侯小国和蛮夷部落成为历史常态。高擎"说蛮语，习蛮俗，通蛮婚"的大旗，楚人依托强大国力、先进文化和高超技术等优势，在蛮夷部落的平原地带，实现了嵌入式移民，构建楚人社会。整体而言，楚人在走出荆山北伐南平的征途上，驱离了不少壮侗语属和藏缅语属子民，吸纳和融汇众多族属文化，对语言和习俗大加改造，使被征服者逐渐丧失其独立性，其中就包括扬越人、百濮和庸人等主要族群。

楚国对苗蛮、扬越和百濮的羁縻，持续时间很长，楚文化施加的影响也相当深远。历史证实，在安化和桃江一类山区，苗蛮、扬越和百濮最终以地域为基础，形成了苗瑶部族，构建了以祭祀和民俗为内涵的地域文化；在益阳湖滨平原区，扬越和百濮等族群在楚文化引导下，选择隐退族属身份，融入汉族大家庭，以儒家文化为遵循和依归。他们当中也有少部分退出洞庭湖平原核心地带，同其他族群一起，演变成诸如侗族、土家等民族，继续保持自己独特的文化属性。

不过，益阳境内的苗蛮、扬越和百濮等族群，不管选择哪条出路，在原始宗教的感召下，无论是在各自部落组织形态，还是在族性文化的表达和传承方面，他们总能维持着某种独立性和个性。这一点，即使是楚国南平百越，其社会改造也并未彻底施行。

三、荆楚百越传略

　　三苗、扬越与百濮等部族相安无事的生活阶段，并非"任土作贡"的时代，且正值洞庭湖平原依然存续的地质时期。在长期的定居生活中，他们适应了江南的气候特点和自然环境，分化形成了独特的人种气质和文化习俗。

　　百越是蒙古人种的南方种属，主体族群脱胎于古越人。由于受遗传、饮食结构和地理纬度等综合影响，他们普遍身材矮小，肌肉精瘦，呈现所谓的铁骨体形；但四肢粗壮有力，眼睛圆鼓，听觉灵敏，反应十分灵活。他们与众多的华夏人种一样，新生儿的尾椎位置，大都分布着一块淡青色的胎记。这块淤青的胎记，据说要到成年后才会自行消退。

　　百越民族大都具有极强的生存能力，为人果敢坚毅，集体观念浓厚。他们生活封闭，思维守旧，认同感强，尤其喜欢以文化和习俗去区分和圈定各自部落的归属并忠实地抱持它们。从某种意义而言，他们是一个个靠回忆而生的族群集合。

　　基于这些语言、文化乃至地域的差别，古越人便形成了人种属性相同，而风俗底色别致的众多民族种类，包括扬越、百濮、三苗等。在洞庭湖周边，主要生活着东夷、巴人和百濮各族群。在历经数百年的融汇之后，这些族群可能形成了一个有别于其他越人的地域族群，我们姑且称之为洞庭越人。他们自然是古越人的分支，操满口鸟音高腔，发音胶着不清，是壮侗语和孤立语的传承者。他们是否是骆越人，尚不清楚。但是，有人研究认为，一些骆越部落曾在此地生活过，倒是极有可能，因为考古发掘显示，岭南地区的越墓，与洞庭湖周边的越墓，在出土文物、器型和文化属性上，二者有某种相似和传承之处。

望子岗遗址，位于永州市零陵区汦（dàng）底乡汦底村，地处潇水支流柳江西岸，是湖南境内目前发现最早，也是最大的一处古越人聚居地。

2009 年 3 月末，省文物考古研究所和永州市、零陵区文物部门组成联合考古队，对遗址进行了为期一个多月的抢救性发掘，共出土古墓葬 21 座。发掘显示，全部墓葬皆为窄长的竖穴土坑墓。几处墓中遗骨清晰可见，头向朝东，仰身直肢。墓坑宽长比为 1：4，符合古越族人的墓葬特点。还发现多组建筑遗迹，大量釜、罐、豆、鬶、甑等陶器，成批石料石器和少量玉器，数件铜钺等青铜器。

永州市零陵区望子岗遗址出土的部分陶器

在湘江流域发现商周墓葬群，这是第一次。通过对出土陶器的不同特征进行分析，湖南省文物考古研究所研究员柴焕波认为，这反映了南下的洞庭湖石家河文化和古越族文化的消长过程。湖南省文物考古研究所研究员、所长郭伟民认为，望子岗遗址是新石器时代晚期至商周时代百越文化的集中分布区，也说明古越人是湖南历史上土生土长的土著人。也有专家认为，半地穴式建筑遗迹和保留有人体骨架的越人墓葬为研究古越文化提供了直观证据，这是五岭南北壮侗等少数民族的渊源。

实际上，古越人当初进入湖南，主要是越过广西东北部资源、兴安、全州的丘陵浅岗，往北至湖南东安而来。早在新石器晚期，这一进程就开始了。

著名的晓锦文化，是与河姆渡遗址相媲美的古越文化。这处古越文化因晓锦遗址而得名。遗址位于广西壮族自治区资源县资源镇晓锦村的后龙山上，属新石器时代遗址。从 800 多平方米的揭露面积上，考古人员清理出石器、陶片、炭化稻米和果核等各类珍贵文物 2000 余件，并发现一批很有考古价值的墓葬和建筑遗址。其中出土的 1.3 万多粒炭化稻米，经鉴定，属人工栽培稻，为岭南地区发现最早、海拔最高、数量最大的一批水稻标本。这是继湖南省道县玉蟾岩遗址发现最早古栽培稻之后，在邻近地域又一次发现人工栽培稻。从野生稻到栽培稻，从五岭北麓扩散到五岭南麓，堪称水稻栽培和拓展的一次历史性跨越，这有力证实了五岭地区是中国稻作农业的发源地，而古越人，无疑是这种杰出文明成就的真实拥有者。

研究显示，原始人部落生活时间为距今 4000—5000 年，著名考古学家、北京大学教授严文明认为，遗址最早为新石器晚期，属于山坡遗址，这在全国很少见。联想到古越人从洞庭湖平原迁离，他们开始从平原重返山丘，山坡遗址的出现，是否意味着这就是他们适应全新生产生活方式的开端呢？

位于永州市东安县大庙口镇南溪村约 2 万平方米的坐果山上，一组完整的山地居住遗迹被清理出来，这就是著名的坐果山遗址。该遗址所处时代大约为商周时期，也就是晓锦文化早中期。2008 年 10 月，省文物考古研究所会同当地文物部门对面积约 1000 平方米的遗址进行了发掘，出土了大量石斧、石锛、石凿等石器，釜、罐、鼎、鬶、纺轮等陶器，还有少量的青铜矛、镞和玉玦、玉环等。发现了支撑房屋的柱子留下的柱洞 100 多个，灰坑（包括火塘）10 余个。从柱洞位置观察，坐果山人采用北方窑洞格局，以山石为墙，在山石之间空地立柱搭棚，过着半穴居生活。依山就势，顺应自然环境来建筑居室，大概是这批商周人的居住特点。另据发掘出土的大量动物遗骨，可以确定狩猎是聚落的主要生存方式。研究认为，所发现的石器，已构成一条完整的石器制作加工链，这在湖南考古史上尚属首次。从出土文物上，考古专家既找到了当地有别于北方商周王朝的文化特征，也发现了中原乃至北方文化南下播撒的若干交流元素。

永州市东安县坐果山遗址出土的石器

与此同期，位于邵阳市新宁县窑市镇盆溪村（今崀山镇窑市村）西约500米，海拔高度约500米的越城岭余脉上的白面寨，一处越人聚落遗址被发掘，该遗址距今已有4000多年历史。遗址夹在丹霞地貌之中，西南面为断崖和峡谷，生存条件不佳。2011年，省文物考古所会同邵阳市、新宁县文物部门进行考古发掘，出土了石箭镞、石刀、砺石、石斧、纺轮、陶片、石锛等，还发现了动物骨骸，如鹿角、牛骨、田螺等。出土器以石器、陶器居多，其中比较精美的石器上百件，陶器十余件。此外，还发现了少量水稻种子。专家们分析认为，通过出土石器工具和食物遗迹可推测当时的部落成员应以狩猎、捕鱼为主，但器具的丰富多样，显示其生产力水平并不低；而从彩陶的纹饰考察，该遗址不完全属于洞庭湖文化，倒与珠江流域的文化面貌较为接近，与晓锦古越文化具有深厚的源与流关系，应当是两种不同文化碰撞与交融的结果。

春秋早期，一度扩展到资水尾闾的越人，势力还比较强劲。但到了晚期，则逐渐萎缩，似乎成了强弩之末。已出土的桃江县腰子仑春秋越人墓就体现了两股势力交替之际所发生的历史变故。越人与楚人共用一处公共墓地，这一墓葬特点显示，此时，在强大的楚国势力面前，越人部族已经相对弱势。稍后，随着楚国不断收紧管制措施，如设置益阳楚县和洞庭郡之类行政建制，并征伐、赋贡和易俗于民，受到数个世纪羁縻的南楚越人，可能有一部分被完全驯服，得以融入楚人社会；另一些部族，则干脆迁离了这一地区。

历史上，由于受地理区域因素等影响，以及外部战争需要，庞大的越人部落在整个江南、岭南和西南地区分化严重，有人统计，有扬越、闽越、东越、干越、骆越、瓯越和滇越等七个分支。

在与洞庭湖平原毗邻的鄱阳湖平原上，古越族部落依托江西余干地区，独立形成了干越人，在西周末年建立了属于自己的诸侯国家——干国。综合各种史料分析，与干越人不同，操壮侗语的洞庭越人在洞庭湖平原南部的资水流域，在益阳周边，并没有建立类似的诸侯国，但是，他们也建立了若干个具有原始部落特征的部落联盟或方国，并且接受楚国的羁縻，如与益阳石湖遗址类似的酋长国，倒是很有可能。

四、楚南扬越洞庭秋

在长期的部落争夺中，到商周时，在洞庭湖平原及其周边，一个名叫扬越的越人族群最终建立了相对稳固的诸如方国或酋长国之类的部落机构。其他部落族群只得另辟蹊径，在地利条件稍次的地方开疆辟土，安身立命。

扬越是古越人的一支，属于东夷部落。顾名思义，它与古汉水支流扬水有关，大约在新石器中晚期，他们在汉江流域生活并日渐壮大。扬越存续于益阳一带，一般认为是在石家河文化末期。夏商时期，扬越人开始勃兴，并不断向外拓展，从江汉平原不断进入江南。楚国兴起后，扬越日渐衰落，开始从洞庭地域往南播迁，战国中期在楚国"南平百越"后大规模退出，进而远走湖南的四水中上游，乃至进入云贵高原，前后有约1000年。

扬越人与楚人，一个在江之尾，一个接江之腰，一个是东夷，一个叫苗蛮。在长江流域的下游和中游分别生存栖息。楚蛮是多族属、多语言的族群，但其主体应当属于苗瑶语族。楚国时期，它的东面还有濮人和他们的部落方国。据传濮人发轫于云贵高原及横断山区，属于南方人种，与中南半岛的马来、高棉族群联系密切，大抵也是从最初的古越人分化所形成，被称为濮夷。他们从云贵高原进入四川盆地，然后又东入江汉地域，与楚国形成相邻关系。

到商周时，扬越从东夷越人中分化出来，建立了自己的方国。在江汉地区的，称作鄂国，较大且较强，它一直延续到西周晚期才消亡。有人研究认为，湖北随州那个出土编钟的曾国，国君虽是周王室后裔，但子民却也是扬越人。在江南地区，早在西周之际，扬越似乎曾建立过"产里""九菌"等不大的方国。据《商书·伊尹朝献》描述，它们均在商都朝歌（今河南淇县）正南，以珠玑、玳瑁、象齿、翠羽、菌鹤等为贡物。而这些贡物，无一不是平原和水泽之乡的特产。比如大象，唯古代洞庭湖平原所独有。在先秦史籍之中，楚王曾数次炫耀于人，令周边诸侯国艳羡不已。所以在江南，它们应该就在现今洞庭湖平原一带。

商周时期，扬越人在资江流域的益阳境内留下不少遗迹，改写了之前"商不过江"的一些陈旧说法，麦子园遗址就是其中之一。通过这个商周遗址的主要文化层，后人从扬越人的居所、灰坑和墓葬方面了解到他们的生活习惯、生活场景和社会发展状况等若干信息。

麦子园遗址位于资江下游地带，其所在地隶属桃江县沾溪乡太平村（现沾溪镇长田坊村）。东、西两侧均为丘陵地带，中间地势平坦开阔。沾溪河由南向北从盆地中缓缓流过。遗址主体部分就位于沾溪河左岸的一处圆形台地上。该遗址在20世纪80年代由文物普查所发现，根据当时采集的陶器标本推测，该遗址所处时代为新石器时代末至商周时期，面积大致为4500平方米。

2008年5月，在益阳桃花江核电站项目的前期建设中，湖南省文物考古研究所对沾溪麦子园遗址进行了先期抢救性考古勘查。同年9月，相关单位抽调专业人员对遗址进行了抢救性发掘。从7个标准探方发掘情况看，遗址主要有明清、宋元、商周三个时期的地层分布，从商周时期的文化堆积中发现的遗迹有房址、灰坑和墓葬。

房址呈长方形，南北长8.25米，东西长1.8米。由10个柱洞分两排并列组成。柱洞的直径为18—33厘米，深度都超过20厘米，柱洞内为黄褐色填土，包含物有陶片、石块等。

灰坑基本呈圆形分布。坑口南北最大直径1.25米，东西最大直径1.15米，深12厘米。填土为灰褐色，较松软。夹杂较多木炭和烧土颗粒。出土陶片以泥质红陶为主，泥质黑衣陶次之。陶片多为素面，有少量绳纹。可辨器型有鬲、罐、豆、钵，并出土网坠2件。

墓葬基本呈圆角长方形。墓口长1.7米，宽1.1米，深28厘米。方向260度。填土为灰褐色，夹少量炭粒，土质较紧。出土器物铺垫于墓底，可辨器型有大口缸、釜、罐、豆。除大口缸和釜外，陶片大多为泥质磨光黑皮陶。

根据地层叠压关系和出土器物特征，考古人员按照文化序列，初步把该遗址出土的商周时期陶器分为两组。第一组，典型器物有大口缸、豆、罐、釜等，陶质大多为泥质红陶和泥质橙黄陶，纹饰有绳纹、弦纹、附加堆纹。第二组，典型器物有鬲、豆、钵等，陶质大多为泥质红陶和泥质灰陶，纹饰有绳纹和方格纹。第一组是红陶，第二组为黑陶，器型均比较简单，纹饰也不复杂，皆为平民生活用器，并无特殊之处。但同一遗址出土跨越两个时代分野的陶器，此类文化转型的遗址，在益阳是第一次发现。这意味着麦子园一带的居民，他们经历的陶器时代似乎比周边的一些部落要格外漫长一些。

桃江县麦子园遗址出土的新石器时代陶鬶（益阳市博物馆供图）

麦子园遗址是益阳境内资水下游一处重要的商周时期遗址。从出土器物观察，商周时期，此地居民形成了聚落，建起了地面式房舍，但社会发展程度远低于洞庭湖平原同期的文化遗存，甚至还不及20千米外桃花江流域腰子仑部落的水平，差不多落后五六百年。它给人的印象是，遗存既不丰富，器物也够不上规格，这在墓葬形制、葬式深浅和器物纹饰上都有明显反映。由此进一步推测，根据其文化遗迹，有人认为该遗址住民是百濮，也有人说是三苗，在不同时期，可能二者都留下了生存轨迹。不过，在没有更多考古佐证发现之前，我们姑且把他们当作越人看待好了。

秦朝之后，随着中原人口不断南迁，百越族除一部分和南迁的中原移民融合外，大部分迁入山区或往外迁徙，演化为现今的壮族、瑶族、黎族、布依族、傣族、侗族、畲族、仡佬族、毛南族、京族、高山族、仫佬族、水族等少数民族。在百越版图里，岭南地区的南越部落，演化成了今天广东地区的壮族、瑶族和畲族，而与其聚合在同一区域的南方汉族，则主要由南迁的中原移民所形成。

高至喜在《楚文化的南渐》一书中，明确指出了楚人进入之前益阳的族属。他写道："商周时期，从赣江鄱阳湖流域以西，至湘水和资水流域，在此区域内居住的土著民族主要是越族。澧水和沅水流域一带,商时期至西周早期,土著民族的族属尚不能确指,但还没有发现楚文化因素,也是明确的。"①

五、典籍里的百越民族

关于越人的分布及习俗,晋代的臣瓒在《汉书·地理志》中注引曰:"自交趾至会稽七八千里,百越杂处,各有种姓。"

《汉书·地理志》记载:"楚有江汉川泽山林之饶。江南地广,或火耕水耨。民食鱼稻,以渔猎山伐为业。果蓏(luǒ,瓜类等蔓生植物的果实)蠃(luǒ,本意为土蜂蛹,泛指可食之虫)蛤(gé,蚌蛤,泛指水产),食物常足。故呰窳(zǐ yǔ,懒惰)偷生,而亡(无)积聚。饮食还给(言经常给足),不忧冻饿,亦亡(无)千金之家。信巫鬼,重淫祀。"

乾隆《益阳县志》称:"呰窳偷生而无集聚(指资财积累)。"②

上述文字记载都描述同一现象,那就是生活在益阳周边的百越民族懒散,苟且,没有什么财富积累,过着自然随性、无拘无束、无忧无虑的古朴原始生活。

《百越民族史》是一本系统介绍百越民族的著作。据该书介绍,古代越人在物质文化方面谙熟水稻种植,喜食蛇蛤等小动物,有发达的葛麻纺织业,大量使用石锛、有段石锛和有肩石器,有极其精良的铸剑术,善于用舟,习于水战,营住干栏式房屋,大量烧用几何印纹陶器和原始瓷器;在精神文化

---

① 高至喜:《楚文化的南渐》,湖北教育出版社1996年版,第19页。
② 参见乾隆《益阳县志》卷十八"风俗"。

方面，流行断发文身与拔牙凿齿风俗，保留着浓厚的原始婚俗，崇拜鬼神，迷信鸡卜，实行崖葬，崇拜蛇、鸟图腾等。[①]

根据目前的考古发掘，最晚从商周时期开始，益阳所属地域，一度是扬越与少量骆越的集居之地。同众多越人部落一样，断发文身是他们生活习俗的标配，那应当是受水乡泽国环境影响所致，束发加冠，自然没有纳入他们的文化范畴。而生活在山丘一带的骆越，则有养狗的习惯。他们常常用金黄的稻草，扎成一种名叫刍狗的道具，待祭祀程序完成以后便投入火堆，以烧蚀方式通达神明。这也是他们生活的一部分。

《礼记·王制》曰："东方曰夷，被发文身，有不火食者矣。南方曰蛮，雕题交趾，有不火食者矣。"

《汉书·地理志》曰："其君禹后，帝少康之庶子云。封于会稽，文身断发，以避蛟龙之害。"

《后汉书·东夷列传》记载："（倭人）其地大校在会稽东冶之东，与朱崖、儋耳相近。故其法俗多同。"

《三国志》云："男子无大小，皆黥面文身。……夏后少康之子，封于会稽，断发文身，以避蛟龙之害。今倭人好沉没捕鱼蛤，亦文身以厌大鱼水禽，后稍以为饰。"

东夷越人，也称作倭人、梭形人，他们披头散发，爱吃生冷的东西，不喜欢烧烤食物，据说尤喜生食水产。而南蛮，则喜欢雕题画额。雕题，在额上刺花纹。实际上，南蛮的雕题还扩展到了整张脸，黥面，便由此而来。雕题和黥面，即在额头和面庞之上刻画斑点和线条，再用诸如蓝草之类植物性染料填涂，从而掩盖其真实面容，以给人新奇、神秘之感。

这一原始的异族风尚，始终不为北方的华夏民族所认同。在华夏文化观

---

① 陈国强、蒋炳钊、吴绵吉、辛土成编著：《百越民族史》，中国社会科学出版社1988年版。

念中，面容是一个人真实身份的表达，不容遮盖和污损。秦国一直继承了这一传统。在秦代，黥面不是奖赏，而是一种处置罪辜的刑罚，作用是以儆效尤。秦末陈胜、吴广大泽乡起事的队伍中，黥面者无一不是犯事的刑徒。汉代以后，儒家学说取得独尊地位，"身体发肤受之父母"之类儒家价值观为社会所倡导，诸如黥面、文身者，被视为不孝之举和不义之行，遭到儒家文化的否定和摈弃。

但"雕题"和"黥面"这类原始的习俗，在南方百越之地一直延续了两千多年。迟至海南建省以前，在五指山、黎母山一带的黎族百姓当中，黥面之风依旧。在那里，妇女尤以"画额""黥面""文腕"为美，一排排圆形斑点和一条条线形纹饰，陪伴着那些青涩少女走向垂暮老妇，一代又一代，乐此不疲。从黎族文化视角来看，女性以繁衍生养居首，眉清目秀退居其次，在野兽频出的山林与野蛮婚姻盛行的社会，以毁容方式获得对弱小女性个体的保护，以图腾化的审美理念获得一种宗教性崇拜，这一泛化的社会认同，大概是她们雕题黥面的初衷之所在。此种习俗流行范围很广，从江南会稽郡一直延伸到海南岛的儋州，覆盖了中国东南和南部沿海地区。后来，文身习俗予以改进，现如今的文眉、文身、穿鼻等，都基于对此种习俗的认同和接纳，都是它的继承和发展。

《汉书》引东汉应劭的话说，越人"常在水中，故断其发，文其身，以象龙子，故不见伤害"。因为常在水中，头发剪短了不至于沾水，沾了水也容易晒干；而在身体上绘饰蛇（龙）形图案，使蛇（龙）见后误以为遇到同类，可以免遭伤害。简言之，断发，以便潜水游泳；文身，以避蛇虫之侵害。

《淮南子·主术训》云："越人是犹以斧劗（jiǎn，同"剪"）毛，以刃抵木也。"可见，越人断发所用工具为"斧"。这个斧，自然是越人最擅长铸造的青铜斧器。

《墨子·鲁问》记载："楚之南，有啖人之国者。其国之长子生，则解而食之，谓之宜弟。美则遗其君。君喜则赏其父。"

晚至商周时期，地处南方的古越人，仍有"食人"习俗发生。在辽阔的岭南地区，有把长子杀死分食的风气。而在一些地瘠民艰的食物短缺之乡，有些部落在交战中，把外族的俘虏抓来肢解，按照身体部位分食，头颅挖空后作盛酒器具之用，个别有等级的首领，还被特许将头颅挂在专置的居所，作为装饰品加以陈列和观赏。这些野蛮习俗，充分反映了百越部落社会发展的落后和不均衡问题，以及弱肉强食之类丛林法则普遍存在的社会现实。当然，物产丰饶的益阳，情形未必有如此严重，但偶然现象应该也是存在的。

不过，在益阳，至今仍有吃"胞衣"的习俗流传。这种风俗在乡间较常见，历史也比较久远。孕妇胎盘被食用，大概就是由"食人"习俗演变而来。益阳民间称胎盘为"胞衣"，据说能提高身体免疫力，延缓衰老。通常情形是，将接生婆手中取到的胞衣，洗净，沥干，在案板上切碎，连同猪瘦肉一起剁成细末，然后取生姜之类能避腥除味的佐料熬煮成汤，再给需要滋补强身的体弱年高者食用。这仅仅是一种民间偏方。实际上，在传统中医看来，胎盘还是一味中药，叫作紫河车，以滋补著称，可用于支气管哮喘、肺结核病等的辅助治疗。

六、猎头与祭祀

猎头风俗，是百越之地古老的习俗之一，它充分反映了渔猎时代土著越人征服自然的能力和决心，也凸显了其民族特性。

所谓猎头，是指原始社会末期，人们在部族复仇与掠夺战争中，猎取敌人首级，并通过一定的祭祀仪式加以顶礼膜拜，以达到风调雨顺、保佑平安的目的。[①]

著名的"一刀切喉"，就源于这种猎头文化。在部落交战中，不论敌人的年龄与性别，统统瞄准其喉咙，将头颅砍下。作为原始部落的一种杀人仪式，保留失败者的头部，具有的作用很多。如既能激励士气，留作纪念，展示胜利者的姿态，又能复仇雪恨，从肉体上惩罚敌人，瓦解敌人心理，从而达到自我肯定和自我安慰的效果。

猎头后，各部落对敌方头颅处置的办法也五花八门。位于太平洋群岛波利尼西亚的毛利人，他们把敌人的头颅作为战利品用于收藏：先剔除头骨，将皮和肉经烟熏和防腐处理，最后留下头部的文身图案和面部特征，这就做成了毛利人这一食人族的所谓防腐头。印尼松巴岛上的松巴人，部落之间为争夺领土交战时，他们不是保留敌方首级面部皮肤，而是把整个头骨挂在树上。作为东欧大草原的优秀猎人——克里米亚的斯基泰人则把敌方头颅做成了酒杯。

总体而言，猎头习俗是一种非常原始与野蛮的战争文化的残留，与文明社会格格不入。那么，中华文明又是如何对待这种野蛮落后的文化的呢？

儒家思想崇尚仁义和礼教，它占据社会的道德制高点，以和谐中庸为出发点，对陈旧的腐朽习俗加以摈弃和改造，力求建立具有理想境界的礼乐之邦。作为一种原始习俗的继承者，以儒家思想为内核的华夏文明仅保留其祭祀部分，对有损社会安宁的非人道举措，统统予以排斥和拒绝。对于供奉的祭品，涉及杀戮的，也严加约束和限制。比如少杀生，禁止虐待动物，无一不凸显其进步、积极和文明的一面。如此，从奴隶社会以后，社会日常生活中就不再出现猎头风俗了。但是，作为一种潜文化，它还是进入了民俗层面。

---

① 参见宋兆麟、冯莉编著：《中国远古文化》，宁波出版社2004年版。

比如，人们找到了猪、牛、羊等动物作为替代品，来参与祭祀活动。这种祭享的非人化，也不能不说是猎头习俗沉淀下来的一种遗风。

**宁乡市黄材镇出土的
兽面纹提梁铜卣**

湖南省岳阳县筻（gàng）口镇凤形嘴山出土的动物人像纹提梁卣（年代为西周末至春秋时期），器身 33.2 厘米高，上饰蛇、龟、水鸟、鹤、小鹿、蛙、鳄鱼、雷等纹饰，特别是有人物右手持刀，或右手持戈或人头。岳阳市文物考古专家认为，其反映了当时的猎头风俗。

实际上，将敌人头颅作为战利品的习俗，已经影响到了春秋战国时期的军事征战。先秦以后冷兵器时代的所有军队交战，大抵以获取首级或斩馘为取胜标志。跨越原始时代，进入奴隶社会，再到封建时期，土著越人的猎头风俗甚至从战场扩展到法场，一直沿袭了下来。军功凭首级，酷刑以枭首为先，对头颅的处置，在数千年里，可谓是征战杀伐和斩首示众的不二法门。

佤族部落，据说也是从百越地区迁离的。大约在春秋战国时期，他们抵达位于我国云南省西南部和缅甸东部的高原地区。在佤族信奉的宗教中，一些重大祭祀仪式崇尚血祭，常将鸡、猪、水牛等动物杀死，用其头颅祭拜祖先。这种血祭仪式也用于结婚、葬礼和其他一些社交活动当中。佤族的个别部落曾长时间保持着猎取人头祭祀的传统。某个特殊季节，一些部落的青壮年会特地去联系猎头，将个别特定的异族人当成目标加以猎杀，然后用他们的尸体熬制肥料，并砍下头颅做成工艺品予以收藏。

战国以后的百越地，猎头从人转向了动物，体现了社会的进步。沿袭百越遗风的梅山地域，苗瑶子民特别重视祭祀祖灵这种最盛大、最神圣的集体聚会，而用全牛、全猪、全羊上供，无疑是最隆重的祭祀仪式。清乾隆《宝庆府志》记述苗人"信鬼，户外植木，为之疾病向祷，愈则椎牛为飨"。一次性宰杀壮牛上百头，场面何其惨烈和血腥，以大量剥夺生灵的方式震慑自然万物，体现对神鬼和祖先的尊崇和敬仰，"椎牛"也就成了祭祖活动的代名词。"椎牛"现场，成千上万亲友聚集，宴饮言欢，声势浩大，追思蚩尤、盘瓠等先祖的功绩，一遍遍诉说族群苦难深重的迁徙史，长歌怒号，群情激昂，清代吉首人吴八月领导的乾嘉苗瑶起义，就是由大规模的"椎牛"祭祀活动而引发，先后持续十二年。后来，此俗遭到清廷近三十年的禁止。

七、百越融合

中国古代典籍曾有大量涉及少数民族称谓的描述。这些称谓描述，可以帮助人们更好地了解种群族属的分布。首先要把握一点，那就是所有的文献记载，皆以汉族为主体所建立的中国为文化视角，对与之接壤的族属称谓展开描述。这种描述的特点如下：非接壤的种群，基本不叙述，或者尽量少叙述。其次，中国古代文献的族属描述，主要是基于地缘种群角度考虑而进行的模糊性描述，缺少定性和定量因素。正如著名历史学家吕思勉所指称，中国四境之外的夷、蛮、戎、狄，这四个常以劫掠、骚扰和杀伐著称的少数族裔，他们并非种族之分辨的名称，而是地缘人群的指代。了解这一点，人们才能更准确理解百越的地缘性特征，而不是它所具有的民族性。当然，对族属的探寻追溯，无疑会更有助于人们深入了解那些族属分布，以及他们背后一些鲜为人知的秘密。

那么，古代典籍关于族属地缘性的这种历史概括又是什么原因造成的呢？

在古代中国，部族战争不计其数，但有一点，基于种族生存而展开的纷争，其产生的仇恨从来没有通过文字刻意去延续。具体是从夏商时期开始，中国人就淡化了种族纷争所产生的负面情绪。周人延续着这一种传统，秉持"和而不同"原则，从不曾为种族意识张目。他们用实践证明了这一点。以文化交融的态度，以博大宽阔的胸襟，以"天下归心"的愿景，周人通过接纳和臣服四面八方不同的种群部落，才建立起具有强大生命力的多元化国家。事实上，汉民族也从来不是一个纯粹单一的民族。自离开中亚高原以后，汉民族在初始、形成和发展过程中，完全靠吸纳众多的异地异族的种群，才会不断发展壮大，最终建立起自己的国家。他们以道义和文化为旗帜，尤其强化语言和风俗认同，进而组织社会，并形成稳固的国家体制。这是他们得以成功的秘密。周人特别强调国家归属，儒家文化所称的"家国情怀"，就把国家和家庭视作一个人终极依归的首尾两端。人从家庭出发，贡献和服务于国家，一辈子都在为之奋斗和努力。这种观念和实践，被一代代人视作核心价值纳入中国文化范畴加以传承。

从上述释读可知，百越之所以被纳入中国古代典籍，是因为它直接与中国及其文化形成比邻与接触关系，从夏、殷商到周代，莫不如此。反过来，在中国文化强大辐射之下的少数民族种群和部落，其中的绝大多数也因此走上了一条融合之路。即使没有或者不愿意接受华夏文明辐射，也至少不会因为文明冲突而爆发大规模的种族纠纷和战争。历史上如此，现实和未来皆如此。强调族属的地缘特性，强调文化的包容多元，少数民族融合，才会主导历史发展的走向。

关于少数民族的融合问题，我们可从不久前开展的全国少数民族家谱研究中找到答案。该研究认为，湖南众多的少数民族家谱当中，无论是历史的，还是近几十年新修的家谱，都体现出一种"你来我往、我来你往、你中有我"的特点。各少数民族之间的经济文化交往过程，这个时间尺度不是几年或几十年，而是千百年。大量的土家族、苗族、侗族、瑶族家谱显示：土家、苗、侗、瑶四族世代杂居，互相交错，相互交融。许多家族"时土时苗时侗时瑶"或"亦土亦苗亦侗亦瑶"，或与汉族互相交错，互相融合。[1]

当然，在湖南境内，特别是古代益阳境内的苗、瑶、侗、土家等少数民族，一直体现出"同源异支"的演化规律，是共同的祖先和相同的迁徙经历，以及长期"大杂居、小聚居"的交融生活，让他们实现了种族和文化上的接纳和互认。

八、土著越墓综述

根据史料记载，从新石器末期至商周时期，益阳境内为三苗部落所占据。精于稻作农耕的三苗集团，首先选择在洞庭湖平原等自然地理条件优越的核心区域建立起大规模的城邑和人口众多的聚居点。目前考古发掘如南县大郎城遗址的发现也证实了他们的这一选择。至于在山丘地带，则未见他们的遗存出土。表明在这个时期，三苗部落未涉足这样宜居性欠缺的地方。

研究显示，石家河文化至商代，中间有五六百年，益阳的考古发掘未发现任何遗址，这一时期出现断层。也就是说，商代之前，益阳的地域文明尚没有考古材料加以佐证，出现了所谓的文化空窗期。这个问题，一直困扰着考古专业人员，至今都没有找到答案。虽然有迹象显示，古代益阳境内的宁

---

① 张建松：《生动见证中华民族多元一体的形成　少数民族家谱的"家底"首次摸清》，载《新华每日电讯》2019年2月14日。

宁乡市黄材镇出土的兽面纹铜鼎

乡黄材盆地曾出土过商代后期 140 余件精美的青铜器物；但经证实，它们属于西周时期，是外来输入的青铜文化来此扎根。在这里所发掘的炭河里古城，因此也被定性为一座西周时期的方国古城。

越人开始大量进入洞庭湖南岸地带，是在春秋战国时期。益阳越墓的出现，大致始于此一时段。益阳越墓与越人进入，其实并不同步，因为有葬俗、随葬物、保存条件等影响和制约因素存在。有关楚国羁縻百越，益阳的考古发掘显示，当时越墓数量大量增加。这个时期，越人聚落主要集中在河岸冲积平原与低矮的丘岗之地，稻田不再平坦、辽阔，耕作条件不再便利。越墓也随之分布在聚居点附近，表现出随山绕坡的特点来。

越墓是越人生活的最后表现，也是另一层面的暗示和启迪。如果做进一步分析，可描述如下。越人从广袤平原迁入小块河岸平原、山间盆地和低矮山丘，聚居地缩小，人口容量减少，社会集中度降低，部落分布越来越分散，导致大规模的城邑不再出现，生产力发展的制约因素增加，社会分化加大，社会组织的管理相对松散，对语言、习俗、生产生活方式等方面产生了深刻影响。到目前为止，在益阳境内，经考古发掘的典型土著越墓前后加起来还不足 400 座，这个数字，不及先秦出土墓葬总数的六分之一。但是，透过这些越式墓，后人仍然能够加深对越文化的认识和了解。

原真性的越墓发掘数量较少，原因在于以下几点：首先是越人的葬俗观念以薄葬为主，厚葬者少，他们普遍不同于楚人所推崇的"厚葬"；其次是越地的社会发展水平不高，财富欠丰厚，缺少相应的陪葬物；三是历经时代久远，越人的保护措施不足以将墓葬保存下来。但是，他们毕竟也留下来一些可观的墓葬。从出土的葬俗可发现，他们对迁入此地的楚人还是产生了比较深刻的影响。

早期的越人墓葬，无一例外都是窄长方形的，长宽比例在3：1或3.5：1之间，个别的有腰龛或头龛。① 这种窄长方形带壁龛的墓室，是土著越人墓葬的标配。

从墓葬形制看，越地和楚地的差别是明显的。益阳的楚墓像一把大铲，而不是楚国当阳的方形墓坑。考古发掘显示，越接近楚都江陵，墓葬就越是方形。比如澧县邵家嘴35号墓，长6.5米，宽5米，是大夫级别的楚墓。与澧阳平原不同，益阳至今未发现一座大夫级以上的楚墓。等级稍高一点的越墓，也带有楚墓特点。这可能与益阳越人未能建立方国有关，也有可能建立过方国，后人还未来得及揭开它神秘的面纱。但是，可以理解的是，湘西北地区不同于益阳，他们没有土著越人的族属底色，受楚文化的影响也比益阳一带悠久而深刻得多。

当然，可从楚墓观照越墓的影子。吊龛，窄长方形，典型的楚式青铜礼器，土坑墓，这是春秋中晚期江南地区中型楚墓的主要葬制。益阳春秋晚期之前的越墓，也大抵遵循此一体例，只是规格比较低和陶礼器匮乏而已。总的说来，益阳楚墓，深受越人墓葬习俗影响的特点极为明显。

但是，至今未见益阳楚墓多少印纹硬陶等器物出土。而与益阳邻近的长沙楚墓，因为受东南一带越文化影响大，所以出土了不少印纹硬陶之类的器物。《益阳楚墓》一书作者认为，长沙一带的越文化，受湘江流域越文化影响，与益阳所属的资水流域不是同一个文化系统。他们认为，益阳所属的越文化，是百濮文化。这表明战国时期，益阳越文化受濮巴文化影响较大，濮

---

① 高至喜：《楚文化的南渐》，湖北教育出版社1996年版，第239页。

巴人占据相当大的比例。主因是地域因素影响了族属分布和文化传播，致使百越文化具有地域性分布特征。

那么，如何从出土器物去解释湘江流域的越文化系统与资水中下游的百濮文化系统之间完全不同的形成原因呢？

首先，扬越部落最初是从湘江流域进入资水下游的，这一点毋庸置疑。东夷扬越人进入洞庭湖周边，正是百濮在这一带蓄积力量，徐图恢复江汉失地之际。百濮是一支坚韧顽强的力量，哪怕被楚国占领了属于自己的方国，它仍在为之努力，数次借兵，数次打回长江北岸，可惜屡战屡败，依旧没逃出楚国画定的"紧箍咒"。实际上，最晚到西周末年，濮人在中原积累和发展的军事实力，要远高于地僻人稀的资水流域的苗蛮部落，它被吞灭，完全是因为中原地区诸侯国林立，强手如云。它退居楚西南时，扬越人已经把苗蛮集团赶出了益阳濒临洞庭湖平原的沃壤之区。濮人南下以后，扬越力量已经衰落。于是，扬越人又被从资水下游驱离开来，他们就只能留守在湘江流域了。而资水流域下游，扬越部族所留时间并不长，人口分散且稀少，没有力量与百濮抗争，因而他们一直逃脱不了被征服、吞并和同化的命运。随之而来的是，表现在出土的器物层面，扬越文化是极其稀少和零碎的。

其次，扬越部落进入古代益阳境内，扬越势力因为某种原因，比如干国建立、鄂国灭亡等造成某些战略资源短缺，以及东夷越人支持与保障的阻隔和缺失，等等，益阳扬越人势单力薄，无法与退居安化羊角盆地、大福沂水冲积洲、梅城沩水平原、桃江资水中下游两岸平原，以及宁乡黄材盆地等地扎根已久的苗蛮部落相抗衡。同一时期，苗蛮集团还可能寄附于百濮部落，或者与其达成某种战略联盟性质的协议。所以，可能的情形是，楚人到来之前，扬越人仅留下一些部落在桃花江流域、志溪河流域和资江尾闾的低矮山岗和小块平地，并且接受百濮和苗蛮的某些条件才得以生存下来。小范围的生存空间、少量部落的包容性杂居，使秉持"薄葬"传统的扬越文化被压抑和监控，其文化特色也因此无法显现出来。

再次，受楚文化的影响，扬越的族性表达逐渐丧失，而濮巴在洞庭西部平原合流，楚国甚至选派来自百濮和巴人等部族的仆从军进驻益阳，从居所、器物、饮食、葬制等方面对资水下游予以强有力辐射，在楚人到来之前，或者是楚人到来之初，在资水流域下游杂乱的文化背景之下，巴濮文化表现得比较显性和丰富。

最后，百濮、扬越在政治上都是被压制对象，都是强权之下的弱者和流亡者，他们对苗瑶文化所表现出的包容性、文化的裕度和文明的高度是比较认同的。也就是说，苗蛮集团对扬越、百濮等部落具有引导作用。所以，资水流域在呈现百濮文化某些游牧特征的同时，又具有苗蛮集团深厚的农耕文化根底。历史上，百濮编发束装，随畜迁徙，游牧生活地跨千里，如此便导致境内部族流动性强，本土文化长久积淀比较困难，其文化的输入性和多元化的特点也非常明显。

九、擦拭越人器物

益阳土著越人的代表性器物，基本是在楚墓中出土。其原因是，春秋早期楚人进入益阳之前，此地尚无封棺墓葬出现。由于南方酸性土壤腐蚀严重，棺椁和尸骨难以保存，导致出土器物缺失，因而从考古层面得到的信息不多。这种状况直到楚人带来厚葬习俗，尤其是青膏泥密封棺椁技术以后，才得以改观。

概括起来，春秋时期，益阳土著越人的标志性器物有如下几种。

（一）印纹粗陶

印纹硬陶在益阳境内出现很少，甚至资江流域也罕见。考古发掘的这一发现，印证了湘水流域与资水流域越文化的地域差异巨大，可能是受不同的越文化系统影响所致。但泥陶、灰陶与夹砂陶器这类粗陶的出土比较常见，应该与烧制工艺的掌握程度、制陶材料的获取以及用陶习惯的养成等因素有关。

印纹粗陶在益阳大量出现，其实可做更多解读。一是扬越人在益阳的停留时间不长，没有留下多少印纹硬陶；或者益阳境内的土著越人当时的制陶技术可能已经退化。二是正如一些专家所推测的，益阳一度受百濮占有，是另一个系统的文化。三是益阳越人可能受百濮制陶文化影响深，印纹粗陶便是其结果。

得益于越文化长期的审美积淀，这些粗陶与硬陶相比，其印纹与图案基本上大同小异。桃江县腰子仑春秋越墓群出土了陶罐、陶鼎、陶鬲、陶纺轮、陶盆等器物近百件，其中陶罐48件。陶罐形状大多为敞口、方唇、平沿。有长颈、短颈两种，圆鼓腹较深，圈底内凹。这些陶罐的腹部装饰有绳纹，绳纹同水波纹、乳钉纹和篦点纹一样，都属于常见的几何印纹。

宁乡市黄材镇出土的陶盆

桃江县腰子仑遗址出土的越式鬲

高至喜认为，印纹硬陶在楚人统治早的地区较少见，而在统治较晚的地区保存较多；在楚人统治中心地区很少见，而在边陲之地保留较多；在楚人最初统治的阶段较多见，而统治时期较久之后则较少见。[1] 从这个意义上讲，益阳最早的楚墓出现在西周末年，应该算是楚人在南楚进入较早的地区之一。但是，它的特殊之处在于，益阳的越文化是流域性的，与沅水下游和洞庭湖周边更接近一些。

笔架山古墓群，益阳境内目前所发现的数量最多、保存最完整的战国楚墓群。其出土的浅腹陶鼎，环耳或方耳，鼎足扁平且外撇，明显反映了越文化的特色。

勘探试掘表明，在 200 余座楚墓中，有大量的几何纹墓砖、钱纹墓砖，以及麻布纹硬陶罐残片等。这种带有越文化元素的印纹陶制品，粗陶和硬陶兼有，从纹饰分析，一直影响到东汉并体现在当时的砖室墓中了。

桃江县腰子仑遗址出土的陶纺轮

（二）越式铜鼎

越式铜鼎，大部分为长方竖耳，腹微鼓，多平底、扁足。

益阳天成垸 1 号墓出土铜鼎 1 件，Ⅴ式越式铜鼎，为战国早中期文物。[2]

益阳赫山庙 28 号墓，铜鼎，战国中期文物。益阳赫山庙 22 号墓，Ⅲ式越式铜鼎，独具越文化特色的铜鼎，为战国中期文物。[3]

桃江县腰子仑春秋墓群，出土铜鼎 21 件。

上述越式铜鼎，除桃江县腰子仑春秋越墓群外，都出自楚墓，说明在此

---

① 高至喜：《楚文化的南渐》，湖北教育出版社 1996 年版，第 381 页。

② 益阳地区文物考古队：《益阳楚墓》，载《考古学报》1985 年第 1 期。

③ 益阳地区文物考古队：《益阳楚墓》，载《考古学报》1985 年第 1 期。

桃江县腰子仑遗址出土的一组越式青铜鼎

地楚人业已进行有效管治。但越人的葬俗暂时得以保留，这种情况只有在楚人统治初期才会出现，稍后必然会逐渐改变直至根除。这同时也表明，早在战国中期以前就来到益阳的楚人，对越人丧葬习俗施加了影响，甚至制定了某种形式的规制。

当然，越人与楚人的融合，经过了一个较漫长的过程，特别是在较边远的地区更是如此。[①]

（三）扁茎剑

**桃江县腰子仑遗址出土的
春秋巴式青铜扁茎短剑**

扁茎剑，土著越人的杰作。此种剑，整个剑身的断面呈菱形；中脊有一条棱，平肩或斜肩，多数剑的前锋并非尖削状，而是圆钝形。

考古显示，扁茎剑是益阳地区楚人入主之前，土著越人所持有的主要兵器。而楚式剑，主要是双箍剑和空首剑，在形态上，与越式剑迥异。桃江县腰子仑墓地，

① 高至喜：《楚文化的南渐》，湖北教育出版社 1996 年版，第 391 页。

是目前益阳境内发现的最大的越墓群，114座战国墓，共出土扁茎剑35件，有三分之一的墓出土扁茎剑，而且是剑的唯一形态。[①]。益阳市赫山区笔架山古墓群也出土了无格、无箍、脊扁平的素面短剑十余把。

扁茎剑这种兵器后来对濮巴兵器产生了巨大影响，甚至以变换纹饰方式被纳入他们的常用兵器图谱中。

（四）铜鐁

铜鐁（sī，一种平木类工具），俗称铜削、铜刮刀。在桃江县腰子仑越墓出土的铜鐁，长仅3.5厘米，断面呈"人"字形，脊有直棱，双刃聚成前锋，总数达52件，近半数墓葬均有出土。这种铜刮刀是破篾的专用工具刀，在益阳桃江一带大量出土，说明当时越人已普遍使用。桃江气候和土壤很适合南竹生长，历来以竹为所出，被誉为"竹子之乡"。土著越人就用铜鐁来制作加工竹制品，也说明当时竹制品已进入人们的日常生活中。

桃江县腰子仑遗址
出土的铜鐁

（五）其他铜器

其实，越人的青铜器铸造远不止前述几种，还应该包括著名的越式提梁卣和青铜马簋（guǐ）。

提梁卣，一种具有地方特色的大型盛酒器皿，通常是圆形或椭圆形大肚，底部有脚，耳带提手，均为青铜制作。高至喜认为，洞庭湖周边地区的提梁卣，虽受中原地区提梁卣的影响，但普遍采用具有江南水

益阳市赫山庙出土的
越式提梁卣

[①] 湖南省文物考古研究所：《益阳黄泥湖楚墓》，文物出版社2017年版，第593页。

乡风格的纹饰，如缠枝水草、鱼、珠贝等，胎质甚薄，铸造手法也与中原地区有别，应是楚人入主湘水中下游地区以前的土著越人产品。

青铜马簋，也称马纹簋，古代盛食器具，主要用于放置煮熟的饭食，在祭祀和宴飨时，与鼎配合使用，也是古代重要的礼器。马簋通高30.6厘米，口径14.8厘米，座高20厘米，宽18厘米，深褐色，方折唇，鼓腹，长方形器座内有挂铃的鼻纽，双耳已残。其器身饰兽面纹、龙纹和昂首伏卧的马纹，方座两端各置一立马。胎壁较薄，器身凸出马纹和兽面，器内则随之内凹。

桃江县连河冲出土的马纹铜簋

马纹铜簋，是益阳不可多得的一件越式青铜器。此物1982年春出土于湖南省桃江县连河冲乡金泉村（今灰山港镇万功塘村），为一农民在挖房基时于地下0.3米处发现。这件造型奇特的马纹铜簋，与商周青铜器威严、古奥与夸张的特征不同，风格纤细、简约和世俗化，一般认为它是湖南本地古越人所铸造，时代为西周。它也因其独特的马形主体纹饰，被确认为是迄今为止国内唯一一件马纹青铜簋。目前收入湖南省博物馆。

此外，越人的铜器还包括铜矛、铜戈、铜铲、铜斧、铜镞等多种类型，单在桃江县腰子仑越墓群就出土了95件。整个益阳境内，至今发现的越式铜器多达五六百件。

越式青铜器的纹饰，也影响了后来楚式青铜器的铸造。譬如楚器中的S形纹，就来自越文化。

十、越式铜器看用途

那么，越人又是怎样使用这些青铜器具的呢？

以越人修造房子为例。房子的地基是用夯土压实和大火烧蚀过的，得到固化和硬化以后，才开始在上面搭建房屋主体。百越地区的房屋就地取材，自然是木结构的，版筑夯土的极少。越人先用铜斧把山上的竹木砍伐下来，经去皮和干燥等工序后，用铜斧劈成柱子、木方、檩条和竹片等各种部件，然后用铜刮刀把它们一一刮平。

**桃江县腰子仑遗址
出土的铜斧**

别看低了越人手中那一把小小的铜刮刀，其用处着实不少。在刨子还没有出现前，它最先的功能是充当刨子，以平滑竹木构件的表面。此外，它还在日常生活中当作生活器具使用，实用性很强。比方说，用它可刮去苎麻和葛藤之类的粗皮和胶质层，便于抽丝、捻丝和纺织，越人穿戴可离不开它；用它剔除猎物和家畜的皮毛，剔除骨头的肉和筋络，这一越人灶头的用具，基本上年头用到年尾；它还很可能被用于雄性动物的去势，即当阉割刀使用，等等。

当木结构的房子立起来，越人一般会用竹篾编织墙壁，然后在粗糙的竹壁上糊一层泥，用刮刀抹平，让墙面变得光滑。泥浆里满是纤维和汁液，那是因为掺了不少捣碎的藤条。这些竹壁，经自然烘干或用火焙烧，便成了密闭而加固的墙体，用以抵御风寒及野兽的侵袭。

从商周开始，越人就使用铜刮刀，一直用到战国中期楚人带来铁刮刀为止。铁刮刀因为更锋利，其用途也更广泛，许多生活用具从它身上汲取灵感，多少都附带它一部分功能。

在渔猎时代，铜矛、铜戈和铜镞用处多多。铜矛和铜镞，主要是围猎野兽所用。长长的铜矛，可轻易将猎物刺残刺死，杀伤力强。铜镞用于弓弩，威力巨大，适宜猎杀大型野兽。铜斧是一种砍伐器具，大到砍山伐木，小到断发文身，劈柴斩藤，剁骨割皮，都离不开它。铜矛和铜镞，也可以同时用于军事目的，可谓攻防兼备。铜戈则是一种单纯的兵器，手法灵活，杀伤半径大，战斗效果很好。铜铲，主要用于掘地和栽种，是越人手中的农具。

在桃江县桃花江镇腰子仑村，邻近的几个山头，甚至往石牛江镇方向更远一点的若干山岭上，都分布有数量不一的越墓。这些越墓，可以让人们获得这样一种清晰印象，那就是每个低矮的山岭，以家庭或家族为单位，基本生活着一个越人聚落，而且数个山头上的越人聚落，可能在桃花江流域附近形成了部落联盟。在这样一处所在，最晚至商周时期，他们业已形成最原始的村社。从历史发展阶段考察，在村社里，共有制生产关系是维系各个聚落家庭的基本组织形式。大家共同拥有生产资料，共同分配劳动成果，除成年男子外，妇女、老人和小孩也都相应地获得食物和其他生活用品的配给。

石范是腰子仑越墓出土的一种器物，专门用于鱼钩制作。这种模具由石头阴刻而成。由于承受不了高温，不常用于铸造青铜器具，一般认为它多用于陶制鱼钩的制作。据此可以推测，渔猎生活是桃江县腰子仑这一带越人部落的主要生存方式。他们靠陶钩捕鱼的话，捕鱼范围不会很大，效率不见得会有多

桃江县腰子仑遗址出土的用于铸造陶质或铜质鱼钩的石范

高，猎捕方式应当是比较原始的。当然，也不能排除他们制造铜钩来钓鱼，或者使用带陶坠的网具进行捕捞。

有专家推测，在这样的一处部落村社，平日里，部落内的成年男女分工合作，统一行动。一般而言，男人们干的是繁重的体力活，负责猎捕、砍伐、种植和营造等，妇女负责饲养家畜、采集果实、炊饮洗刷和照看小孩；轻微的劳动或警戒瞭望等事务，可能由丧失劳动能力的男子和老人一起担负。农闲时，他们修造器具、酿酒、歌舞祭祀和过民俗节日；而一旦有外敌袭扰和入侵，部落男子会迅速组织起来，操起刀矛等兵器，根据统一部署安排，或在关隘和要道进行防御，或集中展开激烈的追击进攻。

十一、荆州铜矿群

包括益阳在内的百越地区，青铜器铸造的原料离不开三处大型开采和冶炼矿区，它们是瑞昌铜岭铜矿、铜绿山古铜矿和阳新古铜矿群。百越地区的这些铜矿群，也被称为荆州铜矿群。

（一）瑞昌铜岭铜矿遗址

铜岭铜矿遗址位于江西省瑞昌市西北的夏坂乡，遗址的分布范围有 0.5平方千米，现已清理出古代采掘铜矿的竖井 27 口，平巷 2 条。竖井采用间隔木框架支护，平巷用间隔排架式支护。竖井的支护结构有碗口结和卯榫两种样式。经科学测定，其上限在商代中期，下限在春秋晚期。这是我国发现的最早一处古代越人的采铜和炼铜遗址。

（二）铜绿山古铜矿遗址

铜绿山古铜矿遗址位于湖北省大冶市城西的铜山村，面积约为 5.56 平方千米，是一处以采矿和冶炼为核心的古代矿冶遗址。其采冶年代始于商代，经西周、春秋战国延续至汉代，持续时间长达千余年。它是中国迄今为止发现的古矿遗址中时代久远、持续生产时间最长的一处古铜矿遗址。

铜绿山古铜矿遗址发现于 1973 年，发掘从次年开始，前后长达 11 年之久。该遗址被国内外专家誉为"中国继秦始皇兵马俑后的一大奇迹"。1982 年，被列为全国重点文物保护单位。

1973 年秋，一群矿工在铜绿山露天开采场开采矿石时，从一片老旧的采矿井巷中，无意中发现了一些废弃炉渣，一连挖出了 13 把大小不一的铜斧，还有铜锛、木槌、木铲、陶罐等器物。

很快，一批考古工作者聚集到了黄石。次年春天，他们在铜绿山安顿下来后，陆续发现了包括西周至汉代的数百口竖井、斜井、盲井，以及 100 多条平巷等采矿遗迹，同时，还出土了一批炼铜竖炉、开采工具和大量炼铜矿渣。

经考古发掘表明，铜绿山古铜矿遗址当时的开采技术，已成功地采用竖井、平巷、斜巷的联合开采方法，将矿井开采到地表以下 60 余米。随同出土的生产工具和生活用具上千件，其中有大型铜斧、铜锛、石钻、木铲、木耙、木槌、铁锄、铁錾、船形木斗和辘轳等采矿工具，还有春秋早期残存的鼓风竖炉 10 多座。

铜绿山古铜矿到底有多古老？考古专家对其中废弃的 8 座古代炼铜竖炉进行了年代测定，得出的结论是西周中晚期至春秋时期。高至喜在《楚文化的南渐》一书中明确指出：该铜矿的开采上限是可以早到西周的，但大规模开采和冶炼铜矿则应是在春秋战国时期。

那么，究竟是谁最先发现并开采了这座铜矿的呢？根据《史记》等史料记载，张正明等人研究认为，由于"两周之际，楚地不到今大冶"，故而主张"把铜绿山古铜矿西周至春秋早期的主人定为古越族",并相信"在楚成王时,铜绿山已成为楚国囊中之物"。① 也就是说,铜绿山古铜矿遗址,最先由生活在江汉平原的土著越人所开采。

这个土著越人初采说在学界产生过强烈共鸣,得到了著名文博专家、湖南省博物馆研究员高至喜的赞同。他认为,根据现有资料,古铜矿遗址中的刻槽鬲足,应是越人文化系统,而非楚式鬲,所以它先由越人开采,后为楚人所有。这个论断无疑是正确的。他进一步指出,"至于何时由楚人得到并大规模开采,目前尚无可靠的材料加以证实"②。

人们很想了解古代越人是如何开采冶炼铜矿的。有幸的是,在遗址的不远处,考古工作者偶然发现了数个工匠脚印。根据这些珍贵的印迹,人们又对土著越人冶炼场景进行了一番推演和联想,以还原他们艰辛而火热的生活场景。

那是很久以前的某个夏日,雨过天晴,泥地湿软。步履蹒跚之中,几个工匠跣足而行,最高的 1.72 米,最矮的才 1.52 米,队伍中甚至出现过七八岁男童的身影,其身高不详。他们或背或扛,都佝偻着身体,以接力的方式,把冶炼需要的矿石、木炭等物料,运到夯土修筑的冶炼场中。

研究发现,楚国从越人手中获取铜绿山铜矿以后,便对采冶技术及生产工具进行了一系列革新改进,使之几千年后成为一处国内已发现的年代早、延续时间长、规模最大、技术体系最为完整的古代矿冶遗址。

(三) 阳新古铜矿遗址群

湖北大冶铜绿山古铜矿遗址与江西瑞昌铜岭铜矿遗址之间,在直线 70 千

---

① 张正明、刘玉堂:《大冶铜绿山古铜矿的国属》,《楚史论丛》,湖北人民出版社 1984 年版。
② 高至喜:《楚文化的南渐》,湖北教育出版社 1996 年版,第 43 页。

米范围内的长江西岸，分布一系列古铜矿遗址，分别是丰山洞矿田、港下遗址和铜挡山铜矿遗址。这一系列遗址，以港下遗址最具代表性，故而也统称港下遗址。

丰山洞矿田在湖北省阳新县富池镇境内，发掘大小铜矿体数十个，主要是开采黄铜矿和斑铜矿，使用工具为铸有 L 符号的小铜凿。矿场周边，有数米厚的古代炼渣。考古人员还采集了大量印纹硬陶片。矿田的开采时间早，跨度大，分西周和东周两个阶段。西周遗址，矿洞用木材支护，碗口接，直洞；东周时期，矿洞为"八"字形支柱，梯形面洞，支架抗压强度大、使用年限长。

丰山洞遗址的背山面，便是港下铜矿遗址，位于富池镇港下村。1985年，考古人员在距地表 10 余米深处发现古矿井，清理的总面积约 170 平方米，同时发掘西周晚期的平巷 4 条、竖井 3 口。港下铜矿遗址分为竖井和平巷，竖井呈垂直方向分布，为掘井与探矿所用，有日字形和口字形两种；竖井打到一定深度，就开平巷，往水平方向前进，主要是寻找富矿和采取矿石。该遗址在竖井和平井交会的应力集中处，支护设置了独特的马头门，以保证其安全，为后世专家所啧啧称道。研究显示，该铜矿直到春秋时期仍在开采。

铜挡山铜矿遗址位于阳新县陶港镇青龙村，离丰山铜矿较近。1990 年发现大量井巷和支护木，巷道内甚至出土了战国晚期的铁锤。铜挡山铜矿开采久远，下采矿场的面积很大，曾引发山体崩塌，形成了长 150 米、宽 70 米的椭圆形凹坑。

鄂东南阳新港下附近发现的这一系列古铜矿遗址，从西周延续至春秋早期，根据开采时间和出土器物分析，无疑属于土著越人所留下的青铜文化的一部分。

青铜的出现，是中国古代从野蛮时代走向文明时代的重要标志之一。红铜加入锡、铅，成为一种新合金，这种合金历经数千年的化学反应，在表面形成一层青灰色的锈，故谓之"青铜"。百越之地，各部落邦酋和方国都将铜料从越人的铜矿冶炼基地源源不断输送到四处的铜器加工作坊。在各处人声鼎沸的铜器作坊里，熊熊燃烧的木炭，高高的鼓风炉，精美的青铜铸造模具，被炉烟熏成赭红色面容的铜匠，正从事包括簋、鼎、剑、壶在内的各种类型的青铜器皿的铸造。一件件打磨精美而锃亮的青铜器，展示了一大批越人能工巧匠的高超技艺。

当然，益阳的扬越人，正是靠着手中的那一件件青铜戈矛，才把当年的苗蛮部落从洞庭湖平原核心区驱离出去。从南楚最大的越人墓遗址——桃江县腰子仑越墓遗址考察，青铜戈矛中的扁茎剑与圆銎矛相伴而葬，证实二者是兵士的常备武器。而几乎所有陪葬兵器的墓中同时陪葬有日常生产生活用品，这一现象说明，越人部族的青壮年男子，在无战事时，他们一边从事农业生产，一边被召集到部族组织参与练兵操演，过着亦农亦兵的生活。可惜的是，历史上演了它惊人相似的一幕。越人手中那件青铜兵器实在太过单薄，到底也敌不过后来蜂拥而入的楚人。楚人的刀矛长剑更坚固锋利，所以他们就成了又一轮主宰者。

十二、百越风俗

（一）铜铃响叮当

益阳境内，特别是安化二都羊角塘和桃江上乡武潭等交界之所，至今仍流传一种给儿童戴铜鼓的习俗。铜鼓实际上也可以是铜铃铛或银铃铛，皆成对使用，益阳以铜铃居多。刚出生的小孩，做完满月酒或周岁酒后，一般会在脚上系上一对铜铃。铜铃不大，但系着红布条很喜庆，婴儿小脚一蹬，便发出阵阵清脆悦耳的声音，热闹并能惊动四邻。这对铜铃要戴到小孩能敞手走路，一般到三岁前后，也就是当地谚语所云"十月怀胎，三年乳哺"，完成一个生育周期为止。通常小孩走到哪里，铃声就会响到哪里，这对小孩的跟踪监护大有帮助。此种做法流传很广，是越人，也包括濮人、巴人和白虎夷人在内几乎所有百越居民的共同习俗。

小孩鞋上的银铃铛（周立志摄）

实际上，铜铃不单是育儿用具，它还拥有一些其他生产生活用途，甚至被赋予某些特殊含义。比如挂在牛颈上的木铃或竹铃，由改变铜铃的材质而来，用它牧牛时便于掌握牛的行踪；而和尚礼佛时手中叮当作响的摇铃，乃至寺庙高悬的铜钟，虽大小不一，但功能相似，都具有一种穿越时空的仪式感与召唤神灵的对话功能。对此，吕思勉认为，"铜鼓，是这一种人（指越人）所独有的器具，含有宗教上的意味"①。

（二）涂泥巴的孩童

涂泥巴，是益阳流传已久的一种乡俗，主要针对儿童，尤以男孩为多。古代，在益阳乡间，一年的春播耕作时节，男人们常会从田地里掏出新翻的泥巴，涂抹到七八岁男童的前胸后背和屁股上，有时遍及全身，只让露出两只大眼睛来。在农耕文化语境中，这既有农夫对土地的厚爱，也是农夫对后

---

① 吕思勉：《中国史》，中国华侨出版社2010年版，第39页。

代的一种熏陶和护育，同时，还是一种审美心理和生活趣味的巧妙呈现，富有独特的地域风情。

它的源头，应该来自春秋时从四川和重庆迁往益阳一带的板楯蛮和廪君蛮。这些具有巴人文化传统的习俗，伴随着楚人南下、巴人强宗大姓的追随，以及川盐贩运队伍的往来，被带到常德和益阳等地，并在此扎根，其影响几乎遍及洞庭湖西部和南部的大片村庄。据范晔《后汉书·南蛮西南夷列传》记载，龚姓是巴人后裔，发迹于川中，秦汉时是南蛮西南夷的七姓大族之一。历史上，益阳的李昌港、爱屋湾等地，不少巴濮賨人曾集聚于此，与"武陵龚"同源异支，形成了聚族而居的龚姓族群。从楚秦开始，他们便世代栖居此地，从生户变成熟户，成为土著居民。需要指出的是，同众多湖南家谱记载的类似，其远祖蛮夷身份，通常予以淡化，甚至刻意回避，并按惯例声称自江西移民至此，还于明代建起规模宏大的宗祠建筑。不再纠结祖先根源，对于早已汉化的他们，其实也在情理之中。不过，新桥山、李昌港等地不少虎图腾器物的出土，还是或多或少透露出个中秘密，以至不得不让人产生涉及他们族性文化的诸多联想。

用泥巴涂身，对于孩童是一种护身方法。这种颇有创意之举据说源于巴蜀，后来传入益阳，在各地得到吸纳和普及。特别是进入越人、苗瑶等农耕社会以后，不断丰富发展，最终成为一种兴味盎然的乡俗。其实，类似的民俗还有不少。"开秧田门"便是其中之一。谚语云："小孩望过年，大人望插田。"每年春插开始之际，村落必有祭祀仪式举行，大人还能饱餐美味的"鲊包"，这被视为一大乐事。"开秧田门""吃鲊包"和"涂泥巴"，都是农耕文化的特色节庆，是欢乐喜庆的民俗风情。数十年前，益阳当地与土家族聚居的湘西和湖北恩施没有什么不同，这种"涂泥巴"风俗依然还在盛行着。

（三）妖娆男女挂耳环

《后汉书·南蛮西南夷列传》记载："珠崖、儋耳二郡，在海洲上，……其渠帅贵长耳，皆穿而缒之，垂肩三寸。"

百越之地，苗、瑶、侗、濮的女子，特别喜爱将大小不一的饰物挂在耳垂，以丰富美化容颜，这就是现今仍在流行的耳环。此种风尚后来影响到了巴人和賨人，他们也纷纷效仿。年轻女子因爱美，加之婚俗崇尚，耳饰便很快得到普及，成为一种婚嫁的标配，而此间家境优裕的青年男子，也时有佩饰装扮。这就是耳饰得以广泛流行的主要原因。

白族女子的耳环头饰（周立志摄）

穿耳洞习俗，瑶人自幼就有之。戴耳环，常与穿瑶服搭配。耳环一经戴上，就不会轻易取下。耳环随年龄增长而增重，银耳环和玉耳环均有，男女皆戴，但以女性居多。年老妇女耳垂越拉越长，堪称"皮吊耳"，那是年龄、资历和地位的象征。瑶人认为，耳环不仅能体现爱美之心，也是勤劳富足、幸福吉祥的象征，据说，它还有延年益寿之功效。苗族是最喜爱耳环的民族，男女皆戴，耳环被视为一种辟邪的护身符和灵魂附身物。在苗族银饰中，耳环是款式最多、造型最丰富的头饰。男子的品种单一，以圈耳为主；但年轻女子的耳环花样繁多，品种多达近百种。其造型取法自然界的花、鸟、蝶及常见的植物果蔬，也选取汉族的龙为造型。研究认为，湘西侗族是由"长沙蛮"山越、僚人等演化而来，女子酷爱耳环，3—4岁开始穿洞，多取绣花针火烫并抹桐油开耳垂，5—6岁开始戴细耳环，姑娘时加戴一两多的联吊耳环，到 30 岁时，改戴滚耳环或翡翠耳环。不少女子从年轻时开始戴起，一对一两重的长吊耳环昼夜不离身，直至终老。土家人生活简朴，男子身穿对襟"蜈蚣褂"，缝口必加花边，青年人常挂精致的小耳环，但庄稼汉少戴。"满襟"在身，"满人"风道十足的女人，银铜配饰繁复，挂满胸前的右襟小罩袄；绣花边，则滚在大而短的衣袖上。她们举手投足，轻快利索，走动时，头上那对又长又大的耳环也跟着主人一起随身摇曳。

其实，益阳一带的苗、瑶、濮、巴等族群，他们崇尚耳环等头饰，除了承袭古老习俗，还可能与佩饰玉器的流行风尚有很大关联。从新石器时代开始，玉器便大量出现在当地部族社会中，它成了身份高贵的重要标志。后来，玉器饰品用来装饰容颜，显示雍容华贵和端庄秀美的风采，于是，耳坠和耳环便相继问世。黄金采炼出现以后，金耳坠、金耳环也随之成为耳饰的基本配置。可以说，作为一种奢侈装饰品，耳饰是随着社会物质条件的改变而不断变化的。

在战国时期，益阳百越民族的普通女子，一般佩戴金石类耳坠和耳环。但到了秦汉，由于社会发展落后，物质财富匮乏，在此情形下，"长沙蛮"及后来的梅山峒民，其女子甚至只能用自然界的花果、草藤来装饰头部和耳部。唐宋之际，经济得到发展，生活条件有了改善，佛教的一些审美理念被苗瑶等族所吸纳，不断迁入梅山地域的汉族女子，也纷纷把佩戴耳环这种社会风尚带入，并起到引领示范作用。不过，因受经济条件所限，在黄金耳饰无法得到满足的景况下，苗、瑶、侗、土家等族的妇女才不得不把相对廉价的银饰纳入耳饰佩戴范畴。尤其是苗家，年轻女子的耳环越戴越大、越新奇，逢年过节，她们齐聚在一起，银饰轻摇，光彩熠熠，成为最有神采和韵味的一道亮丽风景线。

（四）粗褐短襟衣葛布

桃江县腰子仑遗址出土的刮麻工具——铜刮刀

早在春秋时期，益阳境内的越人就广泛使用纺轮。在桃江县腰子仑遗址一系列越墓中，出土了数十件陶纺轮。这些纺轮，就是越人用来纺织布料制作服饰的用具。

越人还有一样东西，那就是刮刀。早期，用的是铜刮刀。楚国时期，开始用铁刮刀。刮刀用处多多，但用来刮去苎麻的胶质层，无疑是它的一项重要功用。

益阳自古以来就是苎麻产地，湖平区的沙土和雪峰山麓厚实的坡土，还有雨热同期的气候，都特别适合苎麻的栽种和生长。苎麻因为栽种面积大，产量多，用处广，深受百姓喜爱。用当地苎麻编成的织物，从身着的衣服、头戴的帽子，到脚穿的麻履，囊括全身，甚至遍及居室，品种非常丰富齐全。

在益阳兔子山遗址出土的楚简中，就有一种关于"缯布"的记载。楚人眼中的布，无疑以麻布当家，因为自商周始，麻衣短褐皆为平民的居家常服。缯，丝也。缯布，自然是指加入蚕丝、葛丝之类纤维以后所织的麻布，它更柔软、细腻，且富有光泽。这种更高品质的织物，它要么是特产，要么仅供贵族阶层穿戴。

在兔子山遗址的九号井，出土了一双棕麻编织的鞋子；在别处楚墓，也不时发现麻鞋等物，这些充分反映了麻织品在益阳百姓日常生活当中的重要程度。

实际上，益阳的山丘地带，还盛产一种药食同用的葛根。葛根，是葛藤这种藤本植物膨大的根。经掘取的葛根，可压榨晒制出葛粉，洁白而又细腻。

葛粉富含淀粉和胶原物质，素有"夏季人参"之称。热天里，用沸水冲成饮品，清凉爽口，避暑解渴。而它的残渣，是绝好的纤维，绵软，细腻，劲道，捻丝绩纱，纺成织物，轻薄，透气，凉爽，是夏季服饰最好的面料来源。不过，因其提取复杂，工序烦琐，编织耗时，产量稀少，葛布只有春秋后期，甚至楚国设县之际，才开始出现在益阳的上层贵族社会当中。它的大众化普及，大致要到秦汉以后。

但是，在南楚，葛布的编织技术还是得到传承和扩散。春秋时期，不止扬越人，包括与洞庭湖邻近的江西一带干越人，也同样掌握了葛布纺织工艺。当然，更不用提麻纺织技术了。因为考古发掘证实，长江中游的古越人，早在数千年前的屈家岭文化时期，随着陶纺轮的大量出现，这一技术就已得到普及和推广了。

据史料记载，大约在西周初年，江西龙虎山周边今江西余干县境内，东夷越人的一个分支，在自己的势力范围里开疆立国，并以"干"为国号，他们被称为干越人，所立之国史称干国。当时余干疆域，东抵于歙地（今皖赣交界一带），西及豫章（今江西南昌一带），南达瓯徼、建宁（指今浙江、福建西部），北至鄱甸（今江西鄱阳县），相当于当时的一个大酋长国。

干国大约在春秋末年被吴国所灭，战国初年，再纳入越王勾践之地。据说，生性勇猛的干越人后来演变为山越人，在三国时期，他们进入湘江流域，成为长沙蛮的主体。1991年版《余干县志》称："周元王三年（前473年），越王勾践攻灭吴国，地入越。"余干以西有鄱阳湖和赣江天堑，西岸是楚国的势力范围。

江西玉山、德兴一带为干国故地。明《怀玉山志》曰："山不产棉而产葛，法取葛条，用水沤之。其实渍而为粉，可与蕨粉和羹作果，以供宾祭。其条渍久成丝，从而渍之，粗者织以自用，细者善价而沽。女勤采内，可佐农功所不足。"

最迟至明清时期，益阳的土产清单中，还留下葛布这一品种。清乾隆《益阳县志》记载："布帛所纺织，主要是苎布、葛布、棉布三宗。"①

（五）放敞，口头禅里的警诫

放敞，是益阳方言里表示对男女管教不严或疏于管教的一句口头禅。

百越时期，部族众多，婚俗各异。其中，徭人的先民扬越，就有其独特的婚俗，这些习俗一直从先秦百越时期，延续到了山越、长沙蛮、武陵蛮和梅山徭人阶段，甚至后来的梅山峒民割据一方时期，也莫不如此。即便明清时期，梅山地区纳入版籍，大量儒家伦理灌输其间，但无论如何，以安化梅城为中心的周边地带，儒家文化的洇渗，尤其是教化礼仪对男女之间的约束，实际上要比其他地方宽松得多。

放敞，也称野合，是百越的主要婚俗。在土家、瑶族和侗族，皆有此种称谓。在他们的民俗中，男女之间的情爱，须得在自由、放纵的状态下发生才真实、才好。又是一年风和日丽的季节，鸟语花香，神清气爽，正是年轻男女放飞心情的好时候。比如隋唐时的莫徭，男子身着无领短袖白布衬衫，青布大脚裤，系蚕式白布扣；女子则穿无领滚边短袖青布衫，斑布裙，系蚕式青布扣。他们穿戴整齐，在山间溪谷砍樵、采摘和劳作，从容中带着愉悦。衣食男女，天地伦常。传说莫徭男女在荒郊野岭的山间溪谷相遇时，若男子春心荡漾，便哼歌撩曲，唱上几句，稍后再与女子搭讪一阵，有时还用草叶吹几声哨，或奏几曲小调，然后向女子翘嘴示意，女子瞟过来一眼，以观其神色，若心悦，便微微点头，面露羞涩，以示准许。野合时，女子择平坦草地一角，或身垫野草倒地，撩裙以蒙面。交媾后，无须扶女子坐起，也不须

---

① 参见乾隆《益阳县志》卷四"赋税"。

温存多言。不等女子把罩面斑布裙掀开，男子便转身背对，径自离开，不得拖宕、贪恋。若执意回头张望，被视为大不吉，可令女子瞠目恼怒，遭其抛掷石头袭击，或操刀砍杀之。野合双方若男未娶女未嫁，且女子对男子有托付终身之意时，便会从衣兜取出籽实数粒，或从身边扯上草叶数枚赠予，嘱咐男子，叫他在某时某刻，到某地会面。

相传古时莫徭深居山涧，以野菜瓜果为主食，筋骨强壮，性欲极强。而山高水长，部族隔绝，致使婚适不易，故而发生男女苟合之事，自然是司空见惯。男女交媾，除遇女子生理期回避，一般半推半就，勉强从事。此种霸王硬上弓，一为繁衍人口，延续种族，一为男子发泄，满足生理欲念，保持精神和心理健康。这种野合现象，在益阳山区地广人稀之地，被视作一种合理的存在，为当地部族所默认。不过主动权仍在女方手中，拒绝者虽少，但也不可乱来。据说，古代百越人有"人死不露面，被奸不露脸"的习俗。到了莫徭时代，此俗仍有因袭。他们认为，野合的女子，有如投胎后再生，必不可小觑。虽被准许，但切忌露面。男子如奸淫某女，必得以黑布或衣裙遮住她的双眼，只做不说，待女子稍安方肯从事。如有失言，必遭女子大怒，一般用尖利的指甲揪抓男子阳具，至破血淋漓，才会松开。

在梅山徭人社会，奸淫野合所生之子女，女子即便嫁人，也被夫家视同己出，不得歧视。这在部族之间早已形成了一条不成文的规矩。实际上，在当今的土家、苗、黎等民族，女孩被男子爱上是一件很体面的事，女方家长尤其是父亲会感到很骄傲。在他们的认知中，哪怕女孩婚前生养了小孩，而且孩子不一定是自己丈夫的，也不觉得是多么耻辱和丑陋的事。在青藏高原一些部落的走婚习俗中，母系血缘的远古烙印，也都仍在支撑着这种早期婚俗的遗存和延续。

不过，即使是莫徭人，也有"人媳不可奸"的戒律和禁忌。奸者一旦犯禁，被告发后，声名扫地不说，还会遭到整个部落成员的谴责、体罚乃至驱逐。

十三、百越歌谣

（一）我予我爱的《越人歌》

《越人歌》是一首先秦古歌，最早见于刘向《说苑》卷第十一《善说》，它并非出自《诗经》。

今夕何夕兮，搴洲中流。今日何日兮，得与王子同舟。蒙羞被好兮，不訾诟耻。心几烦而不绝兮，得知王子。山有木兮木有枝，心悦君兮君不知。

在一个阳光明媚的春日，江南水乡，一位百越少女，摇着小船和一位王子邂逅，心中触发了一阵阵情感涟漪。年轻女子奋力划着小船，穿行在清波江流之上，身旁有王子陪渡。此刻，心中充满爱恋和向往的她，却发现自己无法抵达爱的彼岸。那种可遇不可求而失落的爱之遐想，那种残红消退后涌动的绝望和忧伤，莫不令人动容和心碎。

古往今来，无论是诗歌抒怀，抑或是历史叙事，歌颂爱情从来都会超越时代、社会和种族，是一个亘古不变而又常说常新的主题。百越人的爱情故事，也有身份、等级、地位的差异，也有人与人之间交往与沟通的期待、共鸣、困惑和忧伤。《越人歌》虽非先秦典籍，却自有它的风骨和神韵——情感直白、自然，表达真切、细腻，语言洗练、明晰，意境高远、豁达，风格热烈、明朗，这些都是《诗经》的本色风采，《越人歌》堪称它的遗珠抑或续笔。

当然，与南朝乐府民歌《西洲曲》不同，这首《越人歌》的爱情故事未必是发生在洞庭湖畔，但它的临江暗示，以及所展现的情调，也与资江和洞庭湖水天相接之所的场景相类似，大有异曲同工之趣。

（二）歌会传情的兰溪山歌

兰溪山歌是益阳最有特色的地方民谣。它声调高亢、激越，气息澎湃，音质粗犷，情感古朴，方法简单，野性十足。

兰溪山歌因枫林桥歌会而闻名遐迩，并被载入史册。同治《益阳县志·建置八》记载："枫林胜迹，资江一桥（即益阳市赫山区兰溪镇枫林港石拱桥），建于清嘉庆八年至十一年（1803—1806）。"枫林桥位于兰溪镇西头，资水和兰溪河的交汇处，桥长 64 米，宽 6.5 米，是一座花岗石单拱石桥。桥头石柱上，立着石狮子、石麒麟各一对，小狮子被母狮围抱，情态可掬，状貌逼真。麒麟爪按文房四宝，文静而怡雅。石雕做工精美，颇具传奇色彩。

位于益阳湖平区的赫山区，是古代益阳县的主体，其历史已延续两千多年。笔架山、兰溪、八字哨等乡镇，是古代百越民族的聚居之地。作为土著民族，他们个个能歌善舞，敬奉并感恩于天地神灵，守护民俗节庆，过着和平安宁的生活。先秦时期，此地虽被纳入楚国版图，但楚人对百越文化一直采取兼容并包的态度，对百越人的以歌传情、以歌养心的习俗善待有加，并且自觉加以吸纳和发扬。因此，这一传统就得以继承和保留下来。每逢节俗，每一个聚落或村社都会集中在约定的场所，进行聚会、祭祀、餐饮、交际、盟誓和歌舞等活动，以歌会友，以歌待客，以歌贺岁，歌舞助兴是这种节庆的主角。这种习俗从先秦楚国时代一直延续到宋元乃至明清时期。

传说当年枫林桥即将竣工时，中间有一方青石板总是放置不稳，使桥无法完工。地方乡绅便提议请师公作法，占卜的结果是，神灵授意要一位年轻

益阳市赫山区兰溪枫林桥（周立志摄）

女子作陪，此桥方可安然无恙。此消息一经传开，四邻百姓议论纷纷，为桥的烂尾牵挂不已。一连数月，因修桥耽搁，人们往来兰溪河上，仍然靠三只划子摆渡，很是不便。一日，来自附近的一位十六七岁姑娘，选择在枫林桥头上吊，身边留下用纸笔写好的嘱托，表示愿以弱小之躯，奉献给神灵，好让十里八乡的乡亲不再为兰溪河的阻隔而奔波劳累。她舍身为民之举，令乡邻深受感动，于是，在祭祀完鬼神以后，人们按照姑娘的遗愿，含泪把她的一缕青丝和一方花手巾埋到了青石板下面。不久，枫林桥完工。竣工那天，正值农历五月端午，十里八乡的人们，不分男女老幼，全家出动，都来兰溪枫林桥附近，聚集在一河两岸，以举办传统歌会方式表示庆贺、答谢和纪念之情。人们把原本在村社举办的歌会，转移到枫林桥头，枫林桥山歌会从此固化成为一种地方歌舞风俗。

　　生活在兰溪附近的百姓，不少是早已汉化的瑶民，早已改变了族属和身份认同。这些土著百越民族的后裔，他们普遍身材矮小，属于铁骨体格，脸小，鼻子扁平，偏爱深色衣裳，特别喜爱歌唱和祭祀。历史上，一轮轮移民在这片土地迁入迁出，但当地一些古老习俗和传统总能注入新的血液、焕发新的光彩，进而，喜欢山歌、擅唱山歌，便演变成为这一带地域文化的标记。随着时代进步，人们在整体保持曲调和唱腔不变的同时，改变了歌词内容；但是，歌唱爱情，歌唱生活，抒发内心情感这些亘古不变的题材，一直贯穿在他们的山歌中，让人们有机会领略这些歌舞习俗的风采，并追溯其深层次的意蕴，启迪更多的思索。

据记载，兰溪山歌多是即兴所作，没有曲子，没有固定的词，只有基本的腔调，完全靠口耳相传。按内容区分，可分田歌、骂歌、苦歌、颂歌、情歌、赞歌等十余种。按唱腔分，可分高腔、平腔、哼腔、拖腔等，什么内容的山歌，就用什么样的腔调唱，没有固定的模式，歌手只能临场发挥，机智应变。

《斗笠歌》，一首流传于益阳的经典山歌，这样唱道：

大雨欲来雨点稀，郎在外面喊蓑衣。（姐说我的哥呀！）蓑衣还在棕树上，斗笠还在竹山里，小妹无缘空着急。

歌曲的表白直率而简朴，情感真挚而饱满，通过男女双方的对答，借助锣鼓、木槌等打击乐器的造势，渲染出热闹的气氛和浓烈的情感，同时，也表现了鲜明的地方特色。其中"阿呜阿呜阿呜呃"的大段衬词，结合方言古浊的发声方法，发出"哆米哆米哆米啦"延绵起伏的一阵阵咏叹。其衬词、曲调和唱腔，体现出节奏自由、字密腔长和风格深沉的效果，是典型的瑶族山歌的遗存风韵。

关于男女青年谈情说爱，男唱：枕头无芯肚里空，灯笼无芯亮不明，甜言蜜语我不要，只要情妹一颗心。女唱：妹是树上一彩凤，引得媒婆挤破门，金银财宝我不要，情哥是我心上人。

一首兰溪高腔山歌代表作《绿鸟绿肚皮》，曾于 20 世纪 50 年代初被推荐到中央人民广播电台播放，后被中国唱片总公司灌成唱片向全国发行。其词唱道："绿鸟嗟呀，绿肚皮呃，绿绿姣莲嗟呀，穿绿衣呃——绿绿情哥嗟呀，买把绿扇子送绿姐呀，绿姐接到扇绿扇，扇绿扇呀……"

与安化梅山地域的山歌不同，梅山居民包括瑶、苗、侗、汉诸族，其山歌原始古朴且神秘独特，也能穿山越涧，翻仑过岭，直指人心。但是，兰溪山歌题材富集，风格纷呈，体现与时俱进、多元融合的特点。湖乡地域受采茶小调、采莲小调、花灯调等影响更明显，尤其是歌词创作，能及时反映时代变迁和世风变化，如此，一首首兰溪山歌便成为人们了解他们的社会生活和精神风貌的一面面镜子。

（三）喧嚣之音胡呐喊

益阳市"非遗"传人熊节仁和刘岁红翁媳师徒合唱大栗港胡呐喊（周立志摄）

胡呐喊，又名过山仑，益阳上乡一带俗称"打胡呐喊"。顾名思义，胡者，胡乱喊叫，信马由缰，无有定式；呐喊，就是以喊代唱，喊中带唱。这是一套独特的发声体系。它以本地方言为演唱语言，依靠丹田提供气息支撑，用窄嗓将声音逼至头腔产生共鸣，使曲调高昂激越，翻山越岭，具有很强的穿透力。因而，胡呐喊也被誉为"男人的山歌"。

据史料记载，胡呐喊源于云南大理的白族。在益阳桃江，只有大栗港人吟唱胡呐喊。在大栗港三万多人中，六成人口姓熊，熊姓吟唱胡呐喊的人最多。查阅当地熊氏族谱，得知其先祖来自云南大理，是白族。其家谱显示，公元1253年，忽必烈攻克大理并征兵，熊氏先祖被征入蒙古寸白军中，转战南北，攻入长沙时，寸白军解散。于是，熊氏先祖一度逃亡到湘西北的慈利境内。后因生计所迫，又从慈利山区流落到桃江一带，从此定居下来。[1] 在长期生活中，除了保留胡呐喊这一山歌传承，他们与当地其他汉化民族和汉族百姓没有什么区别。但在20世纪70年代，他们曾经为此事向省政府打过报告，请求立项批准恢复其白族身份。后来因为种种原因，他们要求划为少数民族的主张未能得到有关方面的支持。

　　熊氏先祖移居桃江已历七百余年，这就意味着，胡呐喊这种白族山歌植根于湖南悠久历史中早已脱胎换骨。在数百年的演化过程中，胡呐喊形成了其高腔特征突出的发音方法，破嗓喊叫，花腔哼唱，声音饱满、激昂，情感扑面，极富表现力。云南大理的白族山歌，与生活在云贵高原的其他少数民族如彝族、傣族等民族的山歌，具有文化的同源性或者相似性。当年，熊氏先祖在慈利生活时，多少受到了土家、苗族等少数民族山歌的影响，留下濮巴山歌印记，所以有些山歌，曲风与湘西桑植等地的山歌类同。之后到益阳后，又受到兰溪山歌、梅山山歌以及地方民歌小调的影响。兰溪山歌留下古代瑶民的山歌印迹，而梅山山歌，则是一种以瑶族为主、苗族和侗族为辅的原生态山歌。由于胡呐喊在流传过程中，借鉴了上述山歌的一些唱法和声腔特点，所以后来才形成具有大栗港特色的胡呐喊。当然，它的一些基本曲调还是与白族山歌母体多有相似之处。

　　当然，大栗港打胡呐喊的起源，历来说法不一。当地流传为秦始皇女儿所创。随着大栗港发现殷商文化遗址，有人认为胡呐喊早在先秦百越时期就已形成，并以口耳相传的方式一代又一代流传至今。

---

[1]　赵琴：《桃江原生态山歌"胡呐喊"研究》，载《兰州教育学院学报》2018年第6期。

调查研究显示，胡呐喊这种山歌演唱形式，并非桃江大栗港所独有。安化清塘山歌，也被称为"胡呐喊""连八句"甚至"田歌"。

清塘铺镇古属梅山峒地，交通闭塞，高山峻列，苗、瑶、侗、汉杂居。据史书记载，晚唐时期，梅王扶汉阳不服朝廷管理，朝廷禁止周边地区与梅山地交往，并多次派兵征讨，最终因无功而返而放弃。从此，梅山峒民便自立为国，即出现所谓"旧不与中国通"的割据势力。

有道是："安化地土亲，十里不同音。"自先秦以来，其境内苗、瑶、侗、汉等民族风俗不同，语言悬殊，语音繁杂，民俗多样，导致山歌生活气息浓郁，色彩斑斓，风格各异。其实，脱胎于百越之地的整个益阳，山野歌谣何尝不都如此呢？

无论是兰溪山歌、大栗港胡呐喊，还是清塘山歌，其山歌题材和种类都十分丰富多样。就山歌种类看，梅山人主要有族歌、夜（孝）歌、峒事歌、节气歌、樵歌、情歌、骂歌、闹房歌、哭嫁歌、锣鼓歌、采茶歌、敬酒歌、祝寿歌等。兰溪和大栗港等地的山歌，由于受汉化因素影响，除族俗底色稍淡外，其他种类亦大致相同，自由发挥的成分可能还要更多一些。

益阳境内的山歌，都有高腔、平腔和低腔三种唱法，发声方法大同小异，一般使用假声，较为高亢、粗犷，节奏松紧度不一，旋律跌宕。① 演唱时，唱者立身运气，运神两三分钟，再敞开喉咙开唱。一般不在屋子里，而是在高山、田垄等空旷处，清嗓高歌。

所以，综合分析以后可知，梅山山歌对地域文化的影响，实际上早已渗透到人们的交往和生活场景，遗留在民俗生成演变的文化背景之中了。

---

① 蒋作斌主编：《人文遗韵》，岳麓书社 2008 年版，第 52—53 页。

荆楚益阳

一、荆楚历史钩沉

（一）楚国洞庭郡

洞庭郡是最近十余年来轰动中国史学界的一大突破性发现，也是古代史籍最离奇的一处纰漏和谬误。

"洞庭"一词，最早见诸司马迁《史记·孙子吴起列传》，当时仅作为楚国地望而予以概括性描述，它的楚郡身份，其实并未明确。所以后来无论是楚置洞庭郡，还是秦国沿袭洞庭郡的旧制，都未载入史籍。譬如为后世所推崇的《汉书》《资治通鉴》等，莫不如此。它的存在，是在两千年以后，为

湖南龙山里耶遗址出土的"洞庭郡"秦简文字

一次考古发掘所证实。湖南龙山里耶古井众多秦简的出土，以及简牍内容被释读和披露，洞庭郡尘封已久的惊世秘密才大白于天下。此时，人们才恍然大悟，原来洞庭郡早就存在于历史上了。这是一种对人们认知经历的戏谑。洞庭郡的平地冒出，对洞庭湖地区乃至整个湖南历史无疑是一次洗刷、澄清和确认，历史也因此不再那样隔绝、遥远和陌生。

I

楚悼王十二年（前390），吴起自魏入楚。楚悼王二十年（前382），楚国将领吴起被任命为令尹，开启了著名的吴起变法这一社会变革进程。他对内整肃法纪，发展经济，司马迁评价称"内明法审令，捐不急之官，废公族疏远者，以抚养战斗之士"；对外大举征伐，扩充疆域。特别引人注目的是，吴起将楚国持续数百年的"问鼎中原"战略南移，开始聚力开发南楚落后复杂的百越蛮荒之地。

吴起变法的主要内容有以下三点。

其一，消减贵族特权，改善平民境况。具体措施是：降大臣和封君的爵位，缩小他们的领地，减少他们的属民，且限制其传袭的世代，甚至强迫一些贵族搬到地广人稀的边疆去，正所谓《吕氏春秋·贵卒》篇描述的"令贵人往实虚广之地"。去特权是做减法，为贵族瘦身，减少依附他们的平民数量和租税劳役，让这些平民发展生产，提升国力。迁徙垦殖是做加法，增加耕作面积，增殖人口，积累财富。尤其是后一举措，开启了益阳发展的新篇。

研究认为，吴起变法之后的楚国后期，楚国的屈姓和景姓等贵族后裔相继迁来益阳及周边定居，对开发此地产生的影响和发挥的作用不可谓不大。张正明在《楚史》一书中写道："昭、景、屈是战国时代楚国公族的三大姓，当怀王在位时，昭氏柄政，景氏和屈氏都不得势。"[①] 当然，并非耕作之士的他们，带来的是财富、声望和依附者，还有丰富的文化和先进的技术。传说中屈原被流放至包括益阳、汨罗在内江南沅湘之间的事迹，当与他前来益阳一带投靠宗亲和寻求庇护有关。

其二，健全法制，整饬吏治，规制风俗。《史记·范雎蔡泽列传》称："一楚国之俗。"在益阳，楚人改变越人的习俗，推动了社会文明的飞跃发展。比如，贵族和富人阶层将琉璃珠的佩戴引领为风尚；把楚式风味如泡菜、腌菜以及桂皮花椒类佐料带上越人餐桌，提升了饮食制作水平；还有改变落后葬俗，从江陵带来青膏泥密封棺椁的方法。

其三，整军经武。《史记·孙子吴起列传》曰："抚养战斗之士，要在强兵，破驰说之言从（纵）横者。"具体到益阳，增加了驻守军士数量，继续发挥步兵和车兵的优势，丰富兵器类型。如仿制并改进了越人发明的弓弩，增加战车的配置，提升了威慑力和战斗效果。

《史记·范雎蔡泽列传》记载："禁游客之民，精耕战之士……破横散从使驰说之士无所开其口，禁明党以励百姓。"在百越地区，开始编户齐民，建立初步的里社制度框架。将郢都的一些流放者和耕作之士进行集中迁徙和管理，与百越部落互嵌，以划拨、买卖等方式分配土地和山林，建立寓兵于农、寓农于兵的生产组织结构。这种带有屯垦雏形的拓荒，其宗旨一如汉代《淮南子·道应训》所言"砥砺甲兵，时争利于天下"。

南平百越是吴起的重要决策和重大贡献，影响深远。楚人所开拓的百越之地在洞庭与苍梧之间，有农桑、金锡之利。早在春秋晚期，洞庭迤南已有

---

① 张正明：《楚史》，湖北教育出版社 1995 年版，第 302 页。

楚人的足迹。然而楚人大量拥向南楚，却是吴起南平百越之后。百越之地部落林立，不相统属，属于"无君"社会，也无赋税徭役施加于民。所以楚国在百越施行的政策，远比其统治核心区和中原地区要宽松得多，诸如一系列税赋和徭役等制度，推行并不如预期顺利，成效也并非所设想的那样显著。这一点，从梅山峒民为税负徭役而抗争千年的历史，已经得到了验证。

张正明认为，楚人开拓百越之地，虽有武装为后盾，但主要是倚仗优势的文化和开明的政策。湖南发现了许多同期同地的楚墓和越墓，彼此邻接甚至相互错杂，凡墓主为男子者，不分楚、越，大抵有兵器随葬，足证楚人与越人关系的融洽。年代愈晚，越墓所含的楚文化因素和楚墓所含的越文化因素就愈多。①

II

吴起变法战略南移的背景是，一则当时楚国政治紊乱，经济萧条，楚悼王即位时，又连续遭到其他国家的征战，大大激发了楚人图强图变的进取心。二则吴起变法时，中原进入合纵连横时代，强手如林，再靠征服和吞并发展国力已难以为继。历史上，"筚路蓝缕"的楚人从荆山出发，一直以深耕中原，在平原地区扩充土地，增殖人口，谋取国力增长为最大奋斗目标。从楚文王开始，历经楚成王、楚穆王、楚庄王、楚共王、楚康王，楚国与众多中原国家，尤其是晋国发生了数次大战，意在争霸中原，问鼎中原。楚人甚至直抵周王室边界，兵临洛阳附近，向大臣王孙满打听国器九鼎轻重和大小，以手中的巨大版图为筹码，企望与周天子平起平坐，觊觎周朝的最高统治权。对于南方百越之地，由于蛮荒未垦，又无多少出产，原始山林遍布，瘴疠横行，山高水长，征讨困难，所以楚国一直以羁縻手段维系着那块"化外之地"，一搁就是数百年。为了富国强兵，吴起变法的蓝图里，就有在长江以南

---

① 张正明：《楚史》，湖北教育出版社 1995 年版，第 283 页。

的洞庭水泽和湘资沅澧四水流域设置洞庭、苍梧两郡的锦囊妙计。在江南的水泽、山林之区，可以集聚土地、人口、资源等经济要素，进而实现称霸四面诸侯、一统天下八方的企图。

司马迁《史记·孙子吴起列传》记载："楚悼王素闻起贤，至则相楚……于是南平百越，北并陈蔡，却三晋。"正是在这个阶段，楚国进入江南地区，平复百越部落纷争，统一了百越的政治、外交和军事等诸多方面。但南楚地区素有"四塞之国"之称，地形复杂，交通闭塞，北有洞庭沼泽平原和长江阻隔，东、南和西部均有高山大川遮隔，全境之内有湘资沅澧四水的流域性深度切割，物产匮乏，地僻人稀，部落割据严重，社会进化迟缓，统治起点很低。此外，百越地区习俗悬殊，民风彪悍，不拘礼束，言语侏离，与中原文化大相径庭。所以习惯于长期平原生活的楚人在平定当地以后，对山多田少的丘陵之区适应性差，可能仅仅委任了一些部落和方国的首领或酋长，然后进行白手套管辖。

III

考古研究显示，同江汉平原的濮国、麇国、罗国等方国"迁权于那处"的吞并和驱赶方式不同，楚人视江南为待拓殖的蛮荒之地，在此继续实行羁縻政策，推动嵌入式移民，且人口的流入基数也不高。这种通过风俗同化方式争取民心、取得社会改造全面进步的状况，看起来一直持续到了楚威王时期，前后有四十余年。历史也已证实，楚国南移战略远不如开拓中原地区成功，到秦汉时，荆南地区仍是一块偏僻的谪居、放逐和迁徙之地。

楚威王时，公元前339—前329年，楚国正式在江南设置了洞庭郡和苍梧郡。但数百年之后，南北朝人范晔在《后汉书·南蛮西南夷列传》中称："吴起相悼王，南并蛮越，遂有洞庭苍梧。"

这个记载中，吴起"南并蛮越"的史实虽不容置疑，但这是百越地区得到深度开发和直接管理的前提，故而"遂有洞庭苍梧"的描述，就成为其发展进程的结果。这还不足以表明当时就已经设置了洞庭和苍梧两郡。从楚悼王到楚威王，两代国君，其间相差了四五十年。

从目前考古发掘所得，楚国进入江南，即便到楚悼王时，也已长达近两百年。位于湘阴县凤南乡洞庭湖畔一处小湖汊的晒网场遗址，其楚墓的出土器物有西周末年遗物。1972 年，在晒网场试掘的几处探方中，清理出数个灰坑，其中出土的陶器，多为泥质灰陶和泥质红陶，经专家判定，陶器时代当属西周晚期或稍晚。高至喜认为，晒网场所出鬲，是湘江流域目前所见最早的，其他陶器器型与澧水流域同时期或稍早的遗址接近，应属于楚文化范畴。

如果我们把视线从整个洞庭湖聚焦到益阳境内，就会发现，战国早中期的楚墓，益阳有多达二十座。这说明，楚人在这一时期开始涉足益阳这片百越割据之地。至于他们以何种身份进入，尚待深入研究。事实上，数百年以来，楚人南下的脚步，一刻也没有停止，伴随而来的羁縻政策，也一直持续沿袭了下来。由此可见，设立具有浓厚军事意味的洞庭和苍梧两郡，未必是在吴起变法任上。

吴起相楚时间极短，一年后就死于宫廷内乱。他南平百越，已是功勋卓著，其他基业，尚在草创。即使他令尹任上提出过设立洞庭、苍梧郡的动议，仓促之间，落实也定会很难。况且，如此大的功绩，吴起也好，楚悼王也好，未见司马迁留下任何记载。其他典籍，也未提及。这样看来，人们就更有理由怀疑洞庭郡的设置，是否就存在于他变法的这个短暂时期。

倒是楚威王熊商（？—前329），这个热衷于打江山、扩充疆域的楚国君主，在大臣和后宫鼓动下，极有可能在原来楚国对百越地区长期羁縻的基础上，正式设立具有某种行政职能的军事建制单位楚郡，这样，洞庭和苍梧两郡就横空出世了。

在《史记·苏秦列传》的记载里，苏秦游说楚威王盘点楚国的江山家底时，有这样一段话。苏秦说："楚，天下之强国也；王，天下之贤王也。西有黔中、巫郡，东有夏州、海阳，南有洞庭、苍梧，北有陉塞、郇阳，地方五千余里，带甲百万，车千乘，骑万匹，粟支十年。此霸王之资也。"其中，"南有洞庭、苍梧"，应当准确地描述了楚威王这位君主所取得的最新疆域成果。

而《战国策·秦策》"秦与荆人战，大破荆，袭郢，取洞庭、五都、江南"的记载，洞庭郡也再次以地望形式证实了它的某种存在。对于秦国征伐者而言，洞庭与郢之类并列提及，佐证了它是一个具有军事战略意义的重要节点。由此可见，洞庭郡的设置，古代典籍也确实留下了蛛丝马迹。

IV

益阳是楚人南征百越之地的最重要据点。

一是益阳扼守洞庭湖平原南大门，是沅湘之间的门户，也是楚人南征的必经之路。洞庭湖平原的物产、人口和地缘区位优势，让益阳成为春秋战国时期重要的军事重镇。考古发掘表明，益阳的爱屋湾方城，是一座最早的楚人军营所在，战车、戈矛、刀剑等大量出土。黄泥湖楚墓，一次性出土近850座楚墓，军士墓众多，大量兵器和涉军器物被发掘，是目前湖南全省最大的一处楚墓群。

二是楚国在益阳设立了最早的县。包山楚墓有"益阳公"的记载，益阳兔子山简牍也以楚国档案文书形式证实了益阳县的存在。这样的楚县，在荆蛮群立的洞庭湖畔和雪峰山麓立足，自然离不开足够的军事力量提供支持和保障。

湖南龙山里耶秦简载录"益阳"的简文（周立志摄）

　　特别值得一提的是，里耶秦简出土的简牍，更有助于加深人们对益阳作为军事重镇的印象。我们从一篇简牍来试做分析。

里耶秦简 8-151：

迁陵已计卅四年余见弩臂百六十九

——凡百六十九

出弩臂四输益阳

出弩臂三输临沅

——凡出七

今八月见弩臂百六十二

　　根据秦简记载，秦始皇三十四年（前 213），有 169 件弩臂从迁陵（今龙山县里耶镇）发往益阳和临沅（古称临源，今常德市），其中有四批次运输到益阳，三批次运输到临沅，到八月止，实际运输 162 件。弩臂是一种军需物资，也是弓弩这种重武器的易耗件。从它的发运可知，把弩臂从迁陵运到临沅、益阳，表明这是洞庭郡的一条"兵输""委输"路线。这些弩臂运到益阳干什么？因为地控南楚的益阳有大量驻军，有较大的武备需求。迁陵将弩臂输往临沅、益阳，但益阳批次最多，需求最旺盛。与临沅相比，同样位于南楚地区，同样是秦代兵器的主要接收地，说明当时益阳所处的地位可能要比临沅高出不少。事实上，来自巴蜀等地做工精良的兵器，通过酉水和秦直道源源不绝供应洞庭湖周边各个军事要地，益阳在其中发挥的作用自然是最大的。

　　另一方面，作为楚县的益阳，开发历史要早于身为邮驿、秦汉置县的临沅，其规格和重要性也要远高于后者。由此推断，益阳当时已经成为楚国南方的一个重要军事枢纽。

　　而"迁陵以邮行洞庭"的记载，将迁陵与洞庭郡二者勾连起来，让人看到了这条起源于楚国时期的交通支线在秦统一全国后得到继承和发展，它成了洞庭郡秦直道的一部分。

里耶秦简还有一份鄢（今湖北省宜城市）—销（不详）—江陵（今湖北省荆州市）—孱陵（今湖北省公安县，含湖南省安乡、华容、南县等地）—索（今常德市鼎城区和汉寿县等地）—临沅—迁陵的邮行路线，它既是秦控制沅水中下游（今湘西北地区）的传输路线，又是当时迁陵通往洞庭郡这条交通要道的一部分。秦简显示，洞庭郡抵近新武陵；从洞庭郡出发，自索县南、临沅、辰阳（今溆浦县）可抵达迁陵。考究起来，与索县毗邻的楚县很少，益阳算一个。楚属时期，从益阳出发，经过汉寿南，经常德，过溆浦，可以到达夜郎和巴蜀。据《益阳交通志》所载，这条要路属于秦直道的一部分，汉驰道得以延续，西汉大夫陆贾出使南越驿住益阳，《益阳县志》便留下"陆贾山"的得名，唐宋以来，此路不断加以扩修，并设置相应维护机构，史称"湘黔大道"，它是南洞庭湖平原通往黔中郡的一条重要而繁忙的驿道。当然，楚置洞庭郡是否与秦置洞庭郡重合，这是需要深入探讨的事。

需要指出的是，楚国郢都东迁时，长沙谓之青阳，尚不属洞庭湖平原核心区；而且从开发历史看，它也不见得比益阳早多少。这样，益阳在洞庭湖平原上的唯一枢纽地位大致就可以得到确认。

此外，益阳兔子山简牍中提及的一些地名，在历代益阳县志中从未有过记载，目前也无迹可寻，找不到任何相对应的名称。益阳之名能够继承下来，别的地名却平白无故消失，这无疑是一件令人深感困惑之事。唯一的解释应当是，楚简只记载到县这一层级，其他则未加关注；而它侧重于如蔡、曾、襄邑、絮阳等对外事由的记载，其事务的记录范围更像是郡署所为。历代益阳县志或许是成书很晚，或许是屡遭兵燹和自然灾害，导致史料散失出现历史断层，故而将洞庭郡的史料淹覆，一些地域赋名未能载录下来，这或许就是后人见不到相关名称的主要原因。

如此道来，益阳兔子山出土的这批简牍，应该就是古代益阳县署甚至邻近的洞庭郡所留下的一系列档案文书。在崇尚文字的先秦时代，小众掌握的文字被刻意神化，演变成一种根深蒂固的社会文化崇拜。据认为，废弃和封存录字简牍无非有两种途径：一是焚毁，让文字之意能穿越时空，将现实社会与神鬼世界彼此通达，追求一种永恒的互动；一是投入古井，让文字的墨迹和光泽在厚土和黄泉之间熄灭，褪色，乃至消逝。焚书坑儒的那一页已经揭去，烟火摇曳的光影过后，留下的是一尊尊化字炉。今天看来，投入古井是中国南方社会对文字怜惜有加、呵护备至的某种习俗，在无意之中，它创造了一种最好的传承和保护方式。有了可碰触的文字，人们对历史文化才真实可感，历史文化因此才鲜活亲切。从兔子山遗址、里耶古井，到长沙走马楼，都闪现出简牍的魅力，同时，它们还给人们洞悉历史带来无限幸运。铁铺岭故城的简牍，当然也不缺少焚毁的故事，因为清理出的不少古井，都留下厚厚的灰烬和烧蚀残断的简牍，但更多的是被成捆成批投井沉封。人们完全有理由设想，当年，出于某种原因，抑或是战火将起，兵临城下，抑或是改朝换代的前夜，人亡政息，在益阳铁铺岭故城，人心惶惶的衙仆，临危受命，火速行动，纷纷走向库房，准备将简牍投入山坡上的战国和秦汉古井。在慌乱之中，衙役和奴仆们来不及分拣，就随手将楚简连同秦简抱在一起，紧追紧赶，从县城西门一侧，夺门而出，就如同完成一桩神圣的使命，直到悉数取出，弃完为止，他们才匆匆离去。

在兔子山遗址发现之前，楚国在益阳县从未留下任何史料，更不用说那个淹没于世的洞庭郡。世人对益阳县和洞庭郡，一概茫然不解。数千年以后，人们在兔子山的古井中，找到了为数不多的简文记载，其中所涉及的益阳境内外各种事由和联系，人们未必都能释读得清楚明白；但对历史真相更靠近一步打量，心中的疑团就会更多一点解开，遗憾会更少一些留下。所以，不管楚简是否皆库存于此，哪怕从他处移入也不要紧，甚至，哪怕楚简没有直接写出"洞庭郡"三个字，它们的出现，都带来惊喜，都不能不说是一大幸事。

（二）江旁十五邑

司马迁《史记·楚世家》称："（楚顷襄王）十九年，秦伐楚，楚军败，割上庸、汉北地予秦。二十年，秦将白起拔我西陵。二十一年，秦将白起遂拔我郢，烧先王墓夷陵。楚襄王兵散，遂不复战，东北保于陈城。二十二年，秦复拔我巫、黔中郡。二十三年，襄王乃收东北兵，得十余万，复西取秦所拔江旁十五邑以为郡，距秦。"

司马迁在《史记·秦本纪》又载："（秦昭襄王）三十年（合楚顷襄王二十二年，即前277年），蜀守若伐楚，取巫郡及江南为黔中郡。三十一年……楚人反我江南。"

司马迁在《六国年表》之《楚表》称："二十二年，秦拔我巫、黔中。二十三年，秦所拔我江旁反秦。"

司马迁《史记·秦始皇本纪》记载："荆王献青阳以西，已而叛约，击我南郡。"

结合司马迁若干关于秦灭楚的记载，我们可以明确一个历史事实，那就是楚顷襄王二十二年，即公元前277年，秦国再次占据楚国的巫郡和黔中郡。次年，即公元前276年，楚国组织了十余万东北兵，"复西取秦所拔江旁十五邑以为郡，距秦"。按照秦人的说法，是"楚人反我江南"。秦人认为，楚军攻击南郡，属于"叛约"之举，原因在于"荆王献青阳以西"，是秦楚之间达成的停战协定。青阳，即现今湖南长沙市，位于湘江之滨，是湘江流域的代称。楚王把长沙以西的大片版图割给秦国，其意是把整个湘中、湘西的广大地域统统交给当时的秦军管辖。这一妥协旨在促成秦军停止对楚国的进攻和追击，为楚国东迁陈郢赢得喘息时间，也蓄积着收复失地的力量。

楚国郢都东迁，是战国最大的历史事件之一。迁陈之后的楚国元气大伤，版图缩小，兵微将寡，前途渺茫，彻底丧失了争霸诸侯的力量，成为楚国式微的分水岭。

《战国策》之《秦四》曰："顷襄王二十年，秦白起拔楚西陵，或拔鄢、郢、夷陵，烧先王之墓。王徙东北，保于陈城。"

《战国策》之《秦一》曰："秦与荆大战，大破荆，袭郢，取洞庭、五渚、江南，荆王君臣亡走，东服（伏）于陈。"

公元前 279 年—前 278 年，秦将白起率兵，势如破竹，直捣楚国郢都。江陵纪南城，楚国巍峨的王宫之内，惊慌失措的顷襄王在仆人搀扶下，晃荡着冠冕上的流苏，匆匆钻进早已在门前备好的马车里。他的左右，是层层护卫的铠甲头盔和寒光闪闪的长戟戈矛。平时井然有序的街道，此时人仰马翻。大批贵族忙于收拾细软，或由车载，或由马驮，在尘土飞扬的车辙和疾驰的马蹄声中，纷纷离城而去。

公元前 277 年，即楚顷襄王二十二年，秦国蜀郡的郡守张若接管了巫郡和黔中郡。①

按照司马迁的说法，大约是把青阳以西割让给秦国以后，楚顷襄王才获得了喘息之机，进而集结十多万"东地"（指淮河中下游之地）之兵。于是，就有了"江旁十五邑"的复取。后世《资治通鉴》等典籍称之为"江南十五邑"，具体包括长江以南、洞庭湖及湘水以西的黔中郡，涵盖整个湘西和湘中北地区。

张正明在《楚史》一书中指出，秦取郢以后，将楚国腹地设置成了南郡。不久，楚顷襄王会秦昭襄王于襄陵，许诺将青阳以西割让给秦国。青阳

---

① 张正明：《楚史》，湖北教育出版社 1995 年版，第 348-349 页。

以西，即洞庭迤南之地。楚师主力北上后，青阳孤悬南土，势必弃守。割让青阳以西，实为以必失之地换取缓和之机，还算不上丧权辱国之举。

据他判断，此江南应是鄂东、赣北的长江沿岸地区，在青阳以北。江旁十五邑，也是江汉地区的一些城邑，具体名称待考。

而根据南楚地区的考古发掘，"江旁十五邑"是江南地区已然发生的真实存在。这个依据在于，秦灭楚之后相当长一段时期，益阳出土的墓葬，无一例外都是楚墓。换一句话说，楚文化丝毫没有出现断层，秦文化压根儿没有影响到这一区域。历史有时候就是这么令人费解，好像要故意抛给世人一些谜团似的。有人研究后指出，楚国割去上庸（今湖北省竹山县西南）等北地代替黔中郡，是解开这个谜团的密码。

根据《史记》的记载，楚国郢都失陷以后，"江旁十五邑"发生的变故，使黔中郡的管理一度脱序。在洞庭湖周边，百越蛮夷又寻找到了崛起的时机。他们开始重新集结，以部落方式割据，回归旧习，逐渐恢复到原有的生产生活状态。但是，即便楚国恢复了所谓的"江旁十五邑"，对其管制也是鞭长莫及，故而，东迁后的益阳，民为遗民，地为遗地。这种状况一直延续到秦朝统一六国，并在这里设置里耶秦简所载的洞庭郡为止。

关于秦置洞庭郡，一般认为，它是在楚国洞庭郡基础上设置的。据武汉大学教授陈伟考证，秦置洞庭郡建置时间，在始皇二十五年（前222），这一年，正是史籍所称的"王翦遂定江南"。这意味着，最晚从楚威王算起，楚置洞庭郡，至少存续了上百年时间。

（三）回眸百濮往事

濮，又称卜、僰（bó），原是分布于黄淮流域的一个土著族群。周初，濮人首领就与周王会面，彼此有一定的交往和联系，比如开展朱砂交易等，

《逸周书·王会解》有载。在先秦史籍中，濮夷因与周人毗邻，又被视为四境之威胁，并纳入"蛮夷戎狄"范畴。不过，这种威胁直到楚国崛起为止。

楚厉王时，《国语·郑语》曰："楚蚡冒于是乎始启濮。"

楚武王时，《史记·楚世家》曰："始开濮地而有之。"

楚蚡冒就是楚厉王熊眴，他于公元前757—前741年在位期间，曾派兵攻打势力强大的濮方国，使之臣服。楚武王熊通，公元前740年—前690年在位。其间，他进一步派兵攻占濮地，夺取大片土地，掳掠大批奴隶。在前后不到六十年的时间里，濮地就遭到楚国两代君主的垂涎。多次攻占之后，濮方国因此被肢解。

失去方国庇护的濮人被迫背井离乡，四处寻找栖身之所。他们首先选择了江汉平原东部和洞庭湖平原。后来，他们在洞庭湖平原核心地带立足之后，把扬越人赶往湘江流域中上游，时值《左传·鲁僖公十六年》所载的春秋前期。据西晋杜预《春秋释例》称："建宁郡（今湖北省石首市）南有百濮夷，濮夷无君长总统，各以邑落自聚，故称百濮也。"建宁郡，在长江南岸的湖北石首市，地跨长江两岸，主体在古华容境内。这意味着，在洞庭湖平原以南的沿湖地区及资水流域，濮人以家族或家庭为单位，形成弱小的邑落村庄，各自割据谋生。吕思勉在《中国史》中写道："楚国的黔中郡，大概就是这一族的地方。"[①] 实际情况是，据考古发掘和史料证实，他们的一部分后来陆续进入湘西、黔中一带，形成湘西著名的不二门文化，是湘西土家文化的代表；另一部分，则迁徙至云贵高原和四川盆地，在贵州、云南和四川与当地土著民族混合，战国至西汉时期，发展为滇文化，它是濮僚文化的代表。

濮人是一个以好战和顽强著称的族群，对于濮人方国遭肢解心有不甘，复国情绪一直挥之不去。在春秋前期的一百余年里，曾同楚国进行过多次激

① 吕思勉:《中国史》，中国华侨出版社2010年版，第40页。

烈的对抗，但最终还是不得不数度离开居地，一如《华阳国志》所描述的"编发左衽，随畜迁徙"，不断踏上南迁的路途。这在长江流域的少数族裔中，是很不寻常的。后来，在湖南北部建立所谓"百濮"之类部落联盟，也算是他们抗争所收获的果实。

春秋时期，周匡王二年（前611），《左传·文公十六年》称："楚大饥，庸人帅群蛮以叛楚，麇人率百濮聚于选，将伐楚。"选，在今湖北枝江境内。这一记载说明，图谋恢复失地的濮人，在聚众起事中又打过了长江，但被楚人击溃。

周景王二十二年（前523），楚人动用舟师，从水、陆两路大举伐濮。濮人不敌，其聚居地被吞并，濮人部落从江汉地区彻底迁离，四散于楚西南，进入包括益阳在内的南楚黔中一带越、巴部落的交界之地。

濮人是古代的西南之蛮，唐时，被称为"乌白蛮"。吕思勉认为，这是"中国人以其服饰称之，不是他种族之名"。他进一步分析得出的结论是，唐代，初裹五姓，都是乌蛮，他们的妇女穿着用黑丝缝制的衣裙，号称"黑缯"；东、钦二姓，是白蛮，他们的妇女，都身穿用白丝缝制的衣裙，人称"白缯"。汉朝时，夜郎、滇、邛都等国都是他们的分布范围。其妇女一袭或黑或白的衣裙装束，曾对百越女子衣饰产生过一定影响，如梅山徭人女子的青布滚边短袖褂子，很可能就受到了濮人女性衣饰的启发。

在益阳，有不少濮人遗物在考古发掘中被发现。

1978年，益阳县新桥河（现益阳市资阳区新桥河镇新桥山社区）5号墓和16号墓，各出土宽镡（原名格）短剑1件。5号墓所出为扁茎剑1件，镡

益阳市资阳区新桥河出土的圆骹铜矛

上铸不规则花纹，残长28.8厘米，同墓还出土圆骹（xiāo，矛刃的下口，俗称矛脖子）铜矛1件；16号墓中伴出陶器有鼎、敦、豆各1件，不明陶器2件，都是战国中期楚墓出土。①

益阳县新桥河（现益阳市资阳区新桥河镇新桥山社区）3号、10号楚墓，各出土八环耳铜矛1件，形制短小，全长仅12厘米；伴出的随葬品有鼎、豆、壶、盒等陶器，以及铜剑和铜戈等楚式器物。②

宽镡短剑、蛇头剑，何介均等人认为是濮人的遗物。镡，剑格，也叫剑膛，俗称护手，是剑柄与剑刃之间的青铜横梁，常有铭文和各种装饰，铭文记载铸剑的缘由和特殊身份，但其主要功能还是保护剑主免遭击杀所带来的伤害。

扁茎剑，也被视作濮人的器物，同干栏式建筑、情歌一样，号称濮人的三大特色遗产之一。不过，有分析认为，益阳土著越人却是最早炼制扁茎剑的。显然，濮人南迁后，他们吸收了这种铸剑技术，并发展出独具自己民族特色的兵器。

除宽镡剑和扁茎剑外，高至喜认为，多环钮的铜矛，也是濮人的兵器。另据考古学家、四川大学教授童恩正考证，八环耳铜矛，与云南省晋宁县（今昆明市晋宁区）的石寨山古墓遗址（石寨山古墓群是战国至汉代滇王及其家族臣仆的墓地，是石寨山文化最早发掘的具有代表性的遗存。石寨山文化是濮人与僚人文化合源之后，滇文化这一濮僚系统的标志性文化）于1956年出土的八环耳铜矛属于同一类型兵器。这表明，远在数千里外的滇西高原，八环耳铜矛也是濮人铸造的兵器。古滇国人用这样精工巧制的铜矛，战胜过曾经称霸一方的昆明人。

---

① 参见湖南省博物馆等：《湖南益阳战国两汉墓》，载《考古学报》1981年第4期。
② 参见湖南省博物馆等：《湖南益阳战国两汉墓》，载《考古学报》1981年第4期。

益阳市出土的　　　　益阳市资阳区新桥河　　　益阳市资阳区新桥河
多环耳铜矛　　　　　出土的宽镡短剑　　　　　出土的八环耳铜矛

　　实际上，从资水流域发掘出的大量濮文化系统考古器物来看，位于资水
尾闾的古代益阳，很可能就是南迁湖南四水流域的百濮部落乃至百濮方国之
所在。至于具体在哪里，则尚待将来能获得更多的考古发现。

　　高至喜在《楚文化的南渐》一书中写道，濮族铜剑、铜矛的时代都属于
战国早中期，而没有战国晚期的器物，可能是迁徙至湘西、湘北的濮族人，
经过与楚人数百年的杂居生活后，濮族文化与楚文化融合，而失去他们本民
族的传统文化特色了。

　　研究显示，古代濮人最初是从西南方向进入黄河流域，操藏缅语音，是
古越族的一个分支。因战争和地理环境变化等原因，商周早期，他们从黄淮
平原迁入江汉地区，继而进入洞庭湖平原。在迁徙和定居过程中，他们的部

濮人干栏式房舍复原图

族不断分化和重组，不断学习和吸收各地语言，适应当地环境，形成地域性特征十分显著的不同部落。他们的一部分接受中原文化，被汉化，加入汉族大家庭；一部分在长江中游融入三苗族群，派生出"居山畲土"的新民族，如瑶族、畲族等；一部分迁入云贵高原，改操当地的藏缅语言，被称为倮倮、倮濮，他们是彝族的主要来源；还有一部分从洞庭地区逐渐南移，数千年后重新回到岭南地区，最终在广西和越南北部地区扎根，形成壮族、京族等民族。融入江南和湘西的濮人，跟从秦巴山区的巴人和僚人，学会了他们的语言，形成史籍所称的濮僚、濮巴，被认为是构成土家族的主要来源。湖南部分，濮人和僚人杂居，演变成为土家人；贵州部分，濮人则在当地演变成为仡佬族人、水族人。

濮人是我国最早开采朱砂的族群。早在公元前 11 世纪，濮人向周王朝进贡朱砂。《逸周书·王会解》载："（周）成王之会……卜（即濮）人以丹砂。"春秋时，朱砂产于荆州域内的辰州（**今湖南省溆浦县**），故称辰砂，是炼金、制作颜料、提取药物的原料。

濮人民居为干栏式房屋。据北齐魏收所撰《魏书》记载："依树积木，以居其上，名曰干栏。干栏大小，随其家口之数。"唐代杜佑《通典》记载："人并楼居，登梯而上，号曰干栏。"在汉唐之前，干栏式建筑一直是濮人住屋的标志，为人们所记录、观赏和借鉴。

20 世纪 80 年代，考古专家在益阳县新桥河乡（**今益阳市资阳区新桥河镇**）五四村濒临资水一个名叫戈厂园的地方，曾发现一处商代基址，出土了一些青铜器和陶器。从其房屋基址发掘出大量填满大块卵石的柱穴。这种房屋的营造形态，被考古专家判定为干栏式建筑遗迹。

无独有偶。2008 年夏天，在此地以南 20 余千米之外的资水东岸，桃江县沾溪乡太平村（今沾溪镇长田坊村）一个名叫麦子园的圆形台地，考古人员在进行文物清查时，无意中发现了商周时期的房址遗迹。经考古专家发掘确认，其房址的平面呈长方形，南北长 8.25 米，东西长 1.8 米。房址有 10 个柱穴，分两排并列组成，呈圆形，直径为 18—33 厘米，深度均超过 20 厘米，柱穴内为黄褐色填土，包含有陶片、石块等构筑物。[1] 这些由屋柱密集搭建而成的房舍，体现了架子屋的特点。而架子屋，俗称桩上屋，是干栏式房屋的别称。

益阳境内发掘此种桩上屋遗迹，说明在商周时期有濮人曾在此居住。麦子园遗址的屋主如果明确为扬越人，那么就意味着，百濮曾在这里留下居所文化的影子，扬越人只是继承者。作为古代濮人住屋的标准式样，桩上屋形态的房舍对百越地区苗、瑶、侗等族群都产生了影响，甚至为他们所借鉴。苗族和瑶族的吊脚楼、侗族的风雨廊桥，可能都受到过这种营造方式的启发。至于迁离长江流域，进入到高温潮湿、蝇虫滋生的岭南地区和云贵高原的那些人，其干栏式建筑几乎原封不动保持了千百年，其风格一直沿袭至今。

濮人爱唱情歌，以歌为媒。清代《乾隆永顺府志》记载："土司地处万山之中，界连诸苗，男女服饰均皆一式，头裹刺花布帕，衣裙尽刺花边，与红苗无异。凡耕作出入，男女同行，无拘亲疏，道途相遇，不分男女，以歌声为奸淫之媒。"湘西北土家族还有"挑葱会"的习俗。清代一首《竹枝词》唱道："映山红放女儿忙，岭上挑葱葱味香；歌唱相恋凭木叶，娇音吹断路人肠。"每年春天，按照乡俗，穿戴整齐的土家姑娘和小伙，相约上山挑胡葱，

---

① 周立志：《益阳探秘》，中国电影出版社 2015 年版，第 14 页。

见面之后便对歌传情，以此来挑寻称心如意的情侣。由于他们长期生活在化外之地，"性情放荡"，且不拘礼数，只要你情我愿就能男欢女爱，当地人谓之"放敞"。现如今，"放敞"这一俚语，也被益阳人视作对某人某事放任不管的代名词，当口头禅使用了。

（四）追赶巴人遗踪

战国时期，益阳境内是巴人乐于迁徙的地方。巴人数量未必很多，但势力不容小觑，差不多都是强宗大姓。他们带来的巴文化，使益阳地域的百越文化更加绚烂多彩，熠熠生辉。

**益阳市赫山区资江机器厂遗址
出土的带有虎纹饰的铜戈镈**

1979 年，益阳天成垸 2 号墓（顺序号为 1 号）出土肖形虎印 2 枚，与四川冬笋坝（今属重庆市九龙坡区）50 号墓所出土的巴式肖形印风格相同。①

1985 年，益阳资江机器厂 78 号墓出土铜戈一件，为长胡三穿，宽援，援上铸虎形图案，胡部有铭文，不识。②

经分析比较，高至喜认为，其形制及援部纹饰，与桃源县三汊港乡（今木塘垸镇）三元村 1 号楚墓所出铜戈相似，也是巴式戈。

20 世纪 80 年代，考古专家曾在益阳缝纫机厂基建工地发掘过一处完整的巴人家族墓地，出土了一批带虎图腾纹饰的青铜器物。

---

① 益阳地区文物考古队：《益阳楚墓》，载《考古学报》1985 年第 1 期。
② 盛定国：《益阳楚墓出土的"巴式"铜戈》，湖南省文物考古研究所，《湖南考古辑刊》（第 4 集），岳麓书社 1987 年版。

1985 年，考古专家在陆贾山益阳热电厂基建工地发现了两座具有明显巴文化特征的平民墓葬，时间均在约公元前 260 年。其中一座，出土铁鼎、陶甑、套钵，另一座出土铜印章、铁鍪等，两座墓都是窄长形，长宽比在 3.5∶1，受当地越文化葬制影响明显。

益阳市赫山区益阳缝纫厂遗址出土的巴式戈（益阳市博物馆供图）

同年，考古专家在益阳资江机器厂遗址也发现了几座具有巴文化特征的墓葬。《益阳楚墓》一书作者认为，此处遗址可能是一处以本地文化为主，融合了多种文化因素的墓地。该墓地规模较大，墓坑保存完整，墓葬排列有序，无同时期打破关系。推测是益阳楚墓中一处延续时间较长，在当时很有影响，有多种文化混交的家族墓地。[1] 其中一座，被纳入甲类墓，出土了精美的巴式戈。它的侧锋面，凹凸着三条细线构成的血槽，由虎头封接；垂直段的援身，有内刻连续花纹的狭长框格与虎身标志组合；它水平段的末端，则装饰着虎头线描的浮雕。虎图腾的族属标记清晰如斯，它自然非巴人莫属。而甲类墓的规格，以及精美巴式戈的陪伴，大概可以证实墓主就是一位在益阳为楚国戍守征战的将士。

十字山古墓群，位于益阳市赫山区笔架山乡笔架山村内塘冲组，是笔架山战国楚墓群的一部分。此地出土的侈口、直颈、斜肩、单耳、腹下垂、大圜底的铁鍪，以及卷沿、直腹、平底陶甑等器物，是属于巴文化的典型器型。

除益阳出现巴人器物外，在远离益阳县邑的安化，一个山高谷深，地僻人稀，居于楚文化辐射之外的边缘地带，也发掘了若干濮巴遗物。

1992 年，益阳地区博物馆征集到一件安化出土的青铜短剑，剑柄有高浮雕的几何纹装饰，图案十分精美。经研判，这种风格的短剑是典型的濮巴

---

[1]　益阳市文物管理处、益阳市博物馆：《益阳楚墓》，文物出版社 2008 年版，第 9 页。

遗物。

与溆浦、沅陵接壤的安化苍场乡，20 世纪 80 年代曾出土了一件汉代青铜錞于（一种铜制打击类军队乐器，最早出现于春秋时期，盛行于汉代。该文物现收藏于益阳安化的中国黑茶文化馆）。分析表明，这也是一种属于巴人的乐器。

**益阳市安化县苍场乡出土的
汉代虎图腾青铜錞于**

巴人相传为姬姓，是江汉诸姬之一，属于周族。他们最初位居陕南，曾建立过一个子男之号的封国，名叫巴。商周时，他们拓展到四川盆地边缘的大巴山区，建立了若干方国。至西周晚期，其中两个影响较大，一个是川东南的七姓巴人，建立七姓方国，一度深入湘西北，此类巴人被称为板楯蛮；另一个是鄂西南的五姓巴人，建立五姓方国，也深入到湘西北，被称为廪君蛮。在湖北安陆、江汉平原中部和西部，巴人的一些散部还建立了一个名叫郧国的方国。

濮人，史籍称其属于黄帝后裔，他们曾在河南濮水流域建立过部落方国，殷商时被驱赶到江汉地。楚国北取中原与向西拓展时，濮人和巴人均屡遭征讨，不过，濮人要先于巴人失去方国的庇护。历史上，巴人和濮人相继迁离居地，都是由于无法阻挡楚国的强势崛起。在跟楚人进行生存权利的争夺中，遭遇被驱赶和占领的历史命运，巴人和濮人似乎拥有了抵抗外敌的共同民族记忆。

巴与濮虽分属两族，但春秋时都先后流落到百越之地，在益阳平原地区和安化山丘地带形成杂居关系。长期的部族交往，彼此密切合作和深度融合，随着时间推移，各自民族身份便逐渐丧失，进而合并成一族，称为濮巴。据传，安化靠近资江和渠江一带世居的舒姓、向姓等民户，均是古代濮巴人的后嗣子孙。在现今安化县二都羊角塘镇一带，由于邻近常德，曾被澧州管辖过，受武陵土家巴文化影响深，一些生活习俗和日常用语也不免留下他们的印迹。比如，命相不好的小孩，其家人要走家串户讨来各色布头，缝制"百家衣"，穿了保平安，能健康长大；小孩生病了，其家人去村头村尾讨来百家米，煮成"百家饭"，所以有人戏称巴濮子民——吃的满口"名堂"，穿的一身"讲究"。又比如，大人在哄小孩时，常把吃米饭叫作"恰漫漫"，把吃肉叫作"恰嘎嘎"。此类用语，在明清以前的益阳上乡，与安化交界的桃江武潭、马迹塘一带，也偶有提及。这其实表明，这些地方曾有土家人来此扎根，只是他们早就归化于汉族而已，但语音语尾夹杂的方言颗粒，还是透露着他们隐身生活的文化况味。

巴文化器物在益阳批量出现，证实了巴人成规模进入此地的可信。那么，他们进入益阳的时间，又是在什么时候呢？

岁月从来没有巧合。历史的齿轮定会是环环相扣、无缝对接的。研究表明，巴人大量流入湘西、湘北等地，正好与公元前316年秦灭蜀而"楚得枳"和"楚子灭巴"两个历史事件相关。据记载，秦惠文王更元九年（前316），巴与蜀交战，秦乘虚而入，从石牛道举兵讨伐，使巴蜀与秦地连成一片，直接威胁楚国，开启了统一天下的时间表。上述巴式器物的年代，时间上也大体吻合。另载，枳，巴国国都，今重庆涪陵。夏商至春秋前期，为濮人聚居区。约公元前316—前314年，巴国为楚所灭，设枳邑。秦昭王三十年（前277），置枳县，为其置县之始。苏代约燕王曰："楚得枳而国亡，齐得宋而国亡。"[1]

如此说来，巴人大量进入益阳地域，当在战国中期和战国晚期前段之间。

————————————

[1] 参见《战国策·燕策二》。

（五）百越与羁縻

益阳建立楚县之前，有长达数百年的时间，被称为楚文化南渐时期。楚国势力从西周晚期开始进入益阳，但并未彻底征服此地，这一点已为考古界达成共识。这近三百年里，蛮夷杂居的百越之地，是一个社会发育很低、风俗原始、生产力落后的地区，楚人在益阳一带，实际上采取了一种羁縻政策。

何谓羁縻？《史记·司马相如传·索隐》解释说："羁，马络头也；縻，牛靷也。"所谓"羁縻"，就是一方面要"羁"，用军事手段和政治压力加以控制；另一方面用"縻"，以经济和物质的利益给予抚慰。引申开来，意即笼络控制，通俗一点说，就是实行"胡萝卜加大棒"政策。

益阳越人为什么要接受这种羁縻呢？

这个问题，至今没有可信的文献典籍予以记载，也未见有相关的出土器物铭文予以证实。但是，人们还是能够根据某些历史现象，借助于社会发展客观而内在的规律，找到一些具有足够信度的理由，进行合乎逻辑的思考和推测。

楚国与百越之地交往，是文明的输送和物资的补给，是先进文化对落后文化的传播和启迪。益阳越人接受楚人的羁縻，大概也离不开这种思维逻辑。

首先，盐的输入，是益阳越人接受羁縻的触媒。自商周以来，益阳存在两条输盐线路，分东、西两个方向：东面一条是海盐输运线，淮盐沿长江进入资水，到达益阳，形成一条古老的"淮盐入湘"路径；西面一条是井盐输运线，蜀地自贡的井盐，自四川、重庆而来，一路双栖，水走长江三峡，岸入武陵山北部，越过西洞庭湖平原南下，另一路自巴蜀走云贵高原，进入沅水支流酉水，再沿沅江、洞庭水道和资水，抵运益阳，这就是历史上所谓"川盐入楚"。

重庆市彭水苗族土家族自治县，就是"川盐入楚"的一个重要节点。相传蚩尤败亡后，有九黎部落子民南迁彭水境内的郁山镇，发现了用于熬制食盐的卤水。其中一口天然盐泉——飞水井，距今已有 5000 多年。因卤水含盐度不高，直接提炼不便且浪费燃料，当地百姓就创造性地发明了"泼炉印灶"的制盐方法。据《彭水县志》记载："灶以黄泥筑砌，一灶五锅，井水入锅不能成盐，以之浸渍于灶，咸水皆入灶泥之内，次日则掘此灶土，浸水煎熬五日，而灶掘尽。又另行作灶，浸之掘之亦如前法。"利用这种多次加工方式，据说一个灶一天一夜可制盐 300 多斤。郁盐外运有陆运和水运两种，其中入楚主要走水运。1998 年版《彭水县志》称，沿郁江下至彭水，或顺乌江而下，可到涪陵；或溯乌江而上，到达贵州夜郎等地。人们也把郁盐运到酉阳的龙潭，顺酉水进沅江而达洞庭湖；或另往常德、汉口等地。① 郁山古盐遗址，从秦汉一直延续到了明清。

重庆市彭水县郁山镇古盐道遗址（周立志摄）　　**沅陵县二酉乡酉水交汇码头（周立志摄）**

食盐是人类不可或缺的民生物资，也是非常宝贵的战略资源。有研究者提出这样的论断，说是楚人每一次迁都，都会沿着食盐供给线行进，他们离产盐之地就能更抵近一步。楚人尚且如此，越人自不用说。南楚缺盐，这是

① 杨晨：《"泼炉印灶"蕴藏着先民智慧》，载《重庆日报》2014 年 4 月 1 日。

资源禀赋所致。越人再怎么通过制作酸菜以酸代盐，再怎么努力降低食盐比例和用量，也无法完全替代这种防腐增鲜的食物调味品，也无法找到另一种维持人体电解质平衡的调节剂。江南的鱼盐之利，缺其一不可也。因为食盐，越人接受羁縻简直就是一种宿命。

西周晚期，位于江汉平原的鄂国被楚所灭，战国中晚期，楚国再次吞并江西余干一带干越人建立的干国。鄂国和干国都是越人国家，一为扬越，一为干越，皆是益阳濮越族群的远亲近戚。它们先后灭亡，一条自东往西的海盐输运线就被一次次封锁和阻断。益阳越人无法拿骨气当盐使，只能投靠楚人，支持其贸易开放政策，以保证食盐的供应。

他们甚至还想得到巴国的支持。巴人兴于盐。他们原本生活在秦巴山区，其廪君蛮自东向西迁移，只为夺取"鱼盐所出"之地。而商周时，蜀地天然盐泉和岩盐已成"天赐珍品"，开采久远，声名远播，自贡和犍为等地，均以产盐著称。巴人通过贩卖川盐，获得巨大收益，从而建立起一个地跨蜀地和夜郎，以盐接济秦地和楚地的泱泱大国——巴国。百越成建制接纳巴人，多半是看中了他们可以在食盐获得方面提供原料或给予运输便利。这大概就是人们在益阳城区乃至近郊能见到巴人以家族墓形式出现的主因之所在。

桃江县腰子仑遗址出土的商代青铜壶

其次，是铜料。百越之地崇巫尚鬼，多祭祀。益阳越人祭祀，青铜礼器是最高礼器。商周时期，南楚铜料来源有限，主要是取于鄂国的铜绿山铜矿和瑞昌铜矿等处。铜料在当时是一种稀缺资源，鄂国无暇他顾，外流很少；周边诸侯和方国首领对铜料的获取，用"虎视眈眈"来表述似乎并不过分。到益阳一带，山水阻隔，路途遥远，关卡林立，来源匮乏，获取实在不易。投奔了强大的楚国，有楚国势力和影响做后盾，益阳越人的铜料供应相对比较稳定和丰裕。楚国吞并鄂地，获得那里的铜矿资源后，改进了技术，提高了产量，以赏赐、交换和贸易的方式，用它作为维系和羁縻百越之地各部落方国的工具，确保楚国势力和恩泽覆盖南楚的每一个角落。百越之地的青铜器数量不多，而且普遍比较纤细、简约，除开审美情趣因素，对铜料的节用和珍惜，也不能不说是一个重要考量。

到了楚国后期，楚人进入湘西沅麻盆地。考古专家在辰溪和麻阳交界的吕家坪镇九曲湾村，找到了一个自然铜富集的砂岩型铜矿床遗址，这就是著名的麻阳九曲湾铜矿遗址。调查研究显示，从近 50 亩的矿区，15 个古矿井，楚人开采出铜精矿约 18 万吨，冶炼铜料8000 余吨，然后通过沅水和洞庭湖水

宁乡市炭河里遗址出土的
俗称"牛屎铜"的铜料

道，经临沅、索县，北运郢都等地。其中，益阳也获得了相应的份额。这些铜料在益阳县城之内的铜器作坊，生产出了与羁縻等价的一件件作战武器，用以充实楚人日渐扩大的府库和兵营。此外，不排除铁器、漆器、玉器等也是百越接受楚国羁縻的因素之一。

最后，是青铜兵器。青铜是一种含铅、锡等的合金，主料是铜。商周以来，青铜兵器是不可或缺的作战武器。

春秋时期，吴越之地出巧匠良工，制作了干将和莫邪等震古烁今的青铜

刀剑。这些刀剑形态优美，器作精工，锋利异常，功勋卓著，彪炳史册。它们不仅为良将干臣所佩戴，也深受吴越诸侯喜爱，百看不厌，把玩不腻，成为上至君王、下至将相的心仪之物。益阳当然缺少那种富有传奇色彩的铸剑工匠，但类似的青铜刀剑在楚墓和越墓中也屡见不鲜。

青铜兵器的来源途径多样。有交战缴获的战利品，有诸侯与方国首领之间的馈赠，有将士的赏赐所得，还有托付他人打造而购入到手。1985年，益阳市赫山庙出土的一把"越王州勾"铜剑，便是典型的越式兵器。有专家考证，这把越王剑，当是越王赏赐给某位将士所用。后来，此剑征战四方，几度易主，最终在战国晚期，辗转流落到益阳这一归宿之地。尘封数千年后，它的风貌犹存。据说一刀下去，可齐刷刷斩断寸余的一叠草纸。其威武和锋利，经岁月洗礼而不逊色。

益阳市赫山庙出土的"越王州勾"青铜剑

采取羁縻政策之后，百越之地的落后社会面貌未能得到较大改观，生产力水平提升缓慢，生产方式改变程度不深，同时，由于某种册封制度落地，促使地方割据严重，增强了部族势力的封闭统治，军事割据色彩较浓。当然，这也使地域文化因分割显著而变得丰富斑斓，富有生机活力。整体而言，这种政策造成羁縻地区社会发展进程的整体落伍，南楚被视为"蛮荒"之地；但也在益阳及其周边产生了某种特殊的历史文化现象。

羁縻政策实质上是后世推行的土司制度的开端，能对民族独立性强、社会发展落后、交通管理不便的少数民族进行有效管理，历代封建王朝基本上都借鉴了这一制度。这是中国政治制度史上的一大创举，对大一统国家的建立和延续发挥了不可低估的巨大作用。因此，羁縻政策在中国政治史、文化史和民族史等领域，具有十分深远的历史意义和现实影响。

益阳自古流传"安化无楚墓"一说。境内的楚墓，往西往南最远及于桃江武潭、马迹塘等一线，也就是明清时所设的一里和二里。大量考古发掘证实，离开益阳市内越远，楚墓就越少，如市郊珠波塘、迎风桥等地，楚墓数量很少，至于方圆20多千米以外，楚墓就更稀罕了。楚国南平百越，在江南设苍梧和洞庭两郡，实际上，在远离县城和核心聚落之地，楚国因倡导文化包容和羁縻管制的治理逻辑，那里的百越部落，依然按照各自原有的生活方式延续着他们的繁衍生息。

文献记载表明，自古以来，安化一带就是古代蛮夷的聚居区。汉代有武陵蛮，唐宋时期先后有莫徭、梅山蛮，直到宋代熙宁年间，这片"王法不至"的化外之地，在历经千余年的自立封闭后，才重新回到中华文化的版图之中。

显然，除了山高水长，人烟稀少，这里落后的物质条件和特有的薄葬风俗，不足以支持也不允许楚墓成规模存在。这大概是关于"安化无楚墓"这一说法的最好诠释。

考古发掘显示，益阳楚墓很少有秦文化元素出现，这又是为何呢？高至喜认为，秦始皇灭楚以后，把其主要力量用在对付江南以南和以东地区的越人，自然对江南广大地区的统治力量就不多了。在秦统治江南期间，当地的居民绝大多数仍是楚人，而楚人又顽强地保持着本民族的传统风俗，因而他们的墓葬形制和随葬器物基本上仍保留着楚人的那一套，故墓中很少甚至没有秦文化因素。[1]

---

[1]　高至喜：《楚文化的南渐》，湖北教育出版社1996年版，第398页。

二、启封隐秘的世界

（一）揭开楚墓封泥

楚人墓葬，是楚人在包括益阳在内南楚地区生活的最终归宿。中国古代特别看重生与死的平等价值，楚人也不例外。"事死如事生"的观念，一直贯穿在他们的社会文化心理结构之中。一座座楚墓，因此就如同一座座富含文化遗存的巨大宝库。楚墓虽置于封土之下，却装得下整整一个世界，大到天下国家，小到家庭个体，林林总总，包罗万象。透过墓葬形制、习俗，特别是文物信息和相关记载，从物质层面、精神层面、人类活动以及社会发展等诸多方面，人们可以打开一个时代的生活画卷。这其中既有波谲云诡，战火硝烟，又有鲜活故事，音容笑貌。毫不夸张地说，它是一本无言的书，有时叫人百思不解，更多的是让人常看常新。尸骨和古董，没有晦气和恐怖，只有岁月的尘封和淡忘，等到人们走近它们，留下的仅是惊艳、感叹和好奇所带来的无穷魅力。

江南地区，战国楚墓留下的总体印象是，葬具以平底方棺为多，悬底弧棺量少，悬底方棺罕见。

棺椁是方正平直的，就是平底棺；棺椁是船底弧形的，就是弧形棺，俗称"船底棺"。平底和船底，一个是安稳，一个会摇动，对于死者所定位的最终生活状态，它们所反映的是截然不同的人生价值和处世理想。显然，土著越人选择了紧紧拥抱大地的方式以获得稳妥与平安。

高至喜研究后认为，长沙及其周边地区的楚墓，除为数不多的悬底弧棺外，其余绝大多数为平底方棺。益阳的情形大致如此。这种见不到平底弧棺和悬底方棺的现象，究其原因，可能与地域葬俗有关。长沙及洞庭湖周边，是土著越人的聚居区，人居历史至少有数千年。远古的洞庭湖平原是陆地环境，没有水乡那种"船底棺"的葬俗，土著越墓便承袭了平底棺的传统。后来由于洞庭湖平原的湖沼化，舟筏之类水运工具逐渐增多，加之外来文化侵入，尤其是楚文化、巴文化的传播与辐射，船底棺之类葬具得以引进，弧底棺就开始少量纳入葬制，但方正座托经泥土夯实的棺椁，让底部平整的理念一直被贯彻下来。

还有一个原因，益阳一带地处江南丘陵，基本上是微丘浅岭，仅安化山区有一些海拔较高的延绵群山，缺少用于悬葬的自然地理条件。悬葬离不开悬崖峭壁。悬棺高挂，与鸟兽踪迹隔绝，让亡者超脱、安生，绝不容外界打扰。益阳境内，由于都是土山土岭，悬挂物无处置放，即使有些高山，但都算不上险峻，在失去保护的地方挂上悬棺，尸骸容易遭到掠夺和践踏，有违悬葬初衷，故而在益阳境内，至今没有发现这种葬俗的棺椁。相反，同为百越之地，同为土著越人的聚居之所，江西余干一带，古代干国辖地，就有悬棺发现，那是百越分支干越人的葬具遗存，与益阳一带越人的丧葬方式截然不同。这大概就是地理条件决定其葬俗的缘故使然。

但是，令人蹊跷的是，对于悬葬方式，益阳的葬俗也并非完全拒绝。除了人，在一些动物身上，还是留有某些痕迹的。譬如，益阳人不吃猫肉，猫死后，尸体不是掩埋，而要用棕丝片包裹起来，挂在高高的树上。当然最好的是桐子树。如果你在桐子树上看到挂着的东西，那准是猫的尸体。不出数月，猫身会腐烂，猫的细骨头也会风化脆断，风起时，只剩下一撮蓬毛在随风飘散。益阳的古老传说中，猫要是埋在土里，猫刺不烂会带毒，如果劳作的人不小心，赤脚踩到的话，猫刺就会刺入脚内，永不愈合，甚至致命。用悬挂方式处置这种动物的尸体，由来已久，可能追溯到百越时期，甚至更久远的石器时代。传说的担忧，也大略来自此处。

益阳境内的葬俗认为，对于棺椁，接地气很重要，只有接地气，方能让殁亡者超生与安宁，子孙才有福祉可享。所以棺椁下葬，棺底必得平整方正，平底的就直沉，弧底的要立座子，架着搁妥，唯其如此，逝者才得以奠定，灵魂才得以安放。这种祈求平安的世俗化观念，形成独具个性的丧葬文化，并打上鲜明的地域文化烙印。

江南益阳楚墓，以平民墓即庶人墓最多。发掘表明，楚墓基本上是小型的土坑竖穴墓，有的有头龛，一般无墓道。针对这些平民墓，高至喜归纳出两个特点：一是有的悬底弧棺的底板，悬空很低，已靠近底部。如1980年临澧县九里（今常德市临澧县九里乡，九里楚墓群被认为是目前湖南最大的楚墓群之一）发掘的1号墓，就属于此类型。二是有的是平底弧棺，但底部不悬空。[①]不管是完全平直，还是引入船底形态，益阳楚墓里棺椁的平底化趋向，与益阳土著越人的传统守护是分不开的。这种坚守可能持续达数千年之久。楚人作为移民，受到了影响，体现出一种"入乡随俗"的文化皈依。

青膏泥的运用，也是楚墓的一大特色，还可以视为区分越墓与楚墓的一大标志。春秋时期，江南楚墓尚没有用青灰泥保护棺椁的习俗。青灰泥是青膏泥在江南的别称。由于地势卑湿，广袤的原野深处，凹陷的洞庭湖平原的酸性红壤本底，经长期复杂的化学反应，可以很好地生成这种产物。进而，江南地区盛产并广泛使用青灰泥，而少见盛行于江北或中原一带的白膏泥。此种青灰泥黏度很高，密闭性很强，且原料也不难得到。战国之前，由于棺椁没有此类材料保护，包括益阳在内的洞庭湖周边，很少有楚墓得以完好封存。所以在保护楚文化历史信息方面，青膏泥所起到的巨大作用可以说是无

---

① 高至喜：《楚文化的南渐》，湖北教育出版社1996年版，第240页。

与伦比的。

（二）益阳楚墓扫描

益阳楚墓的分布有这样一个特点，那就是沿着一条交通线，以左右吊葫芦的形式，自西向东，在洞庭湖南岸一带，延伸铺展开来。

从目前考古发掘的各类遗址考察，楚墓的分布以资江为分界线，由西向东延伸。资江以北往东，从新桥山、爱屋湾遗址开始，经原李昌港乡政府楚墓遗址，到五里堆、白马山和益阳地区财会学校（今资阳区三益小学）等楚墓群遗址；资江以南往东，从黄泥湖楚墓群遗址开始，过桃花仑、陆贾山和赫山庙一线山岭，到羊舞岭楚墓群，串起资江机器厂、益阳农校、宁家铺等楚墓遗址，然后经罗家嘴楚墓遗址，最后到笔架山楚墓群遗址，长达 40 余千米。

这是一条从益阳到长沙的楚国古驿道，穿越地势平坦、人烟稠密的洞庭湖南岸平原。历史上，秦直道和汉驰道，均由其演变而来。唐宋以后，这条驿道直达夜郎，长达 1500 多千米，称作湘黔大道。民国以后，古驿道改建成公路，为 319 国道的雏形。就是这么一条"长亭连短亭"的古驿道，在它南北各 20 余千米范围内，分布着一条由众多楚墓遗址串起的楚墓带，其北端，直抵洞庭草泽，其南端，进入桃花江流域。这是一个不到 3000 平方千米的版图所辖，先后有楚墓 2000 余座出土，占益阳全境所出楚墓的近九成。益阳乃至南洞庭湖

益阳市出土的战国卷云纹提梁铜钫

楚文化的秘密，皆埋藏在这里。这些已发掘的益阳楚墓，大抵位于益阳市区的土台坡地，以及离市区 20 余千米范围内的丘岗山岭。最高处在益阳农校和资江机器厂，大约在海拔 60 米的高程；最低处在益阳地区财校，海拔仅 35 米左右。

《益阳楚墓》一书作者研究认为，从已发掘的墓葬情况分析表明，几座春秋楚式铜礼器墓和战国楚式铜礼器墓，均分布在靠近战国城址的桃花仑陆贾山（指益阳热电厂工地），以及赫山庙、羊舞岭一带。

益阳市陆贾山热电厂出土的青铜簠

益阳热电厂工地位于益阳市内桃花仑街道附近的陆贾山，发掘有铜礼器的甲类墓共计三座，山顶一东一西各一座，相距仅数丈；另一座在山腰附近。它们离三里桥益阳东周故城均在 200 米左右范围以内。山腰的楚墓，标号为 85 益热 M33；山顶的楚墓，东侧的一座，标号为 85 益热 M46；西侧的一座，标号为 85 益热 M2，它们是 1985 年在益阳资江机器厂和益阳热电厂两处基建工地抢救性挖掘的全部 150 座楚墓中的代表性墓葬，器物比较丰富，器型规格最高，葬式的考古价值也比较大。

根据参与挖掘的益阳市文物考古专家潘茂辉和曹伟的分析和推测，山腰的那座，是陪葬有大量楚式和越式器物并已归附于楚国的越人墓；山顶东侧的墓主，被认为是一个已归附楚国的越人首领，他拥有的一件青铜簠，为益阳城区最贵重的先秦器物，至今仍收藏于湖南省博物馆内。两座墓都是狭长形墓穴，这是益阳越墓的基本规格，没有例外。方形的楚墓，未见这般低调和寒酸。这两座楚墓的建造时间也大致相同，均在公元前 515—前 485 年。但常识告诉我们，山顶的一般要早于山腰的。

研究认为，在公元前 403 年"三家分晋"① 以前，不仅是周人，也包括楚人，甚至地处洞庭湖平原周边的土著越人，他们的社会生活都是十分讲究等级和规格的，不存在"礼崩乐坏"的问题。所以，这几座益阳陆贾山的越人墓，其主人的身份和地位是能得到真实反映的，僭越因素基本可以排除。

根据考古发掘，陆贾山一带是一处延续时间很长的家族墓。《益阳楚墓》一书作者就持有这种观点。其实，在益阳周边，除了黄泥湖楚墓，大多数楚墓群也都具有家族墓的特点。比如，益阳电梯厂范围内是一处分布有数十个楚墓的家族墓地，益阳缝纫机厂基址发现有巴人家族墓群，羊舞岭、资江机器厂一带楚墓密集之地，家族墓特征也很明显。而罗家嘴楚汉墓，完全是封闭的家族墓地，从战国中晚期一直延续到西汉。如此看来，益阳热电厂的越人楚墓，就有一定的世袭制因素在内，虽然有一些不连贯之处，但基本脉络还是清晰的。

有专家研究发现，益阳新桥河、赫山庙的战国时的平民墓，墓室较宽，仿铜陶礼器除鼎、敦、壶外，还有较多的豆和盘。② 考古发掘的这些信息等于告诉人们，新桥河和赫山庙一带，是两处规模较大、居住集中的楚人平民区。这些居民随楚国征服者而来，分别依靠附近的方城获得保护，拥有超出一般生活水平的财产，生活资料比较充裕。豆和盘是日常生活用器，主要是盛食物和点缀居室所用。墓葬中，豆和盘的数量较多，显示了墓主人的日常用器品种丰富，生活讲究品位，处于一种比较富足的生存状态。这并不排除墓主人是商人身份。墓室规模偏大，陪葬品规格偏高且数量丰富，这些均是从越

---

① 公元前 403 年，周威烈王命韩虔、赵籍、魏斯为诸侯，公元前 376 年，韩、赵、魏废晋静公，迁于端氏（今晋城市沁水县），将晋公室剩余土地全部瓜分，次年，晋国灭亡。韩、赵、魏三国因此合称为"三晋"。"三家分晋"是中国历史上具有划时代意义的重大事件，是春秋战国的分水岭。
② 湖南省博物馆等：《湖南益阳战国两汉墓》，载《考古学报》1981 年第 4 期，第 262 页。

墓中所无法见到的。这也间接证实，楚人和越人的生活反差较大，社会分化比较显著。

（三）益阳楚墓分贵贱

益阳楚墓誉三湘。据不完全统计，到目前为止，益阳境内发掘的楚墓有2600 余座，但对全部楚墓的整体梳理和系统研究仍是一片空白。倒是单体遗址、阶段性整理不少，像益阳市赫山区会龙山街道的黄泥湖、龙光桥镇的罗家嘴等处，都有已公开出版的著述。其中最有代表性的阶段性综合研究，当数《益阳楚墓》一书。它是对 1982—2001 年 20 年里益阳境内楚墓的一次大分拣和集中描述，也可以说是有关益阳楚墓的集大成之作。得益于改革开放带来的国土开发建设热潮，大量诸如开发区划设、高速公路、城市干道、电厂、居民小区和大学城等基建项目纷纷上马，使得益阳众多楚墓遗址得以重见天日，引起社会大众广泛且持续关注。《益阳楚墓》虽然收录的楚墓仅占全部楚墓四分之一有余，但覆盖面广，基本囊括益阳市内及市郊的主要地域，数量不小，器物丰富多样，规格也比较高，具有一定的代表性，能够为人们提供对益阳楚墓的基本认识和大致判断。可以说，这本书是人们认识和了解益阳楚墓的一个绝好窗口。

《益阳楚墓》将楚墓分成甲、乙、丙、丁四个等级，这些经过标注有等级的墓葬，对应着不同阶层和身份的墓主，让世人仿佛看到他们真实的历史面貌，引发对历史文化的兴趣和探求。其中甲类墓最有看头，也最能给人以丰富的想象空间。社会大众通过对楚墓规格、器物、葬式等进行深入了解，人文精神无疑会得到涵养，地域情怀也会因此更加浓厚。

假定以随葬物的数量、种类和规格作为参照依据，那么《益阳楚墓》一书所界定的甲类墓，其主要特点包括：随葬器物通常有 1—2 套青铜兵器或

2—4 套陶礼器，墓口长约 4 米，墓底长 3 米以上；其他墓葬与随葬器物的种类、多寡与墓葬形制大小相结合，如随葬 1—2 套青铜礼器。

依此划定，这些益阳楚墓身份、等级较高者，被定为甲类，《益阳楚墓》收录的 653 座中，此类墓有 25 座。这当中，保存有棺椁的仅 6 座，最大的一座，在益阳市资阳区李昌港乡长塘村的木子山（今属益阳市资阳区新桥河镇凤凰坝村）。

归纳起来，这些甲类墓的基本特点如下。

1. 墓口在 4.5 米以上，墓底在 3 米以上，墓深在 2—4 米不等。

2. 墓道有一至两级台阶，宽 40—60 厘米，高 40—120 厘米。

3. 随葬陶礼器，中早期楚墓，有 2—3 套鼎，或 1 鼎 1 敦等仿铜陶礼器；晚期楚墓，一般有 1—2 套鼎。

4. 青铜器，中早期楚墓，以铜剑及戈矛等为主，数量单一；晚期楚墓，铜剑一般为标配，间有铜鼎，或有戈或戈镈 2 件以上，有矛 2 件或其他兵器（如匕首、箭镞）。

《益阳楚墓》收入乙类墓有 172 座，它们墓葬形制较小，但出土铜鼎、铜壶和陶礼器；有些形制较大，出 1—2 套仿铜礼器，或几件日用陶器，不过陶器组合较全。[①] 丙类、丁类墓，规格更低，一般只有少量的几件陶器出土。但从全部发掘的 2000 余座楚墓看，其余部分，属于甲类墓规格标准的，也就在 20 座上下。乙类墓数量稍多一些，百余座，占比最大的，是等级不高的丙类、丁类墓，它们要占到全部楚墓的七八成。这说明，益阳的楚人社会，生活水平比较落后，经济状况远比不上江陵核心区的发达和繁荣。

---

① 益阳市文物管理处、益阳市博物馆：《益阳楚墓》，文物出版社 2008 年版，第 22 页。

（四）楚墓例举卜冥主

1. 李昌港楚墓例举

编号：M642（原 1999 年资阳区李昌港长塘村木子山 M1）

墓葬位于益阳市资阳区新桥河镇虎形山（原李昌港乡长塘村木子山），南临资水，该墓已遭到严重破坏。墓口、台阶根据残存部分复原，棺椁根据棺椁板复原。

墓口长 8.7 米，宽 7.1 米，残深 2.72 米。墓坑四壁设二级台阶。墓上至第一级台阶残深 2.6 米，台阶宽 0.76 米，往下 1.8 米处为第二级台阶，台阶宽 0.68 米。墓底长 5.3 米，宽 3.7 米。第二级台阶至墓底深 3.76 米。墓坑填土为洗沙土夹五花土，均夯实。根据残存在墓壁的痕迹推断，墓底有青色膏泥，厚约 2.4 米。

棺椁结构：椁长 4.4 米，宽 2.85 米，高 1.6 米。由盖板、壁板、挡板、底板、垫木组成。

椁壁板、挡板每边均由 2 块木板拼成。内外棺均为平底盒状长方形。人骨架已腐烂，葬式不明。随葬器物置于头箱与边箱内。

解析：此墓在益阳楚墓中地位较特殊。主要表现在：①随葬品几乎一无所获。因为在当时的基建现场，历经野蛮施工以后，大型机械已将封土和墓道等碾压殆尽，墓葬的原始形态不复存在，甚至不排除早有盗墓者光顾过。虽零星出土过一些陶器碎片，但承载的历史信息量极少，无法确定楚墓的年代。②此墓的规格和形制有令人惊叹之处。墓室和棺椁体量之大，葬具材质之讲究和制作之精良，墓坑和墓道耗费人力物力之多，其余楚墓无出其右，其规格，堪称益阳楚墓之最。在不考虑僭越因素前提下，如此大兴土木的墓葬，只有益阳县尹的身份才配得上。③青膏泥大量使用，密封规格之高，足显墓主地位之尊和身份之不凡。厚约 2.4 米的青膏泥，这在益阳其他楚墓中是前所未有的。④此墓出现在靠近爱屋湾遗址的虎形山，而爱屋湾遗址被认为是一座楚国方城，所以墓主的身份不能不与这座方城形成某种对应关系，即墓主很可能是一位诸如楚国县尹之类首长级人物。

2. 黄泥湖楚墓例举

编号：**130**

墓葬描述：方向：273°，口：590 厘米×540 厘米，底：412 厘米×258—490 厘米，白膏泥 20 厘米×30 厘米。斜坡墓道，坡度 16°，480 厘米×204—220 厘米，距墓底 204 厘米；墓口有一级台阶，宽 54—64 厘米，高 60 厘米，残存椁底板、枕木。

出土器物：

陶器：鼎 B 型 II 式 2，敦 2，壶 Ba 型 II 式 2，小口鼎 1，盉 1，豆 2，盘 B 型 I 式 1，匜 A 型 I 式 1。

其他：铜鼎 1，剑 Aa 型 1，戈 A 型 1、戈 1，矛 B 型 2，戈镈 A 型 II 式 1，矛镦 2，箭镞 1。①

解析：墓朝正东向。经分析判定，出土器物及葬式为战国晚期早段，时间在约公元前 300 年，墓主是一个有职位的军队将领，属于中级以上军官。从陪葬盉、盘和匜等专供访客洗手器物考察，行沃盥之礼，此人非显即贵，说明在世时他当是一位谦谦有礼之人，颇具绅士风度。

编号：**2**

墓葬描述：方向：190°，口：485 厘米×150—335 厘米，底：300 厘米×150—250 厘米，白膏泥 20 厘米×30 厘米。墓口有一级台阶，宽 30—60 厘米，高 60 厘米。

---

① 湖南省文物考古研究所：《益阳黄泥湖楚墓》（中），文物出版社 2017 年版，第 613 页。

出土器物：

陶器：仿铜陶礼器。鼎 B 型 Ⅳ 式 2，敦 C 型 Ⅳ 式 2，壶 Bb 型 Ⅳ 式 2，盘 B 型 Ⅳ 式 1，勺 A 型 Ⅲ 式 1，匜 B 型 Ⅲ 式 1，匕 B 型 Ⅵ 式 1。

其他：铜剑 C 型 1。[①]

解析：此墓属于楚秦交替时期的楚墓，带一些秦文化元素。至少说明是秦灭楚征服洞庭湖地区之后的墓葬。

尤其值得一提的是，铜剑为扁茎剑，通长 24.3 厘米，茎长 5.8 厘米，身宽 3.6 厘米，是一把标准的越式剑。

佩剑是春秋战国时期个人身份和社会地位的象征。剑的形态和属性，透露出诸多个人信息，比如国家归属、时代风尚和个性喜好等。一般而言，楚人配楚剑。从佩剑种类可知，他与土著越人联系密切，可能有越人血统。从陪葬器物推测，他应当是楚国治下的一位土著越人的贵族阶层成员。

而从墓葬规格考察，这显然不是平民墓，平民墓不可能有如此丰富的陪葬器物，也不可能修建高规格的墓道；当然也不是普通军士墓，因为陪葬器物均是生活器物的礼器，说明它应该也只能是一座贵族墓。

所以综合比较，墓主人是在秦灭楚之后的一位本土越人贵族，择地资江岸边的水曲山环之地栖身，他应该在当地享有一定的威望。

编号：8

墓葬描述：方向：200°，口：468 厘米×465—105 厘米，底：312 厘米×240—490 厘米。封口残高 105 厘米，直径 1200 厘米；斜坡墓道，坡度 16°，600 厘米×195—210 厘米，距墓底 280 厘米；墓口一级有台阶，宽 52—64 厘米，高 64 厘米，残存椁底板 4 块及枕木。

出土器物：

---

① 湖南省文物考古研究所：《益阳黄泥湖楚墓》（中），文物出版社 2017 年版，第 612 页。

陶器：鼎2，敦2，壶2。

其他：铜剑B型1，戈A型1、戈1，矛B型2。①

解析：此墓的斜坡墓道为16°，墓道的台阶宽度、高度，与编号2的楚墓大致相仿，应是同一时期的墓葬。但从墓的规格考察，其等级要低于前者。经分析比较，出土器物及葬式为战国晚期早段，时间大致定在公元前300年。从陪葬器物看，墓主可能仅是一个中级军官，此墓当视作有一定规格的军士墓。

编号：75（乙组A类墓）

墓葬描述：方向：283°，口：595厘米×470厘米，底：320厘米×190—（残）410厘米。斜坡墓道有两级台阶，宽40—60厘米，高46—110厘米。

出土器物：

陶器：鼎1，敦1，壶1，高柄豆Bb型Ⅰ式1，矮柄豆1、豆1，盘F型1，勺1，匕B型Ⅵ式1。

其他：铜剑Aa型1，矛2。②

解析：此墓被划为乙组的A类墓。时间是秦楚之交，其中秦文化元素较多。墓的规格不算低，占地面积大，修有两级台阶，说明墓主人的身份较高；而丰富的陪葬器物，主要是日常生活类礼器，说明墓主不是军人，而是一个当地贵族或官员。当然，也可以联想到秦灭楚或者秦朝建立以后，人们放下刀剑，甚至化剑为犁，社会远离了动荡，进入一个相对平和的时期。

编号：100（乙组A类墓）

墓葬描述：方向：265°，口：540厘米×420厘米，底：330厘米×200—（残）400厘米。墓道口有一级台阶，宽52—60厘米，高120厘米。

① 湖南省文物考古研究所：《益阳黄泥湖楚墓》（中），文物出版社2017年版，第612页。
② 湖南省文物考古研究所：《益阳黄泥湖楚墓》（中），文物出版社2017年版，第621页。

出土器物：

陶器：鼎 A 型 I 式 1，敦 1，壶 1，高柄豆 A 型 I 式 2。

其他：铜剑 B 型 1，戈 A 型 2，戈镈 A 型 I 式 1、A 型 1、B 型 1，箭镞 1。[1]

解析：此墓坐落于资江河岸，正向朝北。从葬式和出土器物等分析，考古专家判定此墓为战国中期的军士墓。此墓在黄泥湖楚墓群中时序最早，墓主可能是楚国南征的开拓者。在百越之地，由于物资匮乏，开发较晚，交通又极不便利，故早期的益阳楚墓，一般陪葬物很少且规格不高，多以仿铜的陶礼器为主。而且，楚人开拓蛮夷之地，少不了征伐所用的兵器陪葬。综上所述，此墓显然是军士墓，墓主所持有的一柄铜剑，长 51.4 厘米，可能并非用于指挥，而是解决近战砍杀之需。墓主虽是中级以上军官，但墓的规格要远低于爱屋湾遗址一带的同期楚墓。

编号：105（乙组 A 类墓）

墓葬描述：方向：280°，口：542 厘米×460 厘米，底：300 厘米×200—330 厘米。墓道口有一级台阶，宽 54—70 厘米，高 70 厘米。

出土器物：

陶器：鼎 1，敦 1，壶 1。

其他：铜剑 D 型 1，戈 A 型 1、B 型 1，戈 B 型 1、C 型 1。[2]

解析：此墓是一座军士墓。时间在战国晚期的秦楚之交，即约公元前 240 年。陪葬兵器种类齐全，可能为一名骁勇善战的军官所有。

编号：666（乙组 A 类墓）

墓葬描述：方向：110°，口：560 厘米×500 厘米，底：300 厘米×180—

---

[1] 湖南省文物考古研究所：《益阳黄泥湖楚墓》（中），文物出版社 2017 年版，第 622 页。
[2] 湖南省文物考古研究所：《益阳黄泥湖楚墓》（中），文物出版社 2017 年版，第 622 页。

（残）420厘米。斜坡墓道，坡度38°，长180厘米×200—230厘米，距墓底190厘米；墓口有一级台阶，宽80厘米，残高40厘米。

出土器物：

陶器：鼎1，敦D型Ⅱ式1，壶1。

其他：铜剑Aa型1，戈A型1、B型1，矛B型2。[①]

解析：此墓属战国晚期晚段楚墓，具体时间在公元前260年前后。此一时期，正值秦楚大战结束才十余年。秦军扫荡黔中和百越之地以后，楚国"洞庭五渚"失手，洞庭湖周边出现"江旁十五邑"。楚国军队后来一度收复了失地，但留在楚国版图而远离东迁"郢都"的益阳，便逐渐沦为边陲之地。这是一处鞭长莫及的飞地，名义归楚国管辖，实际处于自生自灭状态。此后数十年里，不断沼泽化的生存环境，日渐缩减的物产，多元的部族群体，共同的地缘心理，为益阳境内的百越族群追求自主治理提供了便利和契机。同时，地僻人稀的广袤之地，也吸引着大量人口的涌入，如巴人宗族、楚人社会、汉人群体等，这些成建制迁入的人口，与越人、濮人和苗裔等百越族群因为土地和山林产生各种冲突、纷争，导致治安恶化，局势动荡。于是，因人地矛盾紧张和族群割据膨胀，促使社会管制迫切性增强，导致军事值守与警戒任务加重。这为后来"梅山蛮""千年王化不至"的盘踞统辖提供了条件。墓主的铜剑，是一把青绿色的双箍剑，菱形，铜剑通长66.8厘米，身长55.9厘米，茎长10.9厘米，身宽4.6厘米。这把剑，从其用途考察，不是用于指挥，而是用于实战。

编号：471（乙组A类墓）

墓葬描述：方向：41°，口：460厘米×380厘米，底：308厘米×210—375厘米。墓口有一级台阶，宽40—50厘米，高95厘米。

---

① 湖南省文物考古研究所：《益阳黄泥湖楚墓》（中），文物出版社2017年版，第629页。

出土器物：

陶器：鼎1，壶1。

其他：铜剑Aa型1，戈A型2，矛B型2。[①]

解析：此军士墓，墓主人手持的是灰绿色的双箍剑，铜剑通长42.4厘米，身长34.2厘米，茎长8.2厘米，身宽4.4厘米。

编号：439（乙组A类墓）

墓葬描述：方向：190°，口：550厘米×500厘米，底：320厘米×210—400厘米。墓口有一级台阶，宽64厘米，高120厘米。

出土器物：

陶器：鼎1。

其他：铜剑B型1，匕首A型1。[②]

解析：此墓身份为平民，可能是本土富户乡绅。墓主人持一把灰绿色菱形剑，空首，一字格，标准的楚人用剑，通长45.6厘米，身长37.9厘米，茎长7.7厘米，身宽4.1厘米。

编号：320（丙组A类）

墓葬描述：方向：170°，口：628厘米×528—200厘米，底：365厘米×258—490厘米，距墓底170厘米。墓口有一级台阶，宽64—74厘米，高110厘米。

出土器物：

陶器：盂1，矮柄豆1。[③]

解析：此墓坐落在河岸，朝北，规格大得吓人，可与李昌港木子山楚墓媲美，为黄泥湖楚墓之最。可惜被盗严重，出土的残存器物考古价值不大，

---

① 湖南省文物考古研究所：《益阳黄泥湖楚墓》（中），文物出版社2017年版，第628页。
② 湖南省文物考古研究所：《益阳黄泥湖楚墓》（中），文物出版社2017年版，第627页。
③ 湖南省文物考古研究所：《益阳黄泥湖楚墓》（中），文物出版社2017年版，第642页。

而且墓的时代序列也不明晰。

到目前为止，益阳铁铺岭故城周边，没有出现很有档次的墓葬。那里楚墓数量虽不少，但贵族墓比例偏低，有几组越人家族墓和巴人家族墓，一个是本地的，一个是外来的，都是强宗大姓贵族性质的墓葬。规格和形制，与爱屋湾遗址相比，要略逊一等；与黄泥湖的楚墓比，规格也高不了多少。如果说益阳作为一个楚县存在，而铁铺岭故城又被设为县城，那么，其周边等级偏低的贵族墓少量出现，与其县城身份是不太吻合的，而且楚墓还遵从越墓的葬俗。而黄泥湖遗址发掘大批军士楚墓，其中不乏等级较高者，这就让人猜测，当时的益阳县城，是否设在铁铺岭故城之内呢？通常，军士墓僭越因素很少。依此情形，黄泥湖如此规格的墓主，应该是首长级人物，他会不会是羁縻时期的一位益阳县令呢？

3. 益阳热电厂楚墓例举

编号：183（85 益热 M46）

墓葬描述：方向：266°，口：330 厘米×120—? 厘米，底：320 厘米×110—90 厘米，距墓底 70 厘米。墓口有一级台阶，宽 40—45 厘米，高 134 厘米。长条形壁龛及龛内器物已遭破坏。

出土器物：

铜器：铜罍 1，A I 铜鼎 1，铜簠 1，铜盘 1，铜剑 1，B II a 铜戈 1，铜削 1。

其他：绿灰色铜渣少许，玉管 1，玉片 1，A 型玉环 1，果壳 6。[1]

解析：此墓位于益阳铁铺岭故城附近，1985 年建设陆贾山益阳热电厂时被发掘，为甲类墓，时间在约公元前 500 年。墓主或许是一位被楚人羁縻的越人首领。原因在于，首先，他拥有一个青铜簠，是越式簠，恢宏大气，属

---

[1]　益阳市文物管理处、益阳市博物馆：《益阳楚墓》，文物出版社 2008 年版，第 346 页。

于方国或酋长国级别的青铜礼器。此青铜簠目前收藏于湖南省博物馆。其次，是墓主生活的年代，楚人尚未成建制进入益阳。考古和典籍证实，陆贾山附近的铁铺岭，楚国南征之前是土著越人的一个大型聚落。种种迹象表明，春秋前后，楚人开始来到洞庭地区，不见大举征战，而是采取羁縻方式与百越部落群体进行交往并实行控制，以此来稳定和巩固楚国后方。显然，墓主只能是越人。

除去背景分析，具体看墓葬细节。因为陪葬物多为楚器，且以青铜器居多，种类丰富，制作精良，所以墓主很像是一个归化楚国的越人。但是，他的多数楚器，规格要远低于江陵一带同期的楚墓。这些楚器，是否为楚王赏赐，尚未可知。此外，虽然定性为楚墓，但在葬制上，此墓与楚墓有明显不同。窄坑墓，墓室面积不大，这是百越地区的标准葬制。所以综合研判认为，越地葬式，楚器加持，且器物规格要高出同期越墓不少，尤其出现社会普通成员不可能持有的系列青铜礼器，显然，墓主只会是一位土著越人首领。

4. 益阳羊舞岭楚墓例举

编号：452（92 益羊粮 M18）

墓葬描述：方向：90°，口：428 厘米×290—160 厘米，底：420 厘米×290—440 厘米。椁：308 厘米×168—？厘米，棺：238 厘米×104—？厘米，墓道 370 厘米×150 厘米。

出土器物：

铜器：AⅡ铜鼎 2，AⅡ铜壶 2，铜洗 1，铜鉴 1，BⅠb 铜剑 1，BⅢc 铜戈 2，CⅢ铜戈 2，BⅢb 铜矛 3，AⅢ铜戈簠 1，AⅠ铜樽 1，铜镦 2，错银铜樽柄 1，BⅠb 铜镞 1，BⅡ铜镞 1，CⅥ铜镜 1，铜带钩 1，铜砝码 2，铜天平盘 2，漆奁附环铜铺首 3，小铜环 1，小铜饼 3。

铁器：AⅤ铁剑 2，铁条形器 1。

陶器：陶小熏炉 2。

其他：木俑 3，木琴 1，木残片 1 捆，AⅠ漆耳杯 4，AⅡ漆耳杯 2，漆盒 2，漆勺 1，漆皮甲 1，漆奁 2，AⅠ玉璧 1，玉剑格 1。①

解析：此墓为甲类墓，时间约为公元前 330 年，出土地位于益阳城郊的羊舞岭粮站，离市区有近 10 千米。在羊舞岭附近方圆一两千米范围内，先后发掘过数百座楚墓，较有规格的不下十座。它们均处于益阳铁铺岭故城的外围，具体分布在资江机器厂、益阳农校、羊舞岭、宁家铺等地，是镇守楚国益阳县城乃至楚国洞庭郡的一员员守将的归宿。此墓陪葬器物丰富而齐全，青铜和铁器兼备，规格较高，还有各种兵器陪伴，应该是一位身份比较显赫的将士之墓。

5. 新桥山地域楚墓出土器物例举

匕首

2005 年，新桥河 M25：5，圆首，长扁茎，凹字形格，身无脊。通长 24.3 厘米。② 伴随战国中期陶器出土。与赵家湖（今湖北当阳市河溶镇赵家湖，距楚都纪南城 30 千米）战国中期Ⅲ式匕首相似。③

解析：战国中期，楚人初来乍到，墓主可能就是从江陵拓荒而来的征服者，仅一把匕首在身，没有佩剑相持，可见其身份并不显赫。

铜箭镞

A 型Ⅰ式 10 件。

78 新桥山 M14：5，铤残，关（关是箭头与箭杆的连接部分，可将箭头与插入箭杆的铤连缀起来，比较粗短，有些箭镞只有铤没有关）作圆棍状，

① 益阳市文物管理处、益阳市博物馆：《益阳楚墓》，文物出版社 2008 年版，第 346 页。
② 益阳市文物管理处、益阳市博物馆：《益阳楚墓》，文物出版社 2008 年版。
③ 湖北省宜昌地区博物馆、北京大学考古系：《当阳赵家湖楚墓》，文物出版社 1992 年版。

镞叶四菱形，棱角分明，刃锋利。残长 4 厘米，伴随战国中期陶器出土。

A 型Ⅱ式 9 件。

78 新桥山 M14：6，关、铤圆棍状，叶四菱形，尖锋利。残长 6.5 厘米。

解析：新桥河一带出土的楚墓各式兵器，意义比较特殊。因为其附近有一座楚国时期益阳最早的军营，名叫爱屋湾方城。

案例中，陶器均伴随匕首和铜箭镞等青铜兵器出土，全是楚器，且都指向战国中期。唯一一把扁茎匕首，也是湖北当阳同期的式样，这在益阳楚墓中鲜见。扁茎剑，原属越族的标配兵器，后来濮人加入特色纹饰，便变成濮族的重要兵器品种。而扁茎匕首，应该是从剑嫁接而来，改变了式样；但濮式兵器特点仍然是明显的。这样，人们就有理由相信，这些楚墓的主人，无疑是最早来到益阳的那一拨楚人。如果做更多想象的话，战国中期，一批军人受命，手持各种类型的濮式兵器，到南楚一带开疆拓土。他们选择在新桥河附近的爱屋湾台地建立一座楚方城。驻扎其中的军人，极有可能是来自濮族的雇佣兵，或者是归附于楚人的濮人将领。

（五）透视黄泥湖楚墓群

黄泥湖楚墓遗址，位于益阳市西郊，是益阳电厂的厂址所在。

该遗址地处益阳市与桃江县交界之所，东侧属赫山区会龙山街道，西侧是桃江县桃花江镇。历史上，这里是益阳到安化古驿道的必经之路。遗址位于资水之滨，由一组低缓土岭组成，地势较高。岭下，是由泥沙淤积的冲积洲，离河岸不足 200 米，滩地低洼。山岭与河滩的高差，凸显了山岭的逶迤和突兀，它似乎成了资江南岸一道天然的护岸屏障。

爬上铲平的岭头，置身电厂广场北望，但见江面平阔，江滩水白。秋冬季节，人们甚至可以挽起裤管涉水渡河。南侧水稍深，也不过齐腰而已。下游 500 米处，有一河心沙洲，长约 1000 米，名叫杨家洲。水枯时，踩着卵石，可前往洲上采摘和放牧。明清时，此洲介于新桥河集市与益阳县城

益阳市赫山区黄泥湖楚墓群遗址益阳电厂外景（周立志摄）

之间，走水路，上下各 7.5 千米。

此地离资江北岸的爱屋湾遗址不远，触目可及。离资江南岸的铁铺岭遗址直线距离也就步行两个多小时。离沿河而建、不久前撤并的李昌港乡政府驻地更近，目测距离不足 500 米。其附近有一座古老的尤公庙，相传最早于秦汉时期所建，与黄泥湖楚墓主人所属时代应相去不远。所以，黄泥湖这座大型楚国墓葬遗址，自西向东，正好居于益阳爱屋湾遗址与铁铺岭遗址的中间地带。

I

1997 年，择址于益阳市赫山区黄泥湖乡的益阳火电厂动工修建。为配合电厂基建，湖南省文物考古研究所会同益阳市文物管理处在该工程范围内进行了全面的调查、勘探、发掘。从当年 1 月正式开始，在短短四个月时间，考古人员开挖探沟上千条，初步确定了古墓的分布情况和大体数量。

从 1996 年年末至 1997 年 12 月底，历时 370 余天，从此处遗址共发掘战国时期墓葬 835 座（含无陪葬器物的空墓 233 座），是迄今为止益阳境内单次发掘的一处分布最广、数量最多的战国墓葬群。

黄泥湖楚墓遗址位于丘冈地带，西北临资水江岸，一共有 7 个区域，分

别是仙峰山、飞蛾子山、圆笼山、猴子山、乌龟山、石笼山和乌龟山南侧附山，平均海拔在 60—70 米之间。

其中，以仙峰山楚墓数量最多，分布密度最大，总数达 319 座。其墓葬主要分布在山包的顶部及山坡，呈东北—西南走向，东西通宽约 190 米，南北通长约 163 米，尤以山的北段分布最密集，而且墓葬的规格也较高。

飞蛾子山在仙峰山西侧附近，呈西北—东南走向，发掘楚墓 175 座，墓葬沿山形分布，东西通宽约 192 米，南北通长约 144 米。北部与南部之间有一条间隙带。南部墓葬较北部多，而且规格略高。

圆笼山有楚墓 43 座，分布在东西通宽约 78 米、南北通长约 113 米的范围内；猴子山有楚墓 83 座，分布在东西通宽约 100 米、南北通长约 237 米的范围内；乌龟山只有楚墓 43 座，分布较集中，其东西通宽约 58 米，南北通长约 88 米；石笼山有楚墓 154 座，呈三角形，分布较均匀，其东西通宽约 120 米，南北通长约 220 米；乌龟山南侧附山有楚墓仅 20 座，数量不多、规格不高且分布较零星。[①]

实际上，黄泥湖遗址发掘的楚墓，还不止收入《益阳黄泥湖楚墓》一书的 835 座。在益阳电厂周边，从 1998 年至 2007 年，陆续出土不少楚墓，总数达近千座。在拓宽进厂公路时，不足两百米距离，有十余座楚墓被清理。尤其是 2007 年，在益阳电厂左侧水泥厂基建工地又集中发掘楚墓近百座，出土了不少器物。初步目测的结论是，这批楚墓，与邻近的益阳电厂楚墓属于同一类型，具有某种延续性。目前，上述考古资料正在整理之中。据相关专家推测，黄泥湖沿江一带的楚墓，应该远不止此数。从桃江县大古塘村至赫山区仙峰岭村资江南岸的山岭，尚未发掘的部分，占全部面积的近六成，估计还有大量的楚墓尚未发掘。因此两年前，当地包括农家乐在内的各种基建

---

① 湖南省文物考古研究所：《益阳黄泥湖楚墓》，文物出版社 2017 年版，第 10 页。

项目统统被叫停。

II

黄泥湖楚墓的特点归纳如下。

1. 黄泥湖一带是连绵起伏的浅丘土岭，面积在 4 平方千米左右，土坡高差在 50 余米，具有准台地性质，土质松软，植被茂密，山水相间，环境优美，视线非常好。由于靠近河岸，自古以来，它是益阳通往桃江、安化等湘中地区的必经之地。一条南北向驿道，就在它附近的山坳间蜿蜒穿过。

2. 楚墓墓葬几乎都位于山顶，时间最早溯及战国中期，大多为战国晚期，极少为秦汉之际。

3. 墓葬分布自山顶往山腰扩展，并顺延至山脚，楚墓居上，秦汉墓居下，叠压和打破关系较少。

4. 楚墓前临资江，沿岸线布局优先。

5. 墓葬朝向以北向居多，达 42%，加上西向的，北、西两向的墓葬，要占总数的六成多。除了面朝江水，可能还有其他的顾及和考量。

6. 墓葬遗址附近，有两处重要的军事要塞或古城，一个是北岸的爱屋湾方城遗址，直线距离在 4 千米左右（含过江 1 千米），另一个是南岸的铁铺岭故城遗址，直线距离约 11 千米（实际路径超过 13 千米）。

7. 关于黄泥湖楚墓遗址与爱屋湾楚墓遗址的比较，有分析表明，前者数量众多，延续时间长，以军士、平民墓居多，葬制规格一般，贵族不多；后者数量极少，墓葬的最早和最晚者均有分布，跨越时间要大于前者。就甲类墓的数量而言，黄泥湖遗址有 6 座，可谓百里取一；爱屋湾遗址附近才 3 座，堪称座座不凡。综合研究认为，后者等级远高于前者。在益阳境内已发掘的全部楚墓中，其葬制规格最高，均被定为将士或贵族墓。

III

黄泥湖楚墓当中，按时间估算，最早的楚墓为 M186 号墓。考古专家认为，被编为乙类墓 A 组的 M186 墓，其所出的盂 A 型 I 式，与沅窑（指沅陵县太常乡窑头村，秦代黔中郡遗址）所出的盂 IV 式形态接近。鼎、敦、壶都属于战国中期晚段的器物，即约公元前 330 年。

综合以上对比因素，《益阳黄泥湖楚墓》一书作者认为，M186 号墓葬的时代，应属于战国中期；被编入乙类 B 组的 M251 墓，其时间上限为战国晚期早段，可能已进入公元前 300 年。

益阳市黄泥湖遗址出土的陶器组合

统计表明，在黄泥湖楚墓遗址发掘整理的 835 座楚秦墓葬中，有超过四分之一的墓葬未出土随葬品。[1] 特别是大量空墓的发现，总数达 233 座，让人浮想联翩。据考古发掘亲历者回忆，此类墓葬生土成堆，葬具简陋，只有棺椁，没有随葬品，尸体也早已腐烂不存。这种现象，只有在非正常情况下才会出现，比如战役、瘟疫等。这显然是下葬匆忙、仓促应付、未加厚待所致。此举足以表明，当时确实处于某种应激状态，凭兵器占多的信息，推测可能与战事的吃紧、人力的清运不足等因素有关。如此数量的军士墓成片出现，说明历史上的黄泥湖一带应当离交战之所不会很远，墓葬群周边，必定有规模不小的军事要塞或较大型的军事城堡存在。

结合整个墓葬特点分析，这处延续数百年的楚墓群，应当经历过数不清

① 湖南省文物考古研究所：《益阳黄泥湖楚墓》，文物出版社 2017 年版，第 20 页。

的大小激烈交战，战况狼狈的情形，从墓主人草草下葬的情形看，必定还没少出现过。当然，其战斗规模，从墓葬巨大数量看，也未必太小或微不足道，而且极有可能有南征的楚军将领栖身此地。据蒋作斌主编的《厚土珍藏》一书披露，在当年的考古现场，不止一人见证过金印和兵符等物件的出土，其中，兵符上刻有"令"字的一半。这种将各自一半拼成一个整体，谓之"合符"，这是古代军队执行换防和调动等任务，通关合验唯一可信的凭证。如此兵符执手、号令三军者，理当是驰骋疆场的军队将领。可惜的是，不知何故，此物后来竟然散失了。

三、夺目的南楚器物

（一）盘点楚式青铜器

1. 铜剑

楚人的青铜剑，也有人称其为附身剑，是楚国社会的王公贵族和中下级以上官员的流行风尚物，至少在南楚益阳一带，它成了楚国征服者的一个身份符号。

首先，它具有佩剑装饰之美，是重视仪容仪表的楚国中上层社会的一种礼仪美的呈现。楚人崇尚峨冠博带，但又拒绝大腹便便，所以有"楚王好细腰，宫中多饿死"的审美取向。《墨子·兼爱》曰："昔

益阳市出土的楚式青铜剑

者楚灵王好士细要（腰），故灵王之臣皆以一饭为节，胁息然后带，扶墙然

后起。比期年，朝有黧黑之色。"而长袍袭地的装束，唯有一柄青铜宝剑的加持，才能风度不凡光彩照人。素服佩饰宝剑，一文一武，张弛有度，亦因此，沉稳之中，自有威严和器重。

其次，铜剑是楚人社会地位的象征。楚人自江陵来，是以征服者身份出现，一般有一定的等级和财富，当然也不乏底层成员。那些楚国平民和奴仆，自然是少有佩剑资格的。当时的益阳，百越部落林立，社会进化缓慢，青铜剑并未普及，它还是稀罕之物。而持剑而至的楚人，出入往来之间，无疑能体现某种优越感。其尊贵和殊荣，也能一览无余。

再次，它是护身防身之所需。群蛮杂居，风俗未开，各种文化和利益冲突在所难免；部落之间，人与人之间，社会分化严重，贫富悬殊；加之各部落族群之间语言藩篱高筑，沟通困难，社会关系因此错综复杂。在这样一个管束不严、缺少教化的社会生存，楚人尤其需要一把青铜宝剑，对个体利益与自身安危多加保护和警戒。如此道来，一柄通常不足两尺的护身宝剑，其作用不可谓不大矣。

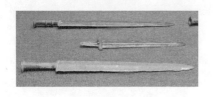

邵阳市出土的楚式青铜剑

战国中晚期的楚墓，无论墓主为贵族或平民，大抵都有剑随葬。下等的平民，即使没有任何礼器，通常也有剑一柄随葬。[①]

据考古发掘统计，青铜兵器剑、戈、矛在益阳楚墓中比较常见，其中，青铜剑基本是楚墓的标配。而此种陪葬兵器，在当时楚国郢都一带的江陵楚墓中，却比较少见。这一多一少似乎透露出某种迹象，那就是作为防身兵器，铜剑在益阳一带的楚人社会之中，是一种必备武器。楚人需要这么一种武器，这也等于间接告诉后人，多民族聚居

① 张正明：《楚史》，湖北教育出版社 1995 年版，第 292 页。

的南楚益阳地域，对族群和基层组织的管制，远非人们想象的那样简单，社会局面未必是和平与安宁的。

2. 铜镜

铜镜最早出现在商代，初为祭祀礼器，后因鉴照容颜，成了人们不可或缺的日常生活用具。不过，春秋战国乃至秦汉，只有诸侯和贵族才配得上享用，民间普及则晚至西汉末。春秋后期，铜镜已日臻成熟，铸造中心也由北向南迁移。战国时，楚国已发展为最重要的铜镜产地，所产铜镜因品种丰富，纹饰精美，制作精良，而饮誉四方，为人们所推崇。

战国四叶八兽连弧铜镜
（益阳市博物馆供图）

兽面镜，想象奇丽，如狐面、鼠耳、长卷尾的怪兽，线条极简，却神情生动。

龙凤纹镜，周沿饰以龙纹，数目不等，二、三、四条均可，但诸龙之间盘曲缠绕，翻滚出入，变化多样，常与菱形、连弧、四叶、凤鸟等纹饰组合，更觉"繁花似锦，令人眼花缭乱"。

战国四花菱形纹铜镜
（益阳市博物馆供图）

此类铜镜，纹饰美观、典雅、秀丽，铸制精美，图案清晰，能给人以赏心悦目之感。

3. 铜玺印

益阳出土的铜玺印，主要分布在铁铺岭和羊舞岭等处，多私印，1厘米见方，边框白文，大多呈方形，圆形也偶见，字体秀雅劲拔，颇具艺术魅力。印纽多柱状，亦有鼻纽、台纽。战国中期墓中，以出土于墓地头部居多，到战国晚期时，多出土于墓身的腰部。据认为，此信物秦汉时曾一度流行，为楚地所崇尚。此一信物在南楚地区大量出土，说明楚人对身份和信誉的重视，体现了平民与士之间交往的平等和频繁。也可窥见，楚国社会的规范化运行，达成了社会关系的包容与和谐。

4. 铜戈篇

南楚地区除铜镜和玺印外，还有一些新的器型出现。譬如在兵器方面，常出现的有戈篇。

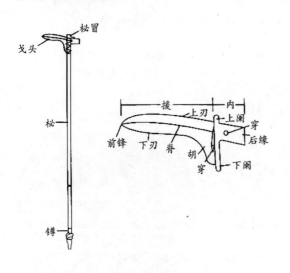

铜戈的结构和名称示意图

说明：

援：两侧带刃横出的尖锋，是戈的主要杀伤部分。

刃：援上下薄锐的边锋，分别称上刃、下刃，主要功用是推搪和钩割。

脊：援中间突起的棱。

内：援后插入戈柲纳柄的部分。

阑：位于援、内之间凸起的棱。

胡：援下刃近阑处下延的弧曲部分。一面为锋刃，一面接阑挡，以用线索固定于柲上。

穿：穿绳缚柄的孔，位于内和胡上。

柲：长木柄，长度不一。《考工记·庐人》云："戈柲六尺有六寸。攻国之兵欲短，守国之兵欲长。"横截面通常是扁圆形，是为了准确掌握援的钩喙方向。

戈𫄙，是戈与木柄结合部之间的构件，以便把戈身固定在戈柲上。最初，戈𫄙这类部件是不存在的。把铜戈与木杆直接穿插和捆扎起来，是一般铜戈的连接方式。这种连接方式紧密度较差，容易造成松动，外表也不美观。

后来，兵器制作工艺不断取得进步，铜戈这种兵器也越来越精美考究，青铜戈与木柄之间，开始出现一种铜制榫卯构件，这就是戈𫄙。戈𫄙的产生，简化了戈的构造，增强了受力部

益阳市出土的战国鸟形铜戈𫄙
（益阳市博物馆供图）

位的刚性，提升了整体感，使戈柄不易松动，且更加耐用，同时，也美化了戈的顶端，起到了很好的装饰效果。

戈𫄙，形状多样，有的为怪兽状，有的作鸟形，有的饰云纹，对造型和纹饰相当讲究。此物在江陵一带鲜见，但长沙周边多见、常见，说明戈𫄙也是南楚地区所铸铜器的特点之一。①

（二）楚人铁器概览

铁器在益阳出土比青铜器少，主因是其地开发较晚，远离钢铁冶炼和制造中心，但各种类型基本都有出现。

《益阳楚墓》一书收纳的 653 座楚墓中，从 89 座楚墓中出土铁器 126 件。其中，生活用具 3 件，主要器型鼎和镶（战时为盏，炊时为锅）各 1 件。生产工具 44 件，有钁（jué）、锸（chā）、锄、斧、铲、刮刀、环首刀和刀等。

---

① 高至喜：《楚文化的南渐》，湖北教育出版社 1996 年版，第 301 页。

镢（用来挖掘土地的农具）、锸、锄大抵每座墓各有1件，都在填土中出土，其余铁器，多分布在墓室的底部。

益阳市出土的战国凹子形铁锸
（益阳市博物馆供图）

统计显示，在生产用具当中，属耕织类的镢与刮刀最多，各6件。镢，俗称锄头，一种刨土农具，为旱地和山地播种之用。刮刀，俗称破篾刀，一般用于竹编类日用生活器具的制作，也可以是匠人的谋生工具，用于生产交易商品。兵器57件，分剑、戈、矛、戟、镞等种类，其中铁剑23件，出土于22座楚墓。剑多配有铜、玉等部件，如铜剑格、玉首。镞数量最多，达30件，从7座墓，主要为一些军士墓中出土。

在黄泥湖电厂遗址约850座楚墓中，共出土铁器12件，其中铁锸5件，铁刮刀2把，铁环1个，其余为不可辨识的残铁器。在罗家嘴楚墓群中，出土铁器5件，铁削1件，铁熏炉1个，还有钢剑3把，墓主当中既有陪葬铁

益阳市出土的晋代铁锄
（益阳市博物馆供图）

削的工匠，也不乏置有铁熏炉之类熏香养生器的西汉乡绅，尤其是那位铁剑持有者，他大概是这个家族里的公差衙仆，地位明显要比家族普通成员高出不少。

统计表明，在益阳近郊19座楚墓中，出土锸5、锛4、六角形锄1、刀1、削4、剑2、镞10、带钩2，共计29件。此外，益阳赫山庙M4、M8，出土斧1、长条形器3（其中2件疑为刮刀），铁器比较丰富，反映的时代也比较晚。研究认为，这些铁器既有生产生活用具，也有兵器和军械，但以生产工具居多。

剑是楚人的随身配饰，西周以来，所持之剑，均是铜剑，为青铜所铸造。战国时期，楚国的钢铁冶炼技术得到突破，楚人将淬炼之钢用于铸剑，大大提升了剑的性能。钢铁比铜料易得，因此使用范围大增，一把把寒光凛冽的钢剑，开始为人们所广泛拥有。战国早期的钢剑，有益阳赫山庙 11 号墓出土的一件，长达 78 厘米。经成分鉴定，金相组织主要是铁素体和珠光体，系用块炼铁反复锻打而成的块炼钢。钢剑取代铜剑，提高了硬度，也更加锋利、轻便，作战效能提升不少。但钢剑容易锈蚀，需经常磨削，维护不如铜剑方便。再说好剑要配好钢，而好钢炼制并不容易，需要经过反复锻打和淬火，手工生产产量上不来，会影响到它的广泛使用。

与钢不同，生铁材料易得，价格又比铜便宜，所以铁器在生产和生活中使用较多，一般用于生活器具和铁农具的制作。

益阳市黄泥湖楚墓遗址出土的铁剑
（益阳市博物馆供图）

随着铁器的普及，在益阳，铁削就逐渐取代了铜削。铜削本是一种用来破篾和刮篾的专用工具，也称铜刮刀。铁刮刀与铜刮刀比，前者更锋利，更轻便，也更经济实用。

但是，铁器也带给人们不少烦恼。由于铁器容易锈蚀和腐烂，所以更替间隔较短，过不了多久，就得重新铸造。时间和空气，均是铁器最大的天敌。因为时代久远，在南方酸性土壤中，古代铁器能够完整保存下来的不多，更多的是被锈蚀殆尽了。这也是人们在古墓中不能更多见到它真容的一个重要原因。

战国时期，楚国铁剑以坚利异常而著称于世。

在《史记·范雎蔡泽列传》中，秦昭王曾称颂道："吾闻楚之铁剑利而倡优拙。"言外之意是，楚国的铁剑远比宫中的那些倡优出名得多。其实，楚国的倡优也未必是秦王说的那么不堪，只是与楚国铁剑相比，倡优要占下风而已。

《荀子·议兵》载："楚人鲛革、犀兕以为甲，鞈如金石；宛钜铁鈰，惨如蜂虿；轻利僄遨，卒如飘风，然而兵殆于垂沙（今河南省唐河县西南），唐蔑①死，庄蹻②（qiáo）起，楚分而为三四。是岂无坚甲利兵也哉？其所以统之者非其道故也。汝、颍以为险，江、汉以为池，限之以邓林，缘之以方城，然而秦师至而鄢、郢举，若振槁然。"

铁鈰（shī，古同"铊"，矛）者，铁矛也。在荀子的描述中，楚国城池是被铁矛组成的丛林所守护，铁器在驻守和防御方面发挥的作用可见一斑。

《汉书·西南夷两粤朝鲜传》记载："高后时，有司请禁粤关市铁器。佗曰：'高皇帝立我，通使物，今高后听谗臣，别异蛮夷，隔（隔）绝器物，此必长沙王计……'于是佗乃自尊号为南武王，发兵攻长沙边，败数县矣。"

由此得知，西汉初年，南越国所获铁器，仍离不开从长沙国输入，而且需要量相当大，否则，赵佗这位南越王不会因朝廷颁布"禁粤关市铁器"政令而发动一场大规模战争。毫无疑问，作为一种战略物资，铁器在国计民生方面发挥的作用是无可替代的。这些年，广东省始兴县白石坪遗址、广州市增城区西瓜岭遗址先后发掘楚式铁器 6 件，特别是南越国都城广州附近的系列南越王墓、淘金坑墓群及广西壮族自治区贵县（今贵港市）罗泊湾墓等遗址，出土铁器总计达 410 件之多。③ 上述铁质器物的大量呈现，便能充分说明岭南地域对南楚铁器依赖程度之深。

---

① 唐蔑（？—前301年），一作唐昧，战国时楚国将领。楚怀王二十八年（前301年），齐、魏、韩联兵伐楚，唐蔑在垂沙大战中兵败被杀。庄蹻乘机发动起义，攻下郢都，楚国此后出现四分五裂的局面。
② 庄蹻（？—前256年），战国时期反楚起事领袖和楚国将军，楚庄王之苗裔。他平生干了两件大事：一是反楚起事，二是入滇。
③ 参见黄展岳《南越国出土铁器的初步考察》，载《考古》1996年第3期，第51—60页。

（三）玻璃和玻璃璧大观

玉璧是新石器时代红山文化的代表性器物，也是华夏民族赋予其精神信仰、审美心理和人格魅力的附身宝贝。而玻璃璧，是楚国的一种玻璃制品，也是人工合成的一种仿玉。这种玉璧式样的玻璃器物，人们在它身上赋予与玉石相同的情感、态度、价值

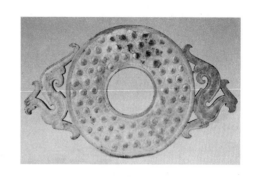

双龙玉璧

和文化内涵。玉和仿玉，在楚人看来，皆体现了人们的现实需要和精神追求，成为一个时代生存状况的标高。

1. 玻璃璧

玻璃璧，又称琉璃璧，一种圆形扁平体，中心有圆孔，颜色以浅绿、乳白、米黄色居多，也有少量深绿色出现。纹饰，主要是谷粒纹、云纹和弦纹。所谓谷纹，就是密集的小乳钉纹。此处的谷不是南方常见的稻谷，而是俗称小米的粟，同样属五谷之一。适合刀耕火种的粟米，当时在广种薄收的江南山丘区，它即便不是主粮，也算是相当重要的辅粮。

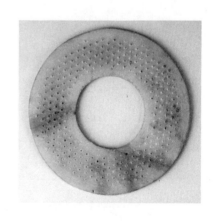

谷纹玉璧

在南楚战国楚墓中，玻璃璧是最有特点的随葬器物之一，数量多，分布广。考古发掘表明，每墓只出一件，而且都出土于墓地头部，在发掘过程中，有不少还倒立在土中。高至喜认为，这些玻璃璧，多数情况下做装饰物使用，

原来应该是嵌在棺挡（棺挡，即挡板，是指棺椁靠头和脚两端的木板，棺椁由盖板、壁板、挡板、底板、垫木等构件组成）上的，有的可能置于墓主头部，从战国开始，这种葬式一直得以延续，在西汉墓中还可以找到证据。

2. 南楚玻璃

南楚地区曾是楚国玻璃制造业最为发达的地区。长沙、益阳一带，为数不少的出土实物可以说明这一点。除此之外，玻璃璧仅在安徽极少量出土，福建闽侯的庄边山遗址也发掘过一件。

总体看来，益阳楚墓出土的玻璃器，形制和纹饰与长沙楚墓基本一致，比例也差不多大。益阳与省内外其他地区最大的差别在于品种，就是益阳出土的玻璃璧数量最多。《益阳楚墓》一书收录的653座楚墓，玻璃璧就出土了35件（琉璃器49件，从43座楚墓出土），这个比例，与长沙2000座楚墓出土同类器物97件不相上下。还有一个就是，玻璃璧多出土于小型平民墓。这可以解释当时这种仿玉似乎已得到大众化普及这一现象。在以军士墓为主的益阳黄泥湖楚墓遗址，玻璃器总共出土11件，其中玻璃璧3件。据此推测，当时玻璃璧作为生活装饰用具已开始流行开来，但贵族阶层，玉石佩戴依然是主流，对它的使用，军队可能也实行了相应的约束和管制。而在益阳罗家嘴楚汉墓遗址，49座楚秦墓中，玻璃器出土4件，其中玻璃璧3件，水晶1件，另有滑石璧10件。在罗家嘴这个封闭、偏僻和穷困的家族村落，玉石缺席，仿玉制品数量不大，远不能满足需要，而囿于葬俗，故而只能用石头打造类玉冥器。这等于告诉我们，玻璃器仍是一种高档货，当时人们的生活远非想象的那样富足和宽裕。此外，在百越部落社会，如桃江县腰子仑越墓，仅有数量不多的玉器制品被发掘，玻璃璧之类仿玉制品未见。这可能与他们的风尚有关，也可能是由于生活圈子封闭，原料获取困难，以及玻璃器加工技术欠缺。

某个地区玻璃制造业特别发达，分析起来有两个主要因素。一是社会基础，有广泛的需求；二是产地和工艺，有丰富的原料和精良的制造工艺。只有二者具备，才可能发育成为玻璃制造业的集中区，而南楚地区，二者均符合条件。

玻璃的流行，是玉器文化的延续和传承。

《周礼·大宗伯》记载："以苍璧礼

益阳楚墓出土的深绿色谷纹琉璃小环
（益阳市博物馆供图）

天。"祭祀苍天，是人们祈求丰收的最高礼仪，因为万物生长，始终离不开阳光雨露的恩泽，上苍所赐予的一切，是人们获取食物赖以生存的前提。按照高至喜的理解，用苍璧祭祀天神，说明在商周时期，"它已是很重要的礼仪用器或宝物"。其实，玉璧早在新石器时代就已出现，崇玉尚玉观念开始流行。红山文化和良渚文化被称为中国古代两大玉文化中心。从内蒙古赤峰市的红山文化遗址中，考古人员发现了种类繁多且造型不一的大量玉器。当时人们通过磨制加工，掌握了较高的玉雕工艺，制作出诸如中华玉龙、猪龙形玦、玉龟、玉鸟、兽形玉、箍形器、棒形玉等精美玉器，其中的龙和豕，是以最早的图腾崇拜物呈现在玉器之上的。古人将这些玉器作为祭祀天地神鬼的通灵宝物，用以除煞避邪、怡养性情和美化生活。

对于华夏先民，玉器制品从祭祀渗透到日常生活，方兴未艾的玉石文化也因此历久弥新。到春秋战国时，佩玉用玉之风盛行。被视为美丽、智慧与正义化身的玉石器物，已积淀成一种传统文化和审美心理，彰显着人们的精神特质和人格魅力。

但是，玉石毕竟是稀缺之物，是矿石之中的宝贝，它的珍贵性，决定了

益阳西汉墓出土的滑石璧

它使用范围的狭窄和拥有人群的数量极少。

那么，从玉石到玻璃的角色转变，又是怎样体现社会的演变和时代的进步的呢？

有三点催生了玻璃制品在楚国南部包括益阳在内的洞庭湖地区的流行和普及。

一是玉石佩戴的平民化。随着社会进步，平民的用玉需求大增，所以仿玉制品出现成为一种历史必然。"苔花如米小，也学牡丹开。"王公贵族中早已风行玉器饰品，带动了平民百姓的追逐和模仿，具有玉石质感和色泽的玻璃饰品，因此成为楚国社会特别是平民阶层的从众之选。

二是玉石资源稀少且有限，决定了它的贵重且不可多得，资源少和成品需求量大之间的矛盾由此产生。处于江南丘陵的湖南地域，玉石资源藏量极少，而此地"崇巫尚鬼"风行，祭祀活动的大量开展，更是放大了玉石饰品除邪避煞的神奇功用，这样，也催生了玻璃器这种仿玉代用品的大众化和大范围使用。

三是南楚地区的玻璃，形状独特，质地优良，制作精细，堪比美玉，是很理想的代玉制品。说它是玻璃，它没有玻璃的通透；说它是玉，它并不来自天然，没有吸附日月山川的灵气，不过是一种人工烧结品。但它有一定的通透感，也不缺水色，具有玉的纹理和质感，观感与玉几乎毫无二致。比如，乳白色的玻璃璧，与羊脂玉类似，深绿色的玻璃璧，像碧玉那般细腻温润。

它之所以表现出众，主要是二氧化硅原料的成分发挥了作用。制作玻璃离不开石英，而号称"有色金属之乡"的湖南地域，不仅石英分布广，储量丰富，品位高，原料成分中还常常含有钡、铅等矿物。此种含钡石英经烧结后，就变成一种独特的含钡玻璃。20世纪80年代，美国康宁公司出具的研究报告显示，正是基于"钡在玻璃中产生了一定的乳浊度"，玻璃在光泽不变的状况下透明度降低，如注入了乳脂一般，表现出玉石的诸多性状，故而"以假乱真"，成为玉石的替代品。

长沙和益阳周边，以及株洲、湘潭等地，产含铁量低、储量大的石英砂（SiO_2），沅陵、新化等地，产重晶石（$BaSO_4$），临湘、安化等地，分布有规模较大的铅锌矿，这样，丰富的原料供给，为江南地区大量生产玻璃制品提供了优势和便利。

3. 玻璃珠

益阳楚墓出土的系列"蜻蜓眼"玻璃珠
（益阳市博物馆供图）

玻璃珠，是战国时期南楚一带的流行之物，大多呈圆球形，中有穿孔，即所谓"蜻蜓眼"，为贵族和富人阶层所持有。此物一般饰以同心圆或偏心圆的纹路，蓝白相间的居多，也有见黄圈的。"蜻蜓眼"的小蓝点或小白点彼此浸润，相连成菱形纹饰，煞是好看。

除供穿戴外，玻璃珠还用在装饰楚剑上，成为一种通用玻璃配件。通常，剑饰分为剑首、剑珥（ěr，用珠子或玉石做的耳环）和剑珌（bì，刀鞘、剑鞘下端的饰物）三部分。剑首就是剑柄上镶嵌玻璃饰品，饰之则光彩夺目，颇具威仪；剑珥是穿皮带所用，位于剑鞘中部靠首端处，如侧视的双耳一般，故名。楚人最爱剑，随身佩戴，而剑珥所体现出的情趣、韵律和品位，似乎是楚人把玩不已和显摆的重要原因，因而，它便俨然成了人与剑之间的一种心灵互语；剑珌则是剑鞘尾端的装饰，此类玻璃剑珌，仅在益阳市赫山庙的4号楚墓中出现过1件，其断面为菱形，平面呈梯形，饰以时尚的谷纹。①

早在西周时期，中国北方地区就出土了早期琉璃珠饰品，由高含量二氧化硅（SiO_2）烧结，含有大量晶态石英黏合物，品质并不纯净，国外古罗马时期称为费昂斯（faience），翻译过来，是"彩瓷"或"精巧彩色陶器"之意，并不是完全意义上的玻璃制品。春秋中晚期（前六世纪中叶前后），楚国贵族墓中开始出现"料珠"，这还只是一种呈现玻璃面貌的已烧结石英珠。但在整个南楚地区，均未发现有类似玻璃器物出土。

最早出土玻璃珠的，是河南省固始县侯古堆大墓。该墓出土了楚国第一颗"蜻蜓眼"玻璃珠。此物属于钠钙玻璃。特别值得关注的是，其"蜻蜓眼"上的纹饰，国内找不到渊源，也与中国人的审美习惯不相吻合。研究显示，早在公元前15—前10世纪，在埃及和两河流域，流行这种"蜻蜓眼"式的玻璃珠项链。历史上，从楚国黔中郡的酉水及其支流，先水路再改成陆路，可以经贵州抵达云南，然后在横断山脉的崇山峻岭中穿越，正所谓"未晚先投宿，鸡鸣早看天"，历时半月有余，从云贵高原西北部到达印度东北

① 高至喜：《楚文化的南渐》，湖北教育出版社1996年版，第312页。

部，随后抵达南亚和西亚各地。印度孔雀王朝宰相考底利耶①在一本《政事论》的著作里，曾留下有丝制品抵运摩揭陀国那富丽王宫之中的记载，证实从楚国到印度，有这么一条贸易线路的存在。由此可见，楚国的玻璃制品及相关的制造技术，应当且只能来自上述地区。

而吴越地区出土的玻璃珠及制造技术，则是经中南半岛进入南越和百越地区，从陆路和水陆到达长江下游和东部沿海。越王夫差宝剑上的玻璃饰品，经检测为钠钙玻璃。这种钠钙系的玻璃，它不属于中国本土，只能来自西亚或地中海沿岸地区，其来源足以证明上述推断的可信。

发现于湖北随州的曾侯乙墓遗址，其出土文物曾令世人惊艳不已。这是一代曾国国君的归葬之地，不仅出土了精美绝伦的国宝乐器编钟，还发掘了174颗"蜻蜓眼"式玻璃珠。这些战国早期的玻璃珠，在楚地前所未见。它同样属于非中土谱系的钠钙玻璃。这说明，玻璃珠这类装饰品，当时的楚国王公贵族全靠外国输入而得，并逐渐成为这个阶层的时尚流行之物。

楚国其他地区的玻璃珠随葬品，包括长沙、衡阳、资兴等地，其成分都属铅钡系玻璃，为楚国对外输玻璃器的技术引进和改良所得，是本土玻璃制品。如果细致观察，从璧、剑首、剑珥、剑珌、印等器型，及其刻画的谷纹、云纹、柿蒂纹、蟠螭纹、兽面纹等纹饰和印上的楚文字，都能看到中国传统器型和纹饰的印迹。这进一步证实，这些玻璃制品只能是包括益阳在内的南楚地区所制作生产的。

在益阳出土的楚墓中，只有士及以上的楚国贵族阶层才有条件和资格用玻璃去装饰他们那把心仪的佩剑，从世间一直守护到墓底。

《益阳楚墓》所记录的653座楚墓，从43座楚墓中出土琉璃器49件，主

---

① 考底利耶（Kautilya，前370—前283），又译阇那迦、商那间，古印度政治家，哲学家，摩揭陀国孔雀王朝大臣，擅长权谋，为古印度处理国际关系留下系统性原则和策略，后人称之"印度的马基雅维利"。

要分布在赫山庙、桃花仑和羊舞岭一带，是家族性楚墓的陪葬品。它们从战国中期一直延续至战国末年。黄泥湖电厂遗址经整理的 835 座楚墓，共出土玻璃璧 1 件，玻璃珠 6 件，其中丙类墓 3 件，甲类墓 2 件。它反映了某个社会现象，就是不管贫穷富贵或等级高低，玻璃珠这种料器在楚人社会中似乎得到一定程度的普及。

（四）精彩纷呈的漆器

历史上，中国最古老的漆器是河姆渡遗址出土的木胎朱漆碗，距今有六七千年历史。商周时代有所发展，已用色漆和雕刻来装饰器物，并以松石、螺钿、蚌泡等作镶嵌花纹。战国时期，髹漆技艺日臻成熟，用途相当广泛，无论是制漆工艺，还是髹漆技法，都发展到鼎盛时期，其中，以楚国漆器的成就最大，声誉最高。

楚式漆器

楚国漆器色彩艳丽，纹饰丰富。楚国工匠在半透明的漆中调入不同的矿物，可以制成多种颜色的漆。如加入氢氧化铁可得黑色，加入石黄可得黄色，加入辰砂可得朱色，加入次硝酸铋和纯强盐酸，可得白色。[①] 楚人充分运用漆的调色功能，使漆器的颜色丰富多彩。

楚人的漆器主要有三种质地。一种是以麻布为胎骨，称作夹纻胎器；一种是以丝线捆束若干细竹片为胎骨，称作积竹胎器；一种是口沿上镶嵌金属铜，好像漆器戴了铜箍，称作扣（套住或勒住的意思）器。而后两种

---

① 参见沈福文：《漆器工艺技术资料简要》，载《文物参考资料》1957 年第 7 期。

楚器——积竹胎器和扣器，其实物是目前所有考古发掘中保存得最好的漆器。

　　楚人的漆器，用途非常广泛，涉及生产生活的方方面面，几乎无所不包。居家的床、几案、门、案板、菜板等，上等人家均可上漆。容器类包括竹笥、木箱、木盒、镜奁、珠宝匣及各种材质的酒器和酒具。卧具有头枕、竹席，妆具有梳篦、簪子等，装饰物有木球、木鱼、木璧、木鹿、怪兽、骰子。乐器有琴瑟、笙箫、鼓角、钟磬。兵器有甲盾、弓弩、剑套、剑柄、箭杆、矢箙（fú，箭袋）等。葬具有棺椁、墓俑、镇墓兽、灵床、飞廉（亦作蜚廉，是中国古代神话中的神兽，文献称飞廉是鸟身鹿头或者鸟

益阳楚墓出土的 87 齿漆木篦
（益阳市博物馆供图）

头鹿身，秦人的先祖之一为飞廉）。杂器有匕首、汤勺、绕线棒、手杖、扇子。此外，还有建筑上和车船上的髹漆构件。当然，一些陶器和铜器，也都可以成为髹漆的加工对象，以利保存和美化装饰之用。

　　楚国漆器，黑底红彩，是它的基本色彩组合。此外，还有黄、白、紫、褐、绿、蓝、金、银等各种色彩的油漆，也为楚国工匠所喜好。高至喜认为，在包括益阳在内的南楚一带，髹漆的楚器，一般是黑地或褐地绘花，常见的彩漆有朱、黄、白、金等色，对比十分强烈。①

　　《益阳楚墓》一书收入楚墓 653 座，共录得漆器 45 件，其中较完好者有32 件。这些相对完好的漆器，集中于 9 座楚墓发掘出土，它们都是一些等级较高的墓葬，分布在市内赫山庙、陆贾山和市郊龙光桥一带。其中漆器最丰

①　高至喜：《楚文化的南渐》，湖北教育出版社 1996 年版，第 310 页。

富、规格最豪奢的，莫过于羊舞岭天子坟砖厂出土的一座早期楚人墓，它当为战国中期初来乍到的一位军功守将所拥有。令人不解的是，黄泥湖电厂遗址850座楚墓，竟无一件漆器文物出土，罗家嘴49座楚墓，也无类似漆器现身。初步分析表明，这个空白的产生，可能与墓主人的职业有某种关联。黄泥湖楚墓是军士墓区，可能服务于附近的某个大型城堡或军营；而罗家嘴楚墓，则与这个家族村落贫困的生活面貌有显著联系。

（五）璀璨的益阳窖金

益阳地处荆州之南，自古产金，各种典籍均有记载。

《韩非子·内储说上》曰："荆南之地，丽水之中生金。"

在《续汉书·郡国志》中，刘昭注引《荆州记》曰："县南十里有平冈，冈有金井数百，浅者四五尺，深者不可测。俗传曰有金，人以杖撞地，辄便成井。"

益阳市出土的"狗头金"金块

北魏郦道元《水经注·资水》云："又东北过益阳县北……水南十里，有井数百口，浅者四五尺，或三五丈，深者亦不测其深。古老相传：昔人以杖撞地，辄便成井；或云古人采金沙处，莫详其实也。"

益阳有着独特的地理地质条件，其南郊是一片古火山岩区，恰好位于湘中雪峰山隆起与洞庭凹陷湖盆的结合带，地质时代，伴随着地壳的剧烈运动，丰富的块金便凝结富集在俗称洗砂土的细碧玄武岩中。益阳金井，就在这样的地质地理环境之中被开采出来。这种井金是自然形成的生金，不同于矿金与河砂金，当地人称之为窖金、块砂金，俗称狗头金。

据《宋史·五行志》记载，公元1世纪，益阳山溪曾冲出一块重4900克的狗头金，"状似灵芝祥云"，11世纪时，宋周密《齐东野语》称："长沙、益阳山溪，流出生金数百斤。"1983年6月，在市郊桃花仑一处3米深的砾石层中，一村民用锄头掘出一块重达2160.8克的状如雄鸡的狗头金，经检测，含金量92%；同年7月，该地又掘出一块重1511.49克的块金，含金量91.99%。这些块金均由村民上交给国家，此举一度在省内外引起不小轰动，当地的新闻媒体也曾大加宣传报道。益阳出生金现象亦因此引起学术界的广泛关注。1984—2012年，有近十篇论文先后在《地球》（1984—01）、《矿物岩石地球化学通讯》（1984—02）、《地质与勘探》（1985—04）、《大自然》（1987—03）、《桂林冶金地质学院学报》（1987—08）、《黄金地质》（2001—03）、《国土资源导刊》（2012—02）等刊物发表，使益阳的狗头金闻名遐迩，引起世人的惊羡和好奇。此外，历代《湖广通志》《长沙府志》《益阳市志》《益阳县志》等方志，也有篇幅不等的相关记载。

实际上，早在先秦时期，益阳块砂金就开启了它的财富之门。已发现的战国中晚期的楚墓中，多种天平和多套砝码在此地出土，就印证了这一事实。

《益阳楚墓》一书收录的653座楚墓，葬具有砝码、天平等衡器的记录如下：甲类墓有天平2件，铜砝码3件，普通砝码2件，最早的在约公元前330年，最晚的在约公元前260年；乙类墓有天平10件，砝码52件，最早的在约公元前390年，出土地为益阳地区农校；最晚的在约公元前233年，在原益阳县医院、益阳地区农校、羊舞岭资江机器厂等地均有发现；丙类墓有天平2件，砝码15件，最早的主要集中在约公元前260年，最晚的在约公元前233年。

由对上述数据的分析可知，甲类墓是贵族墓，拥有的衡器数量不多，主

益阳市出土的战国环形铜砝码（益阳市博物馆供图）

要供家庭和个人使用，范围很小。乙类墓属于次等级墓，墓主不少是官吏、富户和商人，社会地位不比贵族，但经济条件尚可，他们的衡器拥有量较大，说明这一阶层黄金转手行为活跃，天平等衡器是日常使用的工具。当然，其中也不乏经官府特许，专事黄金买卖的商人。

罗家嘴遗址，位于益阳市赫山区龙光桥镇，是一处家族性楚汉墓遗址，1996 年修建长沙至益阳高速公路，在筑基取土时，也从中发现天平盘 1 件，铜砝码 1 件，普通砝码 2 件。显然，这类衡器主要服务于整个家族的黄金称量。此外，军士墓集中的黄泥湖楚墓遗址，也发现了 1 件铜砝码。军队使用砝码来称量黄金，虽令人费解，但也可以想见，黄金作为一种货币在当时已渗透到军队，并在士卒之中广为使用。

针对楚地大量出现的天平和砝码，张正明在《楚史》一书中指出："这些天平和砝码，无疑是专门用来称量贵金属的。"他所指的贵金属，在益阳当然主要是指黄金，而不是别的如锡、铜、铁之类。其原因在于，一是益阳不产除黄金以外的其他贵金属，二是只有黄金，才需要使用天平和砝码称量。称量不大且又须计量精确，这自然非天平莫属。需要说明的是，当时，采金为楚国官方所垄断，普通百姓无缘涉足。

（六）兔子山楚简解密

兔子山遗址位于益阳市赫山区城市核心地带，地处铁铺岭东周故城西侧，2013 年在开工建设住宅时，在龙州书院对面狮子山西北一处名叫兔子山的小土坡上，工

益阳市兔子山遗址公园（周立志摄）

作人员无意中挖掘出一批古井。随后，省、市考古机构相继介入，经数月挖掘，共清理古井 16 口，发掘简牍近 16000 枚。

这是益阳首次发现简牍，非常难得，也十分引人关注。

兔子山遗址的古井，大部分供生活取水之用，不过仍有两口井并未深挖见底，似乎仅有灰坑的窖藏功能。它们的使用年代悬殊，最早自秦汉，最晚至宋元，废弃时间集中在两汉时期，占近九成。在古井中，出土近 40 个汲水罐、大量陶瓷碎片、少量铜铁残器和石雕构件等物。为数众多的汲水罐出现在几口古井中，除了个别失手掉落，大部分可能与附近房舍的汲水救火有关。在汲水罐之上的，是成批出现的简牍。这些简牍埋深不一，形态大小不一，有成捆的，也有零星的，一些还是着火烧蚀过的残简。

从简文内容看，有的是信手练笔的闲简，甚至还有一些待写的空白简。专家的基本判断是，古井附近有一处楚秦和东吴时期的府库，简牍集中在秦汉交替和东吴末年这样的时段被处置，当是人为销毁而丢弃于井中的。但其

益阳市兔子山遗址九号井（周立志摄）

中近 20 枚楚简，如四号井和八号井所出，从楚属时期保存至西汉初年，应当至少也有百余年了。

兔子山简牍，有三国吴简约 1.5 万枚，内容主要涉及益阳县的诉讼刑名、户籍民政等信息，是县署档案文书，比较完整，属于集中销毁性质，时间在三国末年或南北朝初年；在三口井中，意外发现楚简近 600 枚，主要是楚国益阳县署的活动记录，内容不甚连贯，不是系统保留，多半是随其他简牍夹带销毁。销毁这些楚简的古井，有一口属战国晚期，其余两口均为秦至西汉初期。古井的使用年限，表明楚简基本上销毁在此一时期；而楚简所书写的文字，常夹杂着隶书，这是文字隶变前的文化震荡，也大致属于楚秦交替之际。当中，一则秦二世的"文告简"完好保存，十分稀罕，让人赞叹不已。总体而言，这批益阳县署的文书档案，不同程度反映了楚国至三国孙吴时期益阳的开发历史进程和行政管理状况，为人们了解这段历史提供了不可多得的实物资料。2013 年，兔子山遗址因此被评为当年的"全国十大考古新发现"之一。

作为目前益阳发现的最早典籍文本，能引人探求先秦历史的兔子山楚简，无疑会令人脑洞大开，浮想联翩。归纳起来，它具有的独特意涵和丰厚文化底蕴，主要体现在如下几个方面。

第一，记载有先秦文字的简牍，被释读为楚文竹简，集中在九号井出土，有 500 余枚，另外四号井出土 8 枚，七号井出土 10 余枚等。全部楚简虽可认定为集中投放，却属于不同时期所留下。可以推测，这批内容零碎、不完整的简牍，由于无法得到系统判读，所以相隔年代并不明确。从字体和内容看，它应该属楚国后期文字。字迹虽漫漶较重，但字形差别不大，年代应该控制在数十年之内。同时，这批貌似仓促废弃的楚简是否一直存放于县署库房，尚不明确。夹杂其中的楚简，其实并不排除自别处转移而来——虽然不少人认为多半出自就近的府库。

第二，楚简文字既有楚国文字，也掺杂着少量篆风鲜明的隶书，这对了解楚简的断代历史，提供了可靠依据。就楚国文字而言，它线条简化，笔画顺直，用笔流畅，识读相对较易，也并非典型意义上的鸟虫篆。与楚国官方文字渐行渐远，呈现出当时民间流行的草隶风格，这显然受到了秦国篆书影响。特别值得玩味的是，个别竹简，楚文字和隶书分别出现在竹简的正反两面，这意味着，简牍文字录写时，正是两种文字交替之际。文字作为一种统治工具，楚文字和隶书在一枚竹简上同时出现，是改朝换代的明确信号。

益阳市兔子山遗址的汉简文字

这表明，简牍离秦国势力征服楚国不久，或就在征服的前夜。

基于上述分析和释读，这些楚简可能为公元前 278 年以后所留下。当时，秦陷郢都，楚国东迁，益阳为秦所辖。后来虽有楚国收复《史记·秦本纪》所称的"江旁十五邑"，但仍处于飞地状态。如此，一个动荡的益阳，既脱序于秦国的管治，又远离楚国管辖，益阳的百越社会只能在自立自保中求生存。简文楚字逐渐草隶化演变，说明官方束缚少，民间野蛮生长的力量强。这也间接反映出作为百越边陲之地，益阳当时的社会管制仍处于某种程度的空白状态。

第三，此批简牍为毛笔墨书，但非经一人之手，有的训练有素，记录端正清晰；有的信笔涂写，不讲究大小宽窄，字迹结体悬殊，笔画懒散拖沓，技巧参差不齐，虽有档案功用，却无美感呈现，可见，简牍重在记事，存史性质明显，其身份当为楚国的官方档案文书。

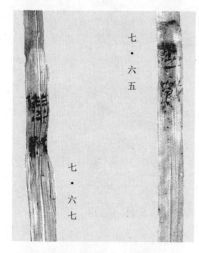

益阳市兔子山遗址的涉
"战"楚简文字（局部）

第四，这批简牍，被专家释读为"事卒簿"，[1] 其中多次提到与"战""兵""军"有关的事由。譬如，九号井简牍七·六五"□□（刀），釓（赴）战"和简牍七·六七"壴（之日），赳（赴）战"，均涉"战"；简牍七·一二"卒止兵"和七·一四五"致兵疏吏"涉"兵"；简牍七·八二"□军"和七·一三三"卒黄军"涉"军"。[2] 上述涉战、涉兵、涉军事例表明，益阳当时的社会环境并不太平，军务活动频繁，甚至时有战事发生，只是，与何人战，如何战，战况怎样，已出土简牍和其他文献都未见详细记载。

但进一步分析表明，自古就是兵家必争之地的益阳，当时应该就是军事重镇。"上佰司马""左马臣"在简牍中出现，说明益阳有若干掌管军政军赋的军队职官存在。这些职官，首先服务于当时的楚县；但从职级和数额分析，

---

① 张兴国、张春龙：《湖南益阳兔子山遗址九号井发掘报告》，湖南省文物考古研究所，《湖南考古辑刊》（第12集），科学出版社2016年版，第149页。

② 张兴国、张春龙：《湖南益阳兔子山遗址九号井发掘报告》，湖南省文物考古研究所，《湖南考古辑刊》（第12集），科学出版社2016年版，第159-163页。

可能更多服务于比楚县更大范围、更具军事色彩的楚国洞庭郡。"以洞庭司马印行事",这是里耶秦简的执事规则。益阳兔子山楚简,这份楚人档案,恰巧也提及"司马"这一职官。在南楚百越,楚与秦在"以军领政"之初,似乎皆有某种相通之处——族群复杂的社会管制往往退居其次,而军事驻守的作用时常被放大。如此看来,其凸显的军事戍守功能亦可见一斑。

第五,简牍四次提及"大府""大官首""益阳大官首"等地望名和官衔称谓,唯独缺少"益阳县尹"和"益阳县公"的提法,这很耐人寻味,也值得深入探究。

以"大官首"和"大府"自居,用"徐朝"的口吻记事,其规格和语气,不禁让人联想到可能拥有特殊身份的一面。特别是其地名和职衔,与"谿公""芋州公""襄邑""蔡""曾""纍阳""郐""大府""宜处""宰""扬州"等职衔和地名联系在一起,它的管辖范围,既包括益阳境内数量众多的"里",又覆盖与益阳跨境的若干个县级单位,点多面广,往来频密,表明它的影响非常之大,已经远远超出一个楚县所能辐射的范围,很有可能,它与楚国后期设立的洞庭郡有关。这个吴起"南平百越"之后与苍梧郡并置的洞庭郡,应该就设于益阳的县境之内。

考古发掘证实,楚属时期,益阳先后有爱屋湾方城和铁铺岭故城存在。而多项研究显示,楚置洞庭郡仅是一个以联防为主、行政为辅的军事驻守机构,这样,它才会与诸如"襄邑""蔡""曾""纍阳"等地方联络密切。基于此,两个城址——爱屋湾方城和铁铺岭故城,一个跨境联防机构——洞庭郡,它们之间有何故事发生,值得深入探讨。

据史籍记载,古益阳版图巨大无比,楚国后期,它北抵古华容、罗县,西接临沅、索县,南边是百越蛮獠统辖之区,东连青阳,地辖湘江流域和资水流域中下游,包括宁乡、湘阴、长沙望城等地,面积达万余平方千米。如此大的管辖范围，加之蛮獠经常袭扰益阳县境，在资水中下游两岸造成流域性威胁，所以守备任务繁重，比南楚其他地区似乎更有设置军事机构的必要。又载，郢都东迁后，秦军攻占南楚，洞庭郡一度由秦国接管并得以沿袭。当初，秦军攻陷洞庭水泽之前，楚人的这个洞庭郡若果署设于益阳，具体而言，驻守在爱屋湾方城或者铁铺岭故城之内，那它应该还是"县大郡小"的格局；虽然可以肯定军队驻守和执勤一定足够充分，但洞庭郡的规模，也许并非人们所想象的那般宏大。

益阳市兔子山遗址
"益阳都"楚简

第六，楚简出现了"益阳都"[①]的记载，这一称谓内涵丰富，含义不凡。都，汉语为大都市之意，与城市、都会和通都大邑联系在一起，有政治、商贸和交通等优势所在。益阳居南楚，控资水，通长江，坐拥洞庭湖平原半壁河山，政治和交通均配得上郡国之都会，"益阳都"因此横空出世。所以，"益阳都"的出现，它即便不是洞庭郡的别称，也当是洞庭郡设置的基础。

《周礼·地官·小司徒》记载："乃经土地而井牧其田野。九夫为井，四井为邑，四邑为丘，四丘为甸，四甸为县，四县为都。以任地事而令贡赋，凡税敛之事。乃分地域而辨其守，施其职而平其政。"

这段史料介绍了井田制这种土地制度，以及它对于税赋和行政管理的意义。井田制兴起于商朝，兴盛于西周，瓦解于春秋，废除于战国，它退出之后，被封建土地私有制所取代。

---

① 张兴国、张春龙：《湖南益阳兔子山遗址九号井发掘报告》，湖南省文物考古研究所，《湖南考古辑刊》（第12集），科学出版社2016年版，第159页。

郑玄注："九夫为井者，方一里九夫所治之田也。"

《晋书·地理志上》曰："古者六尺为步，步百为亩，亩百为夫，夫三为屋，屋三为井，井方一里，是为九夫。"

九夫，古指九夫所耕的九百亩田。如果古代的一亩与现今的一亩等值，那么，从井到都，几何级数步步累积，计算下来，一个都的耕地面积为92.16万亩，合613.7856平方千米。

兔子山楚简所载的益阳都，管着四个县，大体就是这样的规模和格局。

从表面上看，益阳都也实行了井田制，主要分布在湖平区，采取这种土地管理和赋税制度。但实际上，益阳的井田制姗姗来迟，直到战国中晚期，楚人来到此地开发，这种耕作制度才得以确立。楚人在益阳邑落的土地耕作范围，大致是以益阳故城为核心，掌握着面积达数十万亩的土地。其他山丘溪谷，均不在楚人手中，而是百越人从事着渔猎、采摘和种养等活动。当然，这个耕作制度，也促成了"益阳都"名字的由来。铁铺岭益阳故城既是越人的传统邑落，也是后来楚人、巴人和越人聚居所形成的市镇。

说到楚人与井田制的关系，必然离不开益阳之名的来历。益阳的名称，只能来自楚人。一是百越没有文字和记载的历史，无法把益阳之名记录下来；即便他们有类似的称谓，音译的文字表述也未必准确。二是益阳是作为楚县最早出现在楚国的史籍文献里，楚县因而只能来自楚人。早在西周晚期，楚人就抵达洞庭湖南岸的湘阴晒网场，在战国中期以后大量涌入开发益阳。这些都有考古发掘予以支持。先有益阳，再有益阳都，这是人们推演益阳社会进步的基本认知。当然，从井田制角度说到益阳都的形成，它会远远晚于中原地区。原因是百越社会生产力低下，开发很迟，在楚人到来时，仍处在原始社会末期阶段。

益阳都的名字，目前唯一的记载，就记录在兔子山楚简上，清晰可辨。

之前，无此一说。这意味着，益阳都应该是楚县建立之后才出现的。设立益阳都，不是井田制的简单复制，而是体现出具有某种行政管辖的意图。按照"四县为都"原则，益阳都很可能是洞庭郡设置的前提条件，是一种政权建制的升级。楚国的洞庭郡，是在南楚设置的军事为主、行政为辅的军政机构，益阳都有跨境管辖的治理历史，洞庭郡应该就是在益阳都建制基础上的延续。

第七，兔子山楚简伴随大量吴简出土，有人满是疑惑。兔子山楚简，总共不到 600 枚，而三国吴简却有 1.5 万枚，它们究竟是如何混杂其中的呢？我们从里耶秦简中，似乎可找到类似答案。里耶古井出土了大量秦简，却夹杂楚简仅数枚，有人认为这是不可思议之事。原因在于，秦统一六国以后，实行"书同文"政策，秦国文字被确定为官方文字，违犯者，按照《秦律》，必遭严刑峻法处置。对于这个问题，浙江考古学家曹锦炎提出了与众不同的思路。他认为，那些楚简，完全可能是秦国占领迁陵县以后，秦军收缴的楚国官府文书档案。由于有少部分楚简夹杂在秦简中，秦末出事时，就一同被丢弃于古井中了。按照这样的推测，人们不妨大胆地假设，益阳兔子山的吴简中，那夹杂的 500 余枚楚简，与里耶秦简的情形应该大同小异，它们可能也一样是以残简形式保存下来的。

另据考古调查显示，兔子山一带暂未发现战国文化层，主要是汉代至六朝时期堆积。① 这有力证实了兔子山的楚简很有可能是从别处移库而来。

附录

兔子山遗址古井简介

J1：圆形，直径 1.25 米，残深 5.7 米，井内壁附有对井壁起保护作用的

---

① 益阳市文物管理处、益阳市博物馆：《先秦南洞庭　南洞庭湖古遗址发掘报告集》，科学出版社 2016 年版，第 362 页。

陶质井圈。出土大量绳纹筒瓦、云纹瓦当、回纹空心砖及植物果核。另出土简牍 10 余枚，字体为秦或汉初古隶，有"八年"字样。该井年代为西汉早期。

J2：圆形，深 1.5 米。未挖成功的井或窖穴。

J3：圆形，直径 1.5 米，深 8.3 米。出土器物有筒瓦、板瓦、汲水罐等。另有简牍约 8000 枚，分为木牍和竹简，保存良好，长度一般为 23.5 厘米。文字是毛笔墨书。年号有"建平"（汉哀帝刘欣年号）、"元始"（汉平帝刘衎年号）等。这些简牍是刘姓长沙国益阳县的衙署档案。该井年代为西汉晚期。

J4：圆形，直径 1.1 米，残深 9.6 米，井内有对井壁起保护作用的木质井框。出土有陶罐、云纹瓦当、米格纹空心砖、筒瓦、竹木残片及炭化植物种子等。另有简牍 8 枚，文字为战国时楚国文字，内容为"缯布""绪禅"等衣物织物记录。该井年代大致在战国晚期至西汉早期。

J5：圆形，直径 2.1 米，残深 6.5 米。出土有筒瓦、板瓦、陶罐、陶井圈、空心砖及植物果核、树叶、动物骨骼等标本。简牍内容为人口、粮米物资登记，其一简有"十七年六月壬辰朔"，经考证应为长沙靖王吴着（作者注：亦写为"著"或"差"，第五代长沙王，因无嗣而废国）十七年（前161）。该井年代为西汉早期。

J6：井口橄榄形，直径 1.36—1.70 米，残深 8.2 米，井壁垮塌较严重。出土有筒瓦、板瓦、硬陶罐、青瓷四系罐、青瓷碗等陶瓷器及铜镜、铜钱（"五铢"）等青铜器，木偶人、木棒等木器。出土简牍约 1000 余枚，其中有"永和六年"（141）、"永寿二年"（156）、"嘉禾六年"（237）等纪年木牍。该井年代为东汉末至三国东吴时期。

J7：圆形，直径 1.2 米，残深 7.5 米，井内壁附有起保护作用的陶质井圈。出土器物有筒瓦、板瓦、陶罐等。出土简牍内容为公私文书，涉及人口、田亩、赋税等。其中保留有益阳古老的乡名，如"阳马""下资""沩陵""都乡"等，是西汉初年吴姓长沙国益阳县档案，其中纪年简有长沙哀王吴回三年、汉惠帝四年（前191）。该井年代为西汉早期。

J8：圆形，直径1.1米，残深6.2米。出土有大量生产生活用品，简牍十来枚，其中有简文为楚国文字，一木觚上有"张楚之岁"的记载。这是首次出土陈胜、吴广所建立"张楚"政权的实物资料。该井年代为秦汉之际。

J9：圆形，直径1.2米，深7.3米。出土有陶器、青铜器、铁器、漆木器等大量生产生活用器具。出土简牍700余枚，简文大部分为战国时楚文字风格，另有部分更接近秦代隶书风格。出土的简牍中，有一枚内容为秦二世即位时发布的诏书："天下失始皇帝，皆遽恐悲哀甚，朕奉遗诏，今宗庙吏及箸以明至治大功德者具矣，律令当除定者毕矣。以元年与黔首更始，尽为解除流罪，令皆已下矣，朕将自抚天下，（正）吏、黔首其具行事，毋以繇赋扰黔首，毋以细物苛劾县吏，亟布。以元年十月甲午下，十一月戊午到守府。（背）"该井年代为秦汉之际。

J10：圆形，直径3米，深约4米。出土器物有筒瓦、板瓦、瓦当及罐、碗、钵、壶等青瓷器。从其填土状况及未打破透水层等情形看，J10的用途应不是井，而最有可能是当时县衙储藏蔬菜、水果等的窖穴。其年代大致在东汉至六朝时期。

J11：圆形，直径1米，深0.5米。井壁残存两层井圈，每圈由9块带公母榫的弧形砖砌成。出土有莲珠纹瓦当、筒瓦残片、砺石、陶片及碎砖等。因未打破透水层，其为井的可能性小。其年代大致在东汉至六朝时期。

J12：圆形，口部直径3.3米，深11米，内有青砖砌井圈。出土有大量砖、瓦残片及陶器、瓷器残片。陶器残片多为泥制灰陶，火候高，硬度大，器型有罐、壶（瓶）等。瓷器残片有青瓷、白瓷、黑釉瓷、酱釉瓷等，器型有碗、盘、杯等，能确定的窑口有长沙窑等。另出土有"开元通宝"铜钱及棕绳等。该井年代为宋元时期。

J13：圆形，直径1.1米，深6.7米。出土了较完整的陶罐两件，木牍十余枚。没有发现纪年木牍。年代为汉代。

J14：圆形，直径1.3米，深10.1米。出土有大量的板瓦和筒瓦残件，另有少量瓦当，瓦当纹饰以卷云纹为主。有较多的木质标本和少量的竹质标本出土，部分有燃烧痕迹。陶器残片出土较少，能辨别的器型有罐、盆等。该井年代为东汉时期。

J15：椭圆形，最大直径2米，最小直径1.5米，深5.7米。出土有字迹较清晰之木牍及封简约70余件。其中可见的年号有"延平元年"（106）和"永初元年"（107）。年代为东汉中期。

J16：近似圆形，直径1.1—1.4米，深6.5米。出土有20余件较完整的陶罐，有的陶罐颈部还残存有棕绳、篾编织物。另有残环首铁刀2件。出土木牍近10件，没有发现纪年木牍。年代为东汉时期。

——摘编自《益阳兔子山遗址公园简介》

四、荆楚风尚

（一）楚人淫祀

王逸《楚辞章句》记载："昔楚国南郢之邑，沅湘之间，其俗信鬼而好祠。"信鬼，就是相信有鬼神存在，这是"万物有灵"观念的延续，是祈求

益阳楚墓出土的双手
两侧平伸木俑

平安的一种实现形式。祠者，庙也。好祠，就是喜欢去宗庙祭祀。神灵和祖先崇拜，可谓由来久远。从怀化洪江市岔头乡岩里村高庙文化（约7800年前）400余平方米的史前宗教祭祀场，及其大批纹饰精美的神像祭器，到湘西泸溪县浦市镇下湾遗址（约6500年前）200多个祭祀灰坑，沅江流域浓烈的祭祀之风，从远古一路走来，从250余千米外的高庙文化，沿着蜿蜒沅水北去，传到150千米外五强溪电站库区的下湾遗址，再到洞庭湖之滨沅湘间尾闾，数千年里薪火相传，定格在南楚时代的益阳。祭祀，是克服死亡恐惧的心灵秘方，是对神鬼和祖先庇护的祈求和感恩，是一种怀想追念和情感依托，也寄予了古人对平安与美好生活的祝福和憧憬。

楚国巫师祭祀仪态复原图

综合屈原《楚辞·九歌》及相关典籍的记载，后世对楚人沉迷于祭祀神鬼的自我意识与精神信仰作了准确而鲜明的描绘：巫师被发，祭祀祖先，问天祈福，踏歌长舞以娱神。其中，楚国巫师的地位尤其独特。就是这样的一些人，登上高台，遥望远方，叩天拜地，时而双手高举，时而揖手凝神，口中念念有词，点灯献祭，跟天地对语，与万物通灵。他们的一摆手，一投足，一个转身，一声喊唱，处处呈现艺术，处处充满温情。而《楚辞·招魂》篇所呼唤的"魂兮归来，反故居些"，是穿越时空的倾诉，是扣人心弦的牵念，是对美好平安的哀求和企盼。

左丘明《国语·楚语》记载："上下说（同"悦"，媚也）于鬼神，顺道其欲恶，使神无有怨痛于楚国。"为了取悦神鬼，楚国的巫师和史官务求上通天，下知地，全都顺应了解鬼神的好恶，使神鬼在楚国无有怨怼。这是楚人献媚神鬼达到登峰造极地步的真实写照。由于祭祀成为楚国社会的终极观念，故而对先祖祭祀的频密，楚人也毫不含糊。日有日祭，月有月祭，每个节令和一年终了，也都有祭祀仪式举行。所以，《国语·楚语·观射父论祀牲》就有"是以古者先王日祭、月享、时类、岁祀"的表述。

楚人在立国之初，仅是个"子男五十里"的蕞尔小国，但嗜祭如命。清华简《楚居》就记载了这么一个故事。当时，地处山林的楚国物产匮乏，民生困顿，连祭祀的牛羊都拿不出来。又到了节祭之时，按照惯例，楚人要宰杀牲口作为牺牲，敬献给先皇和神灵。可是，楚人的草棚里已经没有可以宰杀的一头牛、一只羊了。楚王为此辗转反侧，夜不能寐。恰好在主祭的前一天，从邻近的鄀国跑来一头小牛，楚人连忙把它赶进了牛圈。次日，祭祀就要开始。高台周围，熊熊大火已经点燃，只等长发及腰、衣裾飘飘的巫师登台献唱。祭祀，事关楚国国运的兴衰，是楚民意志的集中体现，非同小可。楚人深信，唯有神灵庇佑，楚国方得富强，楚民才有福报。荆山脚下，简陋的楚宫之内，下臣们一遍遍进门禀告，此刻，楚王焦急万分。只见他来回踱着步，面有难色。好一会儿，楚王挥了挥手，就叫人把那头小牛给杀了。随后，牛头摆进了大盘，煮熟的牛肉也插上了木箸，散发着一阵阵肉香和热气。就这样，楚人又一次完成了这年的节祭。而下一头牛它究竟在哪里，是否又是从鄀国跑来呢？楚人不知道。

《国语·楚语·伍举论台美而楚殆》记载："灵王为章华之台，与伍举升焉，曰：'台美夫！'对曰：'臣闻国君服宠以为美，安民以为乐，听德以为聪，致远以为明。不闻其以土木之崇高、彤镂为美，而以金石匏竹之昌大、嚣庶为乐；不闻其以观大、视侈、淫色以为明，而以察清浊为聪。'"高大上的章台，展示的是国力和威严。在皇天后土和祖先神灵面前，楚国国君以土木的崇高、装饰的华美、乐曲的精妙，以及宗教般虔诚的恢宏仪式，跪在蒲团苇席之上，接受神鬼和祖先的检阅和审鉴。苍天在上，赤心可表，参手合掌，国泰民安惟祈。

"荆人畏鬼"，是《郁离子》收录的一则寓言。

荆人有畏鬼者，闻槁叶之落与蛇鼠之行，莫不以为鬼也。盗知之，于是宵窥其垣，作鬼音，惴弗敢睨（nì，斜眼看）也。若是者四五，然后入其室，空其藏焉。或侜（zhōu，诳，欺骗）之曰："鬼实取之也。"中心惑而阴然之。无何，其宅果有鬼。由是，物出于盗所，终以为鬼窃而与之，弗信其人盗也。

益阳市赫山区出土的战国
长方座木双立凤鸟
（益阳市博物馆供图）

对于非楚地的人而言，这则寓言所反映出的鬼神意识近乎愚昧、荒唐。"巫鬼齐天"，此类观念对楚国社会的影响，可谓至深至远。

楚人崇巫重祀的习俗，在江南众多楚墓的出土文物中得到证实。[①] 益阳楚墓中曾出土过镇墓兽，一个木制基座上，并排立着两只木鸟，不卑不亢，静心守望。其凤鸟造型，反映了楚人的图腾崇拜，也是他们祭祀文化在葬俗上的体现。

① 高至喜：《楚文化的南渐》，湖北教育出版社1996年版，第263页。

此外，由祭祀产生的巫师这一专门职业，他们属于食利阶层，在楚国社会的地位相当高。他们不仅能呼风唤雨，而且还作为国师，以占卜和祭祀的方式，为楚王的国家决策提供咨询和建议。巫师是"万物有灵"观念的忠实践行者，自石器时代开始就为人类去邪除煞，趋利辟害，祈祷平安。他们还是社会意识形态的舵手，是楚国的史官，创造并记录着社会文明进步的点点滴滴，即便到秦汉时期，仍然如此。所以，神话故事《山海经》为楚巫所著，类似现象的产生，人们也就不足为怪了。

（二）食在荆南

荆楚地区，物产相差无几，饮食习惯也大同小异，从郢都到南楚益阳，日食三餐，主食为稻米，米粒呈淡黄色，唐沈亚之《屈原外传》称其为"白米如玉"，兼食五谷杂粮，喜食河蚌、螺蛳等水产品，四时果蔬也一应俱全。由于人口承载量不高，在正常年景下，食物的丰歉和生活资料的多寡，年份大体均衡。富人与平民的饮食差别，主要体现在食物的种类和数量，以及烹饪水平的高低之上——贵族富绅钟鸣鼎食，酒肉飘香；平民百姓粗蔬寡饭，聊以充饥。

荆门包山二号楚墓，其墓主为大夫级贵族。该墓出土了丰富的动植物标本，经鉴定并确认，植物包括栗、枣、柿、梅、梨、菱角、莲、荸荠、姜，动物包括鲫鱼、家鸡、家猪。最可信的还是那些楚简文字，它们记载了随葬食物的名称、数量，甚至对个别食物的制作方式，也有较详细的描述。如"蒸豕""炙豕"与"熬鸡""炙鸡"，食材分别取自畜养的猪和鸡。熬和炙，就是炖煮和烧烤，同清蒸一样，沿用至今，都属于常见的居家烹饪方式。此外还有"熬鱼"。"鱼煮千滚，吃得安稳。"高温炖煮不仅能杀死鱼体内的寄生虫，还可提升口感和鲜味。透过吃"熬鱼"，人们看到，楚国富人其时大概已深得健康的养生之道了。

长沙马王堆一号汉墓，因墓主身家显赫，故其出土食物的种类也相当丰富，仅肉类就有牛、羊、鹿、豕、狗、鸡、鱼、兔等，可谓应有尽有，与今人大同小异。鱼有鲫鱼、鲤鱼等品类之分，肉有炙、熬、蒸、煎等多种做法，各种羹更是多达十余种，既有单一肉类的纯肉羹，也有不同肉类的混合肉羹，有的甚至还加入了蔬菜原料。

山苍子果实

江陵凤凰山墓地出土的简牍，记载了稻米、白稻等各种稻米的名称。出土的竹笼当中，盛放着鸡蛋、梅核、李核、生姜和鱼刺等。

在益阳电厂一座战国中晚期楚墓中，人们还发现了一只装有 120 粒植物种子的陶鼎。这是一种适宜在南方红壤中生长的樟科常绿乔木或灌木的种子，产于本地的低山丘岗，俗称山苍子、山胡椒、木姜子、山鸡椒，药用和食用均可。这种碾碎后散发出独特辛香气、只有滚珠般大小的青绿色小果子，学名叫荜澄茄，有"温中散寒，行气止痛"之功效，主要用于"胃寒呕逆，脘腹冷痛，寒疝腹痛，小便混浊"。明朝李时珍在《本草纲目》中，称其可主治"脾胃虚弱"。在日常食用上，山苍子可用于除腥、增味、保鲜。和紫苏叶搭配，它是煮鱼的绝佳佐料。经它烹饪调配的菜品，可在夏天置三五日而不坏。而它捣碎后的果实，或压榨制成的山苍子油，常用于凉拌，或加入面条、凉粉、米粉佐餐，或放入豆花、米豆腐和清汤之中，做成一道道风味独特、地方色彩浓烈的美食佳肴。

　　1991 年，桃江县腰子仑遗址的汉晋文化层出土过一座陪葬有一口硬陶双口坛的汉墓，为一家族墓的女主所有。此件保存完好的双口坛器形较规整，胎质大致均匀，斜线纹饰，制作技术基本成熟。经专家确认，益阳一带腌制泡菜和制作坛菜的历史，在实物层面，至少可以追溯到西汉末年。

　　双口坛，是一种用于储藏和腌制鱼肉菜蔬的日用陶器。双口之间，可以灌满清水，以隔绝坛内坛外的空气对流，确保坛内食物的厌氧发酵以及食物的原味不变质。实际上，从百越民族的食物构成来看，早在战国时期，苗民就开始放弃灰坑土窖，改用陶坛储存食物了。在缺盐寡味的年代，人们找到的最佳菜肴制作方法，无疑就是用陶坛制作和储存泡菜。这算是食物保鲜和加工技术的一大突破，对菜品加工制作而言，甚至可以说是一次革命。当今苗族、瑶族和土家族等众多

桃江县腰子仑遗址出土
的汉代硬陶双口坛

少数民族，他们喜爱的腌鱼腌肉，以及豆角、萝卜等其他坛子干菜，就来自这种密封与储藏效果绝佳的硬陶双口坛。数千年来，双口坛在普通百姓的日食三餐中发挥了重大的作用。

洞庭湖与梅山文化

一、洞庭湖，中华文明的摇篮

I

洞庭湖是长江进入中游地带的一个主要调蓄湖。远古时期，它所形成的平原地貌，承载的人文历史，对于长江流域乃至整个华夏版图都具有极其重要的地缘价值和非常深远的历史演化意义。从目前考古发掘推断，洞庭湖平原是中华文明的一个主要源头，是华夏文明的发祥地之一，这个说法似乎并不夸张。

距今80万—4万年，洞庭湖平原属于现代智人生活的地质学年代。最近几十年，洞庭湖周边有十余处古人类遗址相继被发现，一些出土的石器、骨

沅江市南洞庭湖景色（周立志摄）

器甚至涉及更远时期的现代智人生活年代，表明东亚智人在此完成独立进化，并形成一定程度的史前文明。

距今 4 万—1 万年，是现代人类形成发展阶段，同时也是旧石器时代的初始阶段。在洞庭湖平原，"阿舍利"石器是主要生产工具，猎捕、采集是主要生产方式，栖居或穴居生活是基本生存形态，泥陶和稻植农业开始出现，陶器因此产生并得到普及。经过冰川期大劫难之后，洞庭湖平原成了智人的天堂。据推测，此地极有可能是南亚人种最后的"拯救之地"。此一时期，意味着中国南方人进入突破性进化的文明自觉阶段。

距今 1 万—4000 年前，洞庭湖平原进入新石器时代。

大约在 1 万年前，洞庭湖平原的地貌是平缓的，小山包高差不过 30 余米，有大河向北奔流，大小溪河流过荒原，视野一望无际。在典型的亚热带气候条件下，气候温暖湿润，光热条件充足，雨水丰沛，植被欣欣向荣，所以，生存其间的各种丛林动物种群庞大，生机勃发，各得其所。

最初，由南方人种进化而来的古越人，在洞庭湖平原开辟了栖息之地。距今 1 万年，宜居宜耕，包括地势平坦、光热充足、灌溉条件优越等若干因素，是古越人在广袤原野上定居的优先考虑，以稻作文化闻名于世的彭头山遗址，便在西北部的澧阳平原惊艳亮相。大约在新石器时代早中期，他们进入到以稻作和制陶为核心的种植农业推广阶段，生产生活围绕定居地而展开。陶器制作逐渐成熟，能基本满足简单的生活之需。稻田、稻谷等进入日常生活，标志着古越人形成完整的稻作农业体系。聚落与城壕，是中国古老城市的雏形，安全、集约、便利、驻守、防御等特点一览无余。小舟墓，是一种特色鲜明的墓葬文化，地域性强，同时也暗示祭祖信仰或已产生。红陶小鼎，是公共权力的信物，表明社会化组织程度的进一步加深。红烧土窑厂的出现，是人居条件得到显著改善的一大佐证。红烧土从窑厂运出，用于敷设居室地面，防潮除湿，防虫防霉变，可谓好处多多，这是居住文明进步的一个标志。

地处东洞庭湖西岸的车辀山遗址，位于岳阳市华容县三封寺镇毛家村一处高约 6 米的台地上，1982—1983 年，考古专家在此发掘出一个大型原始村落遗址，面积在 1 万平方米左右，文化层深约 2 米，最深处达 3 米，有房屋基址和公共墓地，出土了大量石器、陶器等珍贵文物。

岳阳市华容县车辀山遗址
出土彩绘云纹红陶罐

这里有着极其优越的自然环境，土地肥沃，物产丰盈。洞庭沃野，湖泊、平原和山丘交织，鱼鳖成群，螺蚌遍地，吸引飞鸟翔集。遗址周围古木参天，籽实累枝，野生动物穿梭林间，为远古人类从事采集与渔猎提供了绝好条件。依托如此地利优势，车辀山人摆脱了简单的渔猎生活，专事劳动生产，他们使用磨制石器，主要工具包括刀、锛、镰、铲、斧、锄、凿、钻、镞、弹丸、网坠、耘田器等。从生产工具推测，当时原始农业已经诞生，并普遍种植水稻；而渔猎活动，只是谋生的另一种补充。较多的陶纺轮出土，证实原始纺织业开始出现。发掘显示，陶纺轮仅存于女性墓，而石制工具则只在男性墓中出现，这说明当时男耕女织的社会分工已然在聚落家庭中普及和推广开来。

车轱山遗址经历了大溪文化、屈家岭文化和龙山文化三个发展阶段，在地表，甚至还留有商周时期的遗物。以大溪文化层为例，它有泥质红陶、白陶和相当发达的彩陶；磨光的表面涂上彩色，刻画水波纹、点线纹、重圈纹、绳纹、方格纹等各种几何图案纹饰；制作从手捏发展到慢轮修整，进而出现快轮技术；出土大量红烧土，多夹有竹木痕迹，说明彼时房屋建筑采用编竹夹泥方式，内外焙烧；发现了陶塑人和陶塑鸟等原始工艺品，陶人轮廓分明，线条清楚，陶鸟造形生动，形象逼真；还出土了不少精制玉器，有璜、镯、佩等。研究认为，该遗址是湖南所见文化堆积层较厚、遗物丰富、延续时间较长的原始社会遗址之一；而洞庭湖平原，无疑是用另一种方式支撑并承载了这样一处遗址数千年文明的薪火相传。

所以概括起来，最晚至距今 4000 余年，平原与原野的地理环境生成并塑造了洞庭湖平原众多古遗址的文明形态。它所呈现的地貌图景是，1 万年前的洞庭湖平原，原野地貌，河流交织，偶有湖沼；陆生和水生动物兼有，古越人就在这样的环境中生存。而后来，洞庭湖平原变换成了另一副淤积平原的面孔，经剧烈的地壳运动以后，在长江洪流作用下，原野最深处深达数百米的沉陷带淤积，数千年里，一轮轮叠加掩覆，被抚平的大地伤口开始出现少量沼泽和湖泊，亦因此，水生动物、两栖动物数量大增。

大通湖管理区黄家坝遗址，原属南县大通湖农场二分厂，海拔 27 米，地处古洞庭湖区域，北距大通湖纸厂约 4 千米，南边 500 米以外为金盆农场大堤。自 1989 年以来，黄家坝遗址历经数次发掘，获得了较多的文物遗迹和文化遗物。遗址涵盖大溪文化早晚期，直至商周。在遗址东南边，发现一处宽超过 2 米、深约 1.5 米的壕沟剖面，沟内有较厚的淤泥，长度不明，尚待继续发掘。结合房址多有大型柱洞，多数洞内填有大量红烧土块特点，推断遗址规模较大，表明这里是一处较大的聚落中心。遗址地处古洞庭湖区核心地带，周边低洼处青色淤泥可达数米，参照南洞庭湖区其他原始文化遗存和商周、东周遗存的发现，《先秦南洞庭》一书作者认为，早在 2000—5000 多年前，估计有大批原始部落在这里耕耘劳作、繁衍生息，说明这里还没有形成大面积的洞庭湖。①

春秋时，洞庭湖平原属于沼泽平原环境，水生生态系统得到完整呈现。以鱼类为例，洞庭湖的鱼类刺很多，它们在比较封闭的湖沼环境生存，比较弱小、单一，成为东亚候鸟越冬食物的重要来源。其刺细、多且密，皆因进化缓慢所致，这与它们生活在浅水之地密切相关。此处的鱼，不像深水鱼那样有很粗大的脊椎和肋骨。鱼的脊椎和肋骨俗称主刺。深水或大海的鱼类，主刺很大，能够经受狂风大浪的冲击，或者躲避大型鱼类的猎食。洞庭湖鱼类的鱼刺，只是洞庭湖平原演变的一个缩影，它们伴随洞庭湖平原沼泽化而来，是读懂地域文明的一串特殊符号。

在沼泽平原坏境中，水草密布，荇草、苦草、鱼草、丝草等分布在水湾和浅滩，水生生物特别是软体动物种类繁多，小鱼、小虾、河蚌、螺蛳、乌龟、鳄鱼、江豚、水獭等富集，这些也为即将到来的百越时代给出了竞相迁徙的理由，也为众口相传的鱼米之乡提供了足以生存的物质条件。

距今约 4000 年前至公元前 5 世纪，洞庭地域进入一个社会大动荡、文化大变迁的时代。由于受自然灾害、战争和其他因素影响，不同地缘、族性和人文背景的人口集聚和迁徙到这里，古越人—三苗—东夷—商族—扬越—百

① 益阳市文物管理处、益阳市博物馆：《先秦南洞庭　南洞庭湖古遗址发掘报告集》，科学出版社 2016年版，第 167-168 页。

越—楚人—秦汉人，他们先后进入，使洞庭湖平原成为一个生存角色不断转换的历史舞台。主人的登台和退场，主角与配角的互换，一系列人化自然的异动，使地域文明出现显著的不确定性。其具体表现在：①主流文化的层层覆压。一是文明连续性缺失，反复出现断层，导致文化消亡多，残留少，发掘难，构建系统性文化不容易。二是聚落迁移性强，文化沉淀时间不长，文化黏度不高，附着不太牢靠。②主流文化多元化，使文化体现出地域化、族属化、时代性等特性；而社会缺少主流文化引导，民俗化的主流文化便表现出某种风尚性、独特性特点。一言以蔽之，洞庭湖平原的文化消亡与再现不断震荡、融合，促使"异俗杂处"风格的形成，勾勒并描绘出了一段斑斓闪烁的岁月。

Ⅱ

沅江市南洞庭湖湿地风光（周立志摄）

洞庭湖是先秦时期古代百越民族的聚居地，先后有土著越人、殷商人、东夷人、濮人、苗族、瑶族、侗族、巴人、庸人等在此居住过。此外，还有糜国人、蔡国人、罗子国人迁到此处长久定居下来。在先秦之前乃至史前时代，这些不断出入的族群部落，在此留下了深深浅浅的文明足迹，有人将洞庭湖平原称为"百族舞台",这一说法看起来并不过分。

早在新石器时代,洞庭湖平原就是人类聚落最富集的地区。大量发掘显示,聚落遗址多位于河边或滨湖的岗地、坡地之上,古人习惯于择水而居。一方面,水是人类文明之母。人类生活、农业种植尤其是水稻栽培,哪一样都离不开水,水孕育了众多生灵,提供了丰富的食物,从来都是人类赖以生存的前置条件。另一方面,水为人类活动提供了极大的便利。新石器时期,洞庭湖平原密集的河网水系,使聚落之间的频繁接触和文化交流有了可靠保障。分析表明,古代洞庭湖平原是草木丛生、溪河密布的广袤原野,人类在这样的原野上生存,靠舟楫和排筏更能获得便捷性、通达性、舒适感、大半径活动范围及安全性,这里远比荆棘丛生、猛兽遍地、蚊虫肆虐、瘴疠流行的陆地更具优势,更能受到原始人类的青睐。洞庭湖平原众多的聚落遗址的发现,有力地证实了这个分析的可信。

洞庭湖西北部的澧阳平原,据不完全统计,已出土的新石器时期的遗址多达 260 处,是洞庭湖地区乃至长江中游新石器时期聚落遗址最富集的地方。南洞庭湖平原,类似遗址要少一些,不过数量也有 100 余处。整个洞庭湖平原,到目前为止,已发掘遗址总数近 500 处,在国内可谓首屈一指。所以说,洞庭湖平原被誉为"古越人家园",这个提法并非浪得虚名。毫不夸张地说,以古越人为主体的原始人,他们创造出的璀璨文明,譬如发达的原始农业,新石器文化簇拥的聚落城址,亚洲最早的栽培稻,彭头山最早的刻符型文字,乃至受洞庭文明辐射而形成的湖南最早的八卦图,统统诞生或启迪于这块肥沃而辽阔的土地所创造的辉煌历史文化。

但是,洞庭湖平原也是古人类遗址更替最频繁、异动最剧烈的地区。这种走马灯式的人口集聚,在中国版图可谓别无二处,古洞庭因此被誉为"人类文明的绝版博物馆"。

首先，是气候因素改变了洞庭湖平原的径流面貌。河网形态的"变脸"，这使得习惯于"逐水而居"的先人的生存和活动遇到前所未有的阻碍和挑战，从而不得不寻找新的宜居之地。不良气候改变了洞庭湖平原人的生存和活动——他们是文化积累和文化生成的践行者和延续者。人的因素发生变化，一切文明的基础便由此产生动摇和变化。

1998年，考古学家王红星在《汉江考古》上撰文指出：长江中游地区全新世温暖期，其上游地区气温也必然升高，冰川融化加剧，使长江水流量加大。本地降雨量增大，长江上游来水增多，加上当时又没有人工堤防，必然导致洪水泛滥。

这一变化，首先给地近长江的澧阳平原古越人带来巨大冲击——原先的台地，随着水位上升，逐渐被洪水所吞噬。尤其是原始人艰辛开垦出的大片稻田，被一次次冲刷、淤积和覆压，稻植农业遭受毁灭性破坏。离开了稻田，人们在孤岛一样的台地上生存，已经看不到任何希望，举族迁离便成为不二之选。拖着疲惫而沉重的脚步，那些身不由己的回望，是时空留下的一幅幅写真和剪影。而湘、资、沅、澧四水的中下游，在异常气候作用下，河流奔

沅江市凌云塔（周立志摄）

涌，洪水泛滥，往日宁静丰收的河谷平原，以及滨湖地带，都因水位上升而不再宜居、宜种和宜业。

其次，是洞庭湖平原的地质运动，带来了地表剧烈且不均匀的沉降。这一因素，改变了地表形态，改变了人类的生存环境。不再宜居的地理空间，已无法承载人类活动，它与气候变化带来的影响大同小异，由此带来的流离

迁徙，也同样终结了文明的创造与延续。

　　研究表明，新石器时代晚期，洞庭湖平原西北部的澧阳平原，因海拔较低而屡遭洪水冲积，形成大片洼地和湖沼。土地肥沃，稻田遍野，聚落高居，这些都曾是这片土地的一个个亮点。尤其是稻田密集，生齿聚集就是冲着它而来。但是，这里却是洞庭湖平原地壳运动四个沉降点之一。

　　据湖南省地质研究院研究员童潜明介绍，著名的城头山遗址，就处于澧县沉降中心点位置。他指出："上升时古城处于湖滨阶地，下降时古城沦为湖泊被泥沙淤积，城头山各文化层的关系就反映了上升为陆、下降为湖的变化。到距今 4000 年左右的石家河时期，城头山就一直处于沉降状态，出露于澧水南岸，彭山山麓的澧水断裂北盘的埋藏阶地是说明洞庭湖区沉降的最好例证。"[①]

　　洞庭湖平原的沦陷，在中部和南部也丝毫没打折扣。南县涂家台遗址，一处新石器时代遗址，距今约 7000 年，在此发现的土著古越人住屋，其夯土地基，距地表 8 米多，淤积层有 3 层楼高；益阳市资阳区丝茅岭遗址，一处新石器时代遗址，距今约 5500 年，其生活基址的红烧土居住面，距地表有近 5 米，淤积厚度也相当惊人。此外，益阳至南县高速公路南县段的修筑，桩基工程达 60 米，2018 年，其附近地表岩石层的平均厚度为 14 米，实际沉降约 35 米。因为地基软土化，加之地质调查和施工准备不充分，此段高速公路离正式通车推迟了整整一年。

　　洞庭湖平原，它的沉降并不均匀，大致特点是，沿华容—赤山隆起带，在两侧呈不规则下沉。石油地质勘探资料显示，离隆起带越远，沉降越大，尤以北部、东部为甚。比如东洞庭湖、钱粮湖、湘阴等地，最深可达数百米。它是喜马拉雅地壳运动的前提，也是其"跷跷板"演变游戏的产物。

---

① 童潜明：《为什么洞庭湖是古文明之源？》，载《潇湘晨报》2019 年 9 月 29 日。

最后，血吸虫肆虐和瘴疬横行，是造成人口迁离的一个触媒。疾病威胁人类，直接造成身体伤害，与气候变化、地表沉降造成的后果没有太大区别。不过，这是一个长期的趋利避害的选择，它可能没有洪水泛滥和地表沉降所表现的那样直接。血吸虫肆虐，是地质运动带来的副产品，沼泽地貌，完全拜地陷所赐。研究显示，自春秋时期开始，随着洞庭湖平原的沼泽化，血吸虫开始侵入。魏晋南北朝时，大片湖面已经形成，洞庭浅水湖盆出现，更加重了这种地方性疫病的扩散与流行，同时，也大大降低了宜居指数，造成人口迁离，生产缩减，社会倒退。

以益阳所在的南洞庭湖为例，水浸皆湖，水落为洲，河汉纵横，洲岛密布，这是对它湿地景观特征的精确概括。地跨岳阳和益阳两市的南洞庭湖，面积达 1680 平方千米，其中湖泊面积 920 平方千米，洲岛 760 平方千米，广阔的湖面上，星罗棋布地散布着 118 个人迹罕至的湖洲和湖岛。这等规模的沼泽化湿地地貌，吸引着东亚南迁候鸟的大量聚集，其所带来的禽流感等瘟疫，以及麋鹿、水獭、鼠类等本土原生沼泽动物的种群剧增和版图扩张，引发人畜共患疫病增多，最终使人居环境恶化，健康遭受威胁，从而造成栖湖人口面临生存危机。

其他自然灾害和社会矛盾都对人口迁居产生深刻影响。譬如，魏晋至隋唐，益阳境内自然灾害频仍，水旱和洪涝交替出现，饿殍载道，哀鸿遍野，导致民众不得不背井离乡。又譬如，自楚国羁縻百越时期始，最晚至南平百越，楚国与百越之间的矛盾日渐增多，苛捐杂税，繁重徭役，文化冲突，人地矛盾，都是其中的具体表现。随着社会发展滞后且阶层分化，以及内部矛盾的发酵和外部因素的介入，在南楚益阳，各种纠纷诉讼、争端械斗和劫掠扰袭，最终引发一系列族群战争。此类社会动荡局势出现，直接导致人口急剧减少，继而产生代际传递，形成"蛮荒贬谪"之地而流传于世，令这块土地蒙羞了数个千百年。

二、梅山蛮的形成及梅山文化

梅山蛮以梅山地望命名。

梅山在哪里？元代脱脱著《宋史·梅山峒蛮传》这样记载："梅山峒蛮，旧不与中国通。其地东接潭，南接邵，其西则辰，其北则鼎、澧，而梅山居其中。"

从历史上说，梅山地周时属荆州，春秋战国属楚地，秦代属长沙郡，汉属长沙王国。譬如汉代，它介于益阳和昭陵（今湖南省邵阳市）二县边界以外的中间地带，既不属益阳县，也不属昭陵县。其地方圆千里，地势险峻，山深林密，溪涧环列，多广谷深渊与悬岩陡壁，人烟稀少。

宋安化知县吴致尧《开远桥记》云："介于湖湘南北间有两梅山焉。广谷深渊，高岩峻壁。绳桥栈道，狖猱上下。食则燎肉，饮则引藤，衣制斑斓，言语侏离。出操戈戟，居枕铠弩。刀耕火种，摘山射猎。"

结合文献记载并稽核其范围，梅山最北至益阳四里河（今桃江县马迹塘镇泗里河村），最西至安化白沙砦（今安化县西部边界辰山白沙寨），东北起宁乡司徒岭（今宁乡市沩山乡与安化县东山乡交界处），南抵湘乡地界。

"梅山"名号最早见于唐末僖宗时期，至北宋神宗时消亡，历时不足 200 年。《新唐书》和《宋史》都有提到"梅山"，其中《宋史》有传，内容简略含糊，且谬误连连，其他古代史籍未见其名。梅山是百越遗民，宋代归化时，山民献出版图近 6 万平方千米，水田 260436 亩，但入籍仅 14809 户、19089 丁。如此巨大的版图，只置新化和安化两县，且行政级别很低。而数百年后，此地设置了邵阳和娄底两个地级市，包括双峰、涟源、冷水江、安化、新邵、隆回、洞口等县，这不禁让人对梅山地域和梅山文化心生疑问与好奇。

实际上，梅山是一个动态范围。作为百越后裔的梅山峒民，他们以安化梅城为中心，其生存所及之地，就是梅山的地理范围所指。梅山人最常抵近的区域，不在东，不在西，也不在南，因为那里尽是崇山峻岭和不毛之地；而在北，在北面地处洞庭之滨的益阳。原因在于，那里有山丘，有溪河，有湖盆，更有广阔的平原，承载人口的地理条件最佳，资源最富集，物产最丰盈。

古代洞庭湖平原周边，分布有三个文化系统的种群，作为远古部落首领演变而来的人文始祖——蚩尤、祝融氏、善卷和盘瓠，他们都属于苗瑶语属，只是因为不同的地理环境分割，各分支才形成不同的文化认同和族属认同。蚩尤系统分布于资水流域，祝融氏系统分布于湘江流域，善卷和盘瓠后裔，则分布于沅水流域和澧阳平原一带。具有一定联系和协作的他们，是基于血缘融合出现的一个个氏族分支与基于地域融合生成的一系列族群部落。

蚩尤进入洞庭湖平原，是从传说开始的，但考古发掘印证了这种说法的传奇和可信。

依据上古神话传说描述，旧石器晚期，距今约1.8万年，来自昆仑山的阿尔泰华夏先民以及古越苗瑶先民，以智人身份先后东出和南下。华夏族先民进入东亚地域，在黄河流域扎根；苗瑶先民进入南亚，进而在中南半岛各地与土著原始人一起进化繁衍。大约经过3000年，在距今约1.5万年，苗瑶先民开拓到岭南地区，在那里发现了野生稻可供人工栽培。后来，他们越过南岭，沿山溪河谷开辟稻田，再顺着湖南的湘、资、沅、澧四水北上，发现了土地肥沃且广袤无垠的洞庭湖平原。那里降水充沛，雨热同期，自然条件优越，他们可以获得巨大的生存与发展空间。

距今约8000年，《史记》所称的"神农氏世"到来。此时，苗瑶族群凭借耒耜等先进生产工具，继续沿长江向东、向北垦殖。经过千余年发展壮大，他们来到黄河岸边，建立了部落社会。其中，九黎部落凭借族群拥有的历法天象、刑法礼仪、民俗歌舞和冶金术等知识和技能，大力发展生产，扩大族群影响，将垦殖范围拓展到了黄河下游平原的河北、山东一带。由于发生文明冲突以及争夺生存空间等原因，九黎部落与来自黄土高原和关中平原的轩辕氏族群发生矛盾，进而引发连绵不绝的战争。2000年以后，距今约5500年，因内乱和天灾等触发，再加上传说中"玄女"和"女魃"等女人相助，一直占据下风的轩辕部落在杰出首领黄帝率领下，联合神农部落首领炎帝，组成部落联盟，与九黎部落首领、盖世英雄蚩尤历经数次交战，终于反败为胜。在现今河北涿鹿之野，强悍的蚩尤被擒杀，轩辕氏黄帝便取而代之，成为北方部族新盟主。战败的蚩尤余部，则被迫向四周迁徙，其嫡系部分退守到江汉地域和洞庭湖平原（今湖北鄂州、江西萍乡和湖南岳阳一带），他们就是《史记》所称的"三苗"。三苗在退守的近千年里，发展出先进的农耕技术，创造了成熟的稻作文明，建立了城邑，积累了斑斓的民俗文化，形成了以祭祀祖灵和鬼神为中心的原始宗教。

黄帝部族入主中原以后，依托被俘"黎民"及其所创造的先进农耕文化，生产得到跨越式发展，国力很快走向强盛。其后继者帝喾和尧、舜、禹，又接二连三向三苗部族发动战争，最终在距今约4000年前，禹再次战胜三苗，建立了夏王朝。三苗余部，部分溯江西迁，至局部已沼泽化的洞庭湖平原，部分顺江东下，散居两岸各地，主体则进入沅湘之间，在雪峰、武陵一带的山间谷地隐居下来。

自三苗后裔定居沅湘之间以后，商周时，梅山地接纳了虎方国的一支殷商遗族，带来了惊艳世人的虎食人卣青铜酒器，蛮夷合流，元气开始恢复。后来，他们与百越、百濮和睦相处，再加入古苗人所立的楚国并成为其羁縻之地，于是史籍中就有"蛮夷"的族称。秦灭楚时，楚国部分贵族南逃，山高谷深的梅山成为首选。随着族群的兴衰、迁徙、分离，历代对此地的称谓各不相同。春秋战国称为"荆蛮"，汉代称为"长沙蛮""山越"，隋代称为"莫徭"，唐代称为"莫徭"，或写作"莫瑶"，晚唐及宋代称其为"梅山蛮""蛮獠"。

安化县东山乡出土的商周
虎食人卣青铜器

梅山蛮在梅山地域割据过程中，曾经发生过一些大的兵事，对梅山子民的聚散与去留产生了很大很深远的影响，同时也有助于人们进一步了解他们族群的开枝散叶与族性文化的归隐沉潜历史。

东汉时，长沙蛮人口剧增，为获取资材，崇尚操弓拓弩的他们，频频驱驰在益阳、长沙、湘乡、宁乡之间。东汉永寿元年（155）一月，他们攻占了益阳县城，杀县令，掠夺了大批物资。延熹三年（160），他们以万余人攻入长沙郡界，屯驻长达两年之久，聚集货财，练武强兵。后联合湘南零陵、广西等地蛮獠，邀集两万余人马，分兵进犯郴州桂阳、广西苍梧、广东南海，甚至越南交阯（今越南北部红河三角洲地区）。东汉桓帝数次派兵征剿未果，后经悬赏举荐，越级提拔七品右校令度尚为荆州刺史，拜冯绲为车骑将军，率兵十万余人围攻，长沙蛮因之大败，被俘者万余人，死伤者不计其数。此后，长沙蛮元气大伤，人口急剧减少，很长时间都未能恢复过来。

在此情形下，东汉末，许多散居在湘江流域的山越人，便乘势投奔到梅山地区，在沂水、沩水等流域的冲积平原集结以后，发展生产，拓殖人口，令声势大振。后来，他们曾组织万余人向西南进攻，战败后，散居湘南、广东、广西、越南等地，留居梅山大本营的人数仍多，并因此发展为许多宗部。

晋末永嘉之乱到南北朝间（307—589），部分梅山人北迁鄂、豫、皖交界山区之地，后被汉化。留居梅山的百越人，被称为"梅山蛮"。

五代时期，梅山后裔又逐渐复兴活跃起来。918年和928年春，梅山人曾两次出兵邵州（今湖南省邵阳市）。稍后，领湖南国的马殷父子遣江华指挥史王同不时进山剿击，在梅山人的顽强抵抗下，结果，王同战败，死于宁乡司徒岭。949年，马殷之子希广、希萼兄弟互残，希萼邀梅山峒民相助。梅山人素闻长沙之富，于是出兵占据益阳，劫掠货财良多。950年年底，在宁乡玉潭（今宁乡市玉潭镇）击败希广之劲旅，杀其大将数员，乘胜攻入潭州（今湖南省长沙市），"驻兵三日，尽取其州府所积财宝而返梅山"①。

宋代初年，梅山人口大增，势力更加强盛，出境扰掠之事常有发生。

宋开宝八年（975），宋太祖赵匡胤派遣名将李继隆，会同潭州刺史山西太原人石曦，开拔前往袁州（今江西省宜春市）进攻南唐军队。在长沙南境，梅山人聚集数千，趁其不备，截其出路而攻之。李继隆仓促应战，手足均为梅山人毒箭所射中，士卒死伤者达三分之一。南唐平定后，同年，已升任潭州钤辖的石曦回兵反攻，从邵阳攻入梅山边境的板山、仓溪诸峒，俘斩数千人而归。

宋太平兴国二年（977），宋太宗赵光义派大将河南洛阳人翟守素、九江刺史田绍斌分兵前后夹攻梅山，翟守素在益阳居前，田绍斌在邵阳断后，屠杀万五千人。《湖南省志·民族志》称，此后梅山人有部分外迁至湘南桂阳等县。

此役之后，梅山十室九空，一蹶不振。为避免峒民东山再起，宋在梅山

---

① 参见欧阳修：《新五代史·楚世家》。

四境设立梅子口、七星、昔溪、白沙和蜉蝣等五寨,以兵环戍之。此五寨均在安化境内。与此同时,宋太宗下令对梅山地区开始实行封锁和孤立政策,禁止梅山人与内地交往,禁其地不得民耕。梅山地区被"围猎"之后,社会严重倒退,人口增殖缓慢,民生异常艰困。

梅山王扶汉阳死后,苏方被梅山人推举为首领,《宋史·梅山峒蛮传》云:"有苏方者居之。"

从978—1072年,梅山地区被宋朝围困了近百年,形成了"旧不与中国通"的局面。不是梅山人不想通,而是大宋不准通。但这种"困毙"战略还是没能让梅山人屈服。随着势力的逐渐恢复,庆历年间,梅山人曾数次攻入邻境,掳掠资财,尤其是食盐。宋代地方官吏由此悟出了一个道理:梅山地区单靠武力解决行不通,必须软硬兼施,以怀柔为主,实行和平与发展政策。

安化县梅城镇洢水之上的燕子桥(周立志摄)

嘉祐末年(1063),益阳知县张颉,以县境与梅山溪峒接界,乃驰禁约,允许蛮人耕种。此举将开拓梅山纳入朝廷的日程。熙宁三年(1070),湖南转运副使范子奇上奏"蛮恃险为边患，宜臣属而郡县之"。随后蔡煜继任此职时，又奏曰："……使为士民，口授其田，略为贷助，使业其生，建邑置吏，使知有政。"宋神宗采纳其建议，于熙宁五年（1072）下诏潭州知府潘夙、湖南转运副使蔡煜、判官乔执中，会同经制章惇以和平方式解决梅山问题。在章惇主持下，官府分别委托潭州兴化寺禅师绍铣、宁乡沩山密印寺长老颖诠、武冈县尹郭祥正等人联络各峒首领劝和，得到大部分首领的默许和赞同。于是派员接收此地，设上梅和下梅两邑，上梅以"王化之一新也"命名为新化，筑城于北溪白石坪；下梅以"人安德化"命名为安化，筑城于梅城（县治初设浯水东启安坪，南宋建炎四年毁于兵燹，遂迁至浯水西梅城镇），这就是同治《益阳县志》所称的"章惇开梅山"。自此，梅山纳入北宋版图。

其时，他们的生存困境已引起越来越多人的高度关注，不少人留下传世诗文予以描述。北宋熙宁年间，武安（今湖南省长沙市）军节度使推官江西临川人吴居厚（1039—1114）在《梅山十绝句》中，对此作了准确概括。他写道："板屋依岩不记时，裹头今已就招携。迎神欲击穿堂鼓，饮食争持吊酒藤。莫道山中无礼乐，百年风俗自相承。山头畲粟缘藤去，背上驮儿用布缠。大抵生涯多苟简，夜深星月照床前。木皮作席三冬暖，溪水供餐瘿项粗（缺碘引起的一种大脖子病）。自道生来为饱足，不知世上有荣枯。"千年独立，百年受困，精神不倒，生生不息，这便是对梅山人入籍时生活状况的真实写照。

有几点理由促成梅山人在梅山地域的聚集与形成。一是文化的自信。它源于以稻作文明为核心的农耕文化。三苗集团曾经拥有灿烂辉煌的农耕文明，这种让人引以为豪的先民历史，诸如节令、习俗、歌舞、器具、农耕制度、礼仪、饮食、图腾崇拜、婚恋、祭祀、迁徙、纠纷乃至战争等等，无一不渗透到社会生活的每一个角落。这种系统化的农耕文化，形成了一种具有极强凝聚力的民族意识，最终积淀为浓厚的审美心理，形成高度的文化自信。这种基于文化自信的文化优越感，只有内化而少有外溢，铸造出一种超稳固的心理结构。即使后来梅山人生活环境不断恶化，从山间盆地走进大山深处，生活质量不断下降，乃至丧失农耕文明数百年，但繁衍子民、守护传统的使命从来不曾停止，乐观面对、纯净内心、"以饭养身，以歌养心"的文化自觉也一直得以传承，以居所、器物、服饰、民俗等构成的整体民族形象，在这种文化自信中，始终有尊严有尺度地展示与呈现着。

二是梅山教。基于"万物有灵"观念的自然神崇拜，特别是梅山人信奉的祖灵和鬼神祭祀。由于巫风遍地，巫师备受重用，梅山教因而主宰了梅山人的精神世界。所有进入梅山地区的族群，不管是商周的巴人、春秋的濮人和扬越人，以及秦末的白虎夷人，还是不断进入的汉民，他们一旦进入，都得入乡随俗。他们沉浸于这种浓厚的祭祀氛围，深受熏陶和激励，就会自觉不自觉地予以接纳和认同，并以感恩和敬畏的心态，成为梅山教这种原始宗教的忠实信徒和践行者。

倒立的张五郎神像

三是极强的生殖意识和族属观念。梅山人发轫于古越人，一般认为是数百万年以来进化未断的原初人种的后裔。冰川期即所谓人类灭绝时期，在热带地区，他们有幸躲过这一旷世大劫难。在繁衍本能驱使下，他们深深体会到生存和繁衍的不易，甚至将其嵌入基因层面上，进化和突变出某种鲜为人知的遗传密码。他们热爱并珍惜生命，用歌舞和快乐装点生活，家庭和族群观念十分浓厚，尤其信守婚姻和族群规则，始终保持家庭组织的稳固和族群生活的封闭。他们生活简单，粗茶淡饭，以素为主，荤素搭配，身体素质普遍较好。他们崇尚自然和生态，在地域、环境、居所、饮食、衣饰等方面，都十分讲求明朗、纯正和本真。他们种族意识很强，推崇血表婚和童婚，很难接受杂交婚，在族群与家族之间自觉维持血缘的纯正和洁净，保护遗传特性，保持免疫优势。基于此，梅山地域的人口更新特别快，种群年轻，劳动力充裕，家庭和族群生活充满活力与激情。

四是聚居方式和节庆民俗。聚族而居，依山就水，在整个村落形成一个寨子，这是梅山人的居住方式。这种居所组织形式，从基础设施和公共平台层面分析，可极大增强村落的凝聚力和号召力。而依托远古农耕文明演变而来的多种多样的民俗节庆，则从心理、情感和精神层面进一步强化了聚族而居所形成的凝聚力，两者相加，缔造了一种村社非常封闭，地域和族属特色非常鲜明的乡土文化。这种世俗化的草根文化，是农耕节庆民俗的生动展示。

此外，宝塔、塔楼、风雨桥和茶亭等体现公益慈善属性和人文关怀的地标建筑和设施，也促进了梅山人"安贫乐道"和"安土重迁"心理的形成和滋长。

附录

章惇《梅山歌》①

开梅山，开梅山，梅山万仞摩星躔。

扣萝鸟道十步九曲折，时有僵木横崖巅。

肩摩直下视南岳，回首蜀道犹平川。

人家迤逦见板屋，火耕硗确多畲田。

穿堂之鼓当壁悬，两头击鼓歌声传。

长藤酌酒跪而饮，何物爽口盐为先。

---

① 参见嘉靖《新化县志》卷十一。

白巾裹髻衣错结，野花山果青垂肩。

如今丁口渐繁息，世界虽异如桃源。

熙宁天子圣虑远，命将传檄令开边。

给牛贷种使开垦，植桑种稻输缗钱。

不持寸刃得地一千里，王道荡荡尧为天。

大开庠序明礼教，抚柔新俗咸无专。

小臣作诗备雅乐，梅山之崖诗可镌。

此诗可勒不可泯，颂声千古长潺潺。

古县古城两千年

一、不变的古县与异动的县治

　　益阳地处湘中以北，它的南边是群山耸立的雪峰山脉，史称梅山地区，北面濒临南洞庭湖，俗称青草湖。如果把古益阳的疆域像书一样对折，山丘区和湖平区两部分大致可以压合重叠：滨湖的南原，有湖光做封面，居山的北麓，是山色做封底，天下洞庭和梅山神韵，地利和秀美，无一不囊括其中。更不用说一条资水，将益阳版图南北切分，甚至把整个湖南也分割成左右两半，奔涌不息的众多涧水山溪，汇聚成一条盛名和荣景兼具的大河。有如此山水滋养的土地，自然不缺少它的主人。早在战国中期以前，楚国就在资水尾闾设立了一个管辖资水中下游地区的行政机构，它的名字叫益阳县。这可是一件破天荒的大事。从目前掌握的史料判断，这个古县除去元代短暂升益阳州，持续约数十年，以及清代洪秀全率兵攻占益阳建立"得胜县"，统治寥寥三两年外，其余时间，直至中华人民共和国建立，益阳，在正统王朝之下，县名和身份从未有过改变，延续了近 2300 年。它看惯了皇权的此起彼落，世间的兴衰更替，在广阔的历史舞台上，那一袭浓来淡去的装束，给世人留下永恒记忆和无穷魅力，这是它的不变之处。

但是，益阳县治也藏着它具有传奇色彩的另一面——异动频繁。在资水尾闾，在江岸南北，或自西向东，或自北往南，2000 多年里，它至少移居了4 次。

考古发掘显示，益阳置县，始于楚国修建的方城。春秋战国交替之际，楚国盘踞江汉平原，为扩展势力，争霸诸侯，楚王把国家发展路径瞄准了富饶而广袤的中原大地。而它的南面，为百越杂居之地，是沼泽平原和原始山林，

益阳古城复原的牒楼（周立志摄）

尚未进入楚人征伐的视野。荆南之于楚国，是需要稳固和笼络的战略后方，所以楚方城这一军事城堡，最初服务于羁縻百越的治国方略。这个略显简陋的方城，设在益阳城西一个名叫爱屋湾的低矮台地上。它到底延续了多久？具体时间说不准，但据推测，它应该至少存在了近 200 年。

楚国中晚期，随着"南平百越"和"郢都东迁"两大历史事件在数十年

内相继发生，益阳县治不得不迁往离爱屋湾方城有 20 多千米的资江尾闾南岸的铁铺岭台地。这个县署脱胎于一处大型越人聚居地，是百越某个酋长国首领的府邸。楚国结束羁縻政策以后，大约在楚威王至楚顷襄王时期，楚人将县署迁至铁铺岭益阳故城之内。考古发现证实，这个城址从楚国晚期一直延续到了魏晋南北朝时期，迟至隋唐，也还时不时从北岸的洪涝水泽处迁往此处驻留。

三国时期，吴蜀争荆州，东吴派兵强索被刘备久借不还的益阳地。"单刀赴会"之后，主帅鲁肃迅速派人进驻资江北岸，将县署从资江南岸的铁铺岭迁到资江北岸的白马山附近，并修筑了 500 多米长的鲁肃堤。这个夯土堤围起的滨河城，史称鲁肃城。它是益阳古城的起点，也是目前益阳方志所载有关古城为数不多的可靠记载。这座城在元代之前一直处于不确定状态，因为资江洪水对于它的威胁实在太大。但北岸围垦的大片良田不断出现，其中寄予的渴望和激发的冲动，促使当地人将洪涝灾害一次又一次踩在脚下。明代以后，定型下来的益阳古城，一度成为长江中游一座美丽而富庶的都市。

其中特别值得一提的是，南宋时期，钟相、杨幺在洞庭湖一带发动起义。建炎四年（1130），钟相军队攻占益阳县城，杀县令袁显，县署被迫东迁至近 20 千米外的沧水铺。沧水铺亦称沧水驿，是秦汉驿道上的一个古老驿站。它的出名，据说源于大诗人李白，《菩萨蛮·平林漠漠烟如织》这首词原先就写在沧水驿楼上，词中"何处是归程？长亭连短亭"两句对思念成灾、归心似箭的描述，情景交融，浑然天成。不过，一年以后，随着岳飞军队进驻，益阳县治又从沧水铺回迁到资江北岸旧址。

明清至民国的近 500 年里，益阳县治一直扎根于鲁肃古城。明代以后，县城不断完善，频繁进行修缮，逐渐成为一座规模较大、气势恢宏、整洁美观的坚固城池。当然，日本人侵占益阳城的 1943 年 7 月和 1945 年 4 月，两进两出，益阳县署一度迁往桃江县城关镇，前后历经数月。但是，作为县城，这 500 年，大概就是它历史上最为安稳的一段黄金岁月。

二、驻军之城爱屋湾

提及爱屋湾遗址，先得说说铁铺岭故城遗址。铁铺岭东周故城是益阳一座大型古城，有城壕，有楚秦时代古井 3 口，并出土大量楚简，简牍性质为县署档案，所载文字坐实了它的古城身份。

根据近些年考古发掘所得，除铁铺岭故城外，考古人员认为，益阳"还有可能存在另一座城"①，这座城就是爱屋湾方城。

1993 年，益阳地区文物部门在益阳县李昌港乡（今益阳市资阳区新桥河镇）爱屋湾村发掘一处东周遗址。该遗址地势明显高于四周，面积达数万平方米。遗址外围，有一周壕沟分布，宽 3 米，残深约 2 米。遗址内发现排布密集的水井。据专家分析，它可能是楚人进入资水中下游后建立的一处军事据点。壕沟具有防御功能，引水灌满后足以抵挡步兵与车兵进攻。遗址邻近古河道、古驿道，扼守控制东西南北交通。②

爱屋湾遗址地处新桥河镇爱屋湾村与凤凰坝村交界处，当地人称为青龙山。遗址位于东经 112°13′39″，北纬 29°36′8″，海拔不超过 20 米。1993 年 7 月至 9 月，村民在修建益阳县杨林坳乡（今益阳市资阳区新桥河镇）至益阳市区的砂石公路时，发现该遗址。盛定国研究员时任益阳市博物馆馆长，之前在益阳地区文物工作队从事田野考古多年，是一位享誉省内的考古专家，他主持了爱屋湾遗址的挖掘工作。据他介绍，爱屋湾遗址是一个大型聚落，

① 蒋作斌主编：《厚土珍藏》，岳麓书社 2008 年版，第 34 页。
② 蒋作斌主编：《厚土珍藏》，岳麓书社 2008 年版，第 34 页。

时间先于铁铺岭遗址，当时有驻军保护。经勘探，遗址有水井20口，已挖掘水井4口，出土战国时期的一些陶器、少量铁器和青铜器残片。另从附近村民口中得知，当年考古人员透露，在附近长塘村（今凤凰坝村）遗址的东南方，发现了一处平整的夯土地坪，面积近2000平方米，被认为是一个军队操练场。偌大面积的操练场，容纳上千人应该不在话下。

该遗址居于台地，西边以小块洼地连接新桥山余脉，另外三面，是资水和洞庭湖形成的广阔淤积平原。这个城址，与位于沅陵窑头的黔中郡故城遗址较相似，地势平坦，视野开阔，特别适合筑城。这样的所在，既契合当时的风水观念，又具有当时的审美崇尚，尤其可满足楚人对于防御、安全和耕作渔猎的取舍之需。遗址先后出土的20口水井，其中属于同一时间序列的战国井有4口，它们为这个大型聚居点同时供水，按每口井保障400人计算，此聚居点人口至少在1500以上。

遗址外围，有壕沟呈不规则的圆圈分布，长度在数百米。淤泥之下，有残存的木桩遗迹，有人认为是固岸所需。城壕的存在，使方城的形象在人们的心目中能够更清晰地确立起来。

益阳市爱屋湾遗址远眺（周立志摄）

　　由于是配合公路基建，加之当地人口密集，大量房屋设施先后修建，爱屋湾遗址的原貌已不复存在，外溢的信息量很少，特别是遗址的发掘报告一直未公布，导致人们对它的概貌尚未能准确而细致地掌握。根据目前清理所得，推测此处是战国中晚期遗址。不过，结合附近新桥山、新桥河楚墓的年代序列分析，楚人早在战国中期就应当来到此地，并留下同期的一批匕首、数件陶器以及若干箭镞等兵器。如此道来，爱屋湾方城的形成，最早可能要追溯到战国中期。

　　最近数十年，考古人员从遗址附近数百米外的新桥河、木子山、虎形山和新桥山等地，相继发掘出了 400 余座楚墓，出土了大量青铜剑、戈、矛、箭镞和随葬礼器等，还有一套楚国时期的青铜车马器，也完好无损保存下来。楚墓最早的在战国中期修建，其他的大多在战国中晚期。其中，一些濮式兵器的出现，意味着濮人很可能以仆从军身份加入楚国南征者队伍。据此推测，爱屋湾方城当是一个有雇佣军驻守的楚国方城。

　　《益阳探秘》一书作者认为，爱屋湾遗址是楚国南征百越的一座兵营，它实际上是楚人最初建立的方城。历史上，楚方城就是楚县的肇始，楚人依托这样的方城，能便捷地推进军事割据，实现对南楚之地的羁縻

爱屋湾方城附近出土的车害（上）、马衔（下）

管制。此书写道："近百亩的规模足可纳'千乘之兵'，战时征伐，闲时农耕；城内用于屯兵囤粮，四周置有木栅栏，围栏外挖设壕沟，无夯土城墙，

城内备水井 10 余口,垒有用于祭祀的高台;城外是广阔的原野和沼泽,宜于耕作和渔猎。"[1]

爱屋湾遗址其特殊之处在于,考古队员从附近约 1 千米外的木子山发掘了 3 座大型楚墓,均为《益阳楚墓》一书所界定的甲类墓,在益阳全部 2600 余座楚墓中,它的墓葬规格最高。这样的规格,与其方城定位相契合。考古人员从遗址附近发现一处大型夯土演练场,说明楚军是一支训练有素的队伍,其征战百越,镇守南楚,离不开艰辛而长期的操练,军营的身份是显而易见的。遗址及其周边,大量青铜兵器出土,种类多,数量丰富,这应该与当时军事行动的频繁开展有很密切的联系。据不完全统计,自 20 世纪 70 年代以来,爱屋湾、新桥山和木子山一带,已出土的戈、矛、剑、戟、战车、弓弩等青铜兵器总数上百件。特别值得关注的还是那一套完整出土的青铜战车礼器,这在湖南省内也属绝无仅有。遗址方圆数里的广阔稻田里,最近数十年里,林林总总发掘的铜箭镞更是不计其数。有驻军保护,有城壕,有各种兵器出土,有比较富集的筒瓦和陶器,有密集的水井,附近有较高规格的墓葬,这样的大型聚落,在益阳,爱屋湾遗址可是唯一的存在。

顺便提及的是,当年,村民在开挖一条名叫西干渠的沟渠时,曾发现过成排泛黑的木桩,它们分布在爱屋湾遗址的外围,相距有数百米远。可惜因年代久远,当时人们的文物保护意识又不强,这些木桩都没能好好保存下来。

那么,这些古老的木桩置于何时,又有什么用途呢?专家经过深入分析后发现,村庄设置在湖沼水泽地带,且按一定间隔呈线性分布,作为人工构筑物,它们要么是水利设施,要么是防御工事。而地近爱屋湾遗址,与城壕相伴,它们属于后者的可能性要大得多。据推测,利用自然水道或湖汊作掩体,形成多层防御体系,这些木桩应该是爱屋湾方城的一部分,属于最外围

---

[1] 周立志:《益阳探秘》,中国电影出版社 2015 年版,第 22 页。

的一道城壕式屏障。不修筑夯土城墙，而设置数道城壕，这应当是楚国在水乡地区，特别是南楚益阳修建城池和方城的一大特色。爱屋湾方城如此，益阳另一座铁铺岭故城亦大抵相同。实际上，在水道深沟里，通过布设一系列木桩，然后在上面捆绑一圈圈竹签，形成一种类似竹签阵的防御工事，应该是其初衷。竹签自然是本地盛产的南竹，经砍削后，在火灰里插扦数遍，通过适度炭化，以提高竹签的刚度和锋利度。平时，竹签阵没于潺潺流水之中，敌人进犯时，便可取得阻隔或延宕效果，进而获得某种作战优势。它的存在，无疑为爱屋湾遗址的方城身份作了另类注脚。

爱屋湾遗址也不是孤立存在的。益阳谢林港镇栗山洲（一作栗山园）出土的楚人居住遗址，面积近 3000 平方米，东周文化层厚 25—30 厘米，从春秋晚期延续到战国时期。这处居住遗址，位于方圆 10 多平方千米的志溪河冲积洲上，离资水南岸不到 5 千米，离江北爱屋湾遗址直线距离 7.7 千米。

爱屋湾遗址离黄泥湖楚墓群仅一江之隔，不足 4 千米。资江南岸是洞庭地区大型楚墓群遗址所在。目前考古发掘的黄泥湖楚墓，总数有近千座，基本是军士墓。它的存在，将一个楚国城址与一处楚军超大型墓地勾连起来，也唤起人们对楚国将士命运与人生遭际的丰富联想。

从整体布局和空间关系看，资江南岸的山岭地貌不具备修建此类方城和兵营的诸多优势。倒是北岸的爱屋湾遗址符合守卫一座方城的条件，以体现其存在价值。换一句话说，这些军士墓需要一处大型方城或兵营作为依托。当然，益阳还有另一座东周古城——铁铺岭益阳故城。它的规模虽比爱屋湾方城大，但它离黄泥湖楚墓群所在直线距离 12 千米以上，绕道而行，路途更要远于它。综合分析可知，南岸山岭的楚墓作为爱屋湾方城驻军的归葬之地，是最合乎情理的。所以不妨认为，爱屋湾作为驻军之城，表明它是益阳第一代楚方城。楚方城是楚国最早的县，益阳置县，应该就是从这里开始。

　　至于爱屋湾方城什么时候遭废弃，这个问题仍没有确切答案。但是，益阳作为南楚重镇，爱屋湾方城与楚国国运兴衰是紧密联系在一起的。结合楚国的历史遭际，人们仍能大致把握它的发展脉络。遥想当年，楚国郢都东迁，南楚被弃置。然后，秦军大破黔中郡和洞庭水泽，出现"江旁十五邑"，这大概就是益阳县治从爱屋湾方城转向铁铺岭故城的一个触发点。其后不久，爱屋湾方城因某种原因被毁，铁铺岭故城顺理成章就被定为县署。实际上，爱屋湾方城存续期间，正是楚国国力最强盛之时，对百越地区约束羁縻并施加了巨大影响，甚至在南楚地带设置了洞庭郡，管辖洞庭地区囊括沅水和资水下游等地的军务。从这个意义上分析，爱屋湾这个位于益阳西端的方城，它与洞庭郡确实有某种不寻常的关联。

　　关于爱屋湾遗址身份的推测，它最初可能仅仅是楚方城，后来，楚国在此建县并在某个时间段设置了洞庭郡（注：关于洞庭郡驻地的推测，目前学术界说法不一，有溆浦马田坪城说，有沅陵窑头黔中郡说，有常德临沅城说，也有长沙临湘城说，在益阳爱屋湾方城设置洞庭郡，这个提法还是第一次）。主因有四个。一是资水流域百越族群最不安稳，特别是中下游的越人，时常扰掠益阳周边的楚县，使得楚国南境的政权无法得到巩固，需要大规模驻守；二是黄泥湖超大规模的军士墓楚墓群，超过了驻县的军力，为一个大规模军事组织或军政建制的存在提供了依托和佐证；三是益阳兔子山遗址近600片楚简中的一部分记载，其辖制范围巨大，用语高邈，职衔较高，远在一个县级单位的管辖之上；四是爱屋湾方城的区位特点、交通、面积、古井数量、兵器规格、墓葬等级，这些要素存在，为它在楚国中晚期作为洞庭郡驻地假设的真实性、合理性和可信性提供了依据。目前，整个爱屋湾方城仅局部发掘，相关考古资料也仍在整理之中，完整的考古报告尚未发布。关于它的最新动态，人们正拭目以待。

三、益阳故城铁铺岭

铁铺岭东周故城位于益阳资江南岸营棚山，发现于 1981 年，是目前已知益阳最早的楚县驻地，可能是益阳的第二代方城。

铁铺岭故城呈长方形，长约 400 米，宽约 300 米，虽然没有修筑夯土城墙，但挖掘了宽 3 米、深 2 米的一系列城壕。遗址总面积达 15 万平方米。研究表明，此地是一个由大型土著越人邑落发展形成的战国城址。

1982 年 9 月，益阳地区文物工作队在益阳市营棚山至铁铺岭一带发现一处东周时期的古城遗址。经复查、挖掘，所获陶器、铁器、青铜器残片等文物装饰图案说明，这显然是一个较为富有的上层阶级堂宇建筑群，与其已散布在这一带

益阳市铁铺岭遗址出土的铺地砖

且较为宽广的残存遗物结合来看，这个城址很可能就是益阳古城的旧址。经过初步考证，该遗址年代当起自战国，一直延续到两汉之后，根据史籍所得材料，我们还只能将益阳古城的建城历史追溯至汉魏之际。若依此一考古发现，则能对益阳古城的建城历史考证提早一千年。①

铁铺岭故城所处的资江南岸高岭，海拔 50 米上下，它的北面与东面，分

① 中共益阳市委党史办、益阳市"五讲四美三热爱"领导小组、益阳市档案局等合编：《益阳史话》，1984 年编印，第 7 页。

别为资水和兰溪水，南边与陆贾山等一系列土坡浅岭相连，地势趋高但较平缓。离遗址百余米外的兔子山，2013 年发现了一处古井群，一共 16 口，其中 3 口出土楚简，总计 500 余枚，内容为楚国县署的档案文书以及其他记载。长期以来，人们把狮子山至铁铺岭一线山岗视为埋葬之所，但未曾想到，在这山窝平缓处，竟然还隐藏着一个大规模的战国城址。铁铺岭东周故城的发现，坐实了益阳作为楚县存在的合理和可信。

作为楚城，铁铺岭故城被认为是县署驻地，并在益阳当地文史圈中形成益阳故城起源的"营棚山说"。其主要依据表现为铁铺岭一带大型古代遗址和大量文物出土，以及附近百余座战国早中晚期楚墓被发掘。但最引人注目的，当是在附近益阳热电厂基建工地发现的一座战国前期的贵族墓。墓中出土的一尊青铜簋，气势恢宏、造形精美，是一件不为普通社会阶层所能拥有的青铜礼器。显然，这种稻粱盛器的主人，极有可能是一位土著越人部落首领。目前，此青铜簋置于湖南省博物馆，为该馆的镇馆之宝之一。基于上述种种分析，有些专家认为这个遗址很有可能即益阳故城旧址。①

说到铁铺岭故城，还得先看看铁铺岭遗址。该遗址位于益阳市赫山区桃花仑办事处铁铺岭社区，东北部在原益阳油脂化工厂和铁铺岭居民区内，南边原为大片菜地，北边距资水 180 米，东边距兰溪河（资水故道）150 米左右，西边山地为兔子山，为化工厂区。遗址中部偏北为一高出东南部 2—3 米的台地。经调查得知，整个遗址地形西北部高，向东南倾斜。

该遗址 1982 年开始发掘，经 1985 年、1992 年和 1998 年多次试掘和粗略钻探，已知文化堆积厚层达 3.5 米左右，部分地段文化厚层达 2 米以上，年代自战国晚期至明清没有缺环。其中，地层文化堆积，以战国到六朝时期文

---

① 周晓华：《益阳故城初探》，《益阳县文史资料》第五辑，第 129 页。

化内涵最丰富。①

战国层面的遗迹，一共 8
个，包括灰沟 1 个，房基遗址
4 个，灰坑 3 个。

陶器有釜、罐、盆、钵、
鬲、豆以及筒瓦、板瓦等器型，
其中鬲极少。陶质夹砂陶占

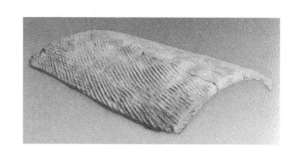

益阳市铁铺岭遗址出土的陶板瓦

35%，泥质陶占 65%，砂质重，估计为就地取材。纹饰主要是绳纹和弦纹，
有交错绳纹、抹断绳纹、粗绳纹、细绳纹、粗弦纹、细弦纹，另有少量绳索
纹、压印纹、方格纹、方块纹、交错菱形纹等。筒瓦，原始制作，但唇部多
经过慢轮修整。板瓦，夹细砂灰陶，呈长方形，瓦断面弧度较小，背面饰粗
绳纹，瓦内素面无纹，长 34 厘米，宽 18 厘米。因为标志性器具鬲很少，故
这些陶器属于楚国统治益阳之前的可能性大。另外，遗址出土残铁器 2 件。
一件呈长方块形，锈蚀严重；另一件呈长方尖形，锈蚀严重。两件器型均不
明。这也说明它们是战国中晚期或晚期以后所留下来的。

房址有一座俗称吊脚楼的干栏式房舍。呈南北向，平面呈不规则形，地
面高低不平，坡度约 30°，周边已伸向隔墙外，残长 4.2 米，宽 1.8—2.6 米，
厚 25—45 厘米。残存柱洞 6 个，直径 15—25 厘米，残深 5—30 厘米。出土少
量绳纹筒瓦、盆残片及灰陶豆等，猜测是在防护围沟边依山就势修建干栏式
建筑的遗存。

《先秦南洞庭》一书作者认为，遗址战国文化层，出土罐、筒瓦、板瓦、
高柄豆等，与湖北大悟县东周遗址出土的同类器物基本相似；陶鬲足，与平

江县安定区（今安定镇）古城战国城墙出土的鬲足特点相似；板瓦，一处与湖北江陵纪南城战国晚期古河道出土的板瓦基本相同，另一处与纪南城战国后期古井同类器物标本的尺寸、纹饰和形状均完全相同，而该井被断定为白起拔郢前后的遗存；筒瓦，与纪南城古井出土的战国后期筒瓦基本相同。结合本市各处战国时期古遗址出土的鬲、钵、罐、盆以及各种建筑遗存分析，铁铺岭战国遗存，可定为战国晚期遗存。①

益阳是一个古老的楚县。湖北荆门市十里镇的"包山楚简"就有"益阳公"的提法，将益阳和罗并列，用楚县抬头结案司法文书；安徽省寿县城南邱家花园出土的"鄂君启节"，留下楚怀王时代鄂君经商船队抵达资水下游的记载，作为资水尾闾的楚县，益阳自然是一段绕不开的行程。另据里耶秦简记载，楚国时设立的洞庭郡，益阳以旧县身份进入秦代，继续发挥着交通和军事等多种重要职能。再结合各种版本的益阳县志，以及兔子山遗址楚简等方面的记载，专家普遍认为，铁铺岭故城作为益阳县治所在，从楚秦开始，一直延续到汉魏时期。三国东吴政权曾将此城废弃，将县署迁往资江北岸，修筑了鲁肃城。后来，在魏晋南北朝至隋唐年间，又一度回迁到铁铺岭故城。因此，一遇自然灾害和兵燹，益阳县署就被迫迁离，铁铺岭故城便成了益阳县治的一个"备胎"。但县署在资江南北作钟摆式搬迁，其间隔时长不一，数十载乃至上百年不等，故而新建县署未必就在废弃的县署原址之上。兔子山遗址的古井，不在故城遗址之内，且同期凿用数量单一，大致可以解释这一现象。

铁铺岭故城的演变，与楚人南征有很大关系。楚国从春秋晚期进入益阳，直到楚威王时期设置洞庭郡，一直是以羁縻手段维系与百越族群的关系。之

---

① 益阳市文物管理处、益阳市博物馆：《先秦南洞庭　南洞庭湖古遗址发掘报告集》，科学出版社 2016年版，第 360 页。

前已经介绍了羁縻政策的基本概念,实际上,它并非直接管理,而是委托代管,是一种松散的管理制度。不了解这一点,就无法对铁铺岭故城进行准确定位。

羁縻政策采取的主要方式是笼络和控制。笼络,主要是在经济利益方面,包括资金、物产、货财的资助,还包括珠宝、美女、兵器等的输送;控制,主要是在政治和军事方面,包括内部牵制、族群平衡、探听策反等,尤其是建立方城、戍守防范和军事威慑。

我们试着从铁铺岭故城周边的墓葬着手分析当时的社会状况和时代特点。益阳陆贾山热电厂墓地遗址,位于益阳故城东南 200 余米外,发掘楚墓 54 座。益阳县招待所墓地遗址,黄家坡墓地遗址,坐落在赫山区桃花仑社区原市农业局办公楼区内,位于益阳故城西南约 800 米,发掘战国中晚期墓葬 23 座,均为平民墓。义子山墓地坐落在赫山区义子山上,位于益阳故城东侧约 1.2 千米外,发掘楚墓 32 座。资江机器厂墓地遗址,位于益阳故城以东 7.5 千米外,发掘楚墓 71 座。这四处墓葬,总数达 180 座,从墓葬布局和空间分布推断,它可以映射出故城周边当时楚国社会真实的历史面貌。

整体而言,靠近东周故城的热电厂墓地,有青铜礼器墓,也有普通平民陶器墓,既有春秋晚期墓葬,也有战国晚期墓葬。分析器物组合得出的结论是,有部分土著文化特征,但多与江陵楚文化中心器物组合相同;其中几座出土早期铜礼器的墓,等级较高,可能是贵族墓葬。

从墓葬年代看,春秋晚期至楚威王时期(前 339—前 329),益阳百越之地属于羁縻时代,楚墓应当真切反映出这个时代的基本特征。这一时期,楚国贵族不可能大批进入越地,更不可能渗透到越人社会。陆贾山一带的少量同期楚墓,如果是楚国南征者,说明他们仅仅是试探性进入。这类墓数量极少,年代上也出现了断层,两三百年间,就那么三两座,是不是楚国使节,还真不好说。稍晚一点的较高等级墓，如果是归化楚国的越人贵族，配享楚器下葬，也并不排除，因为这些墓葬大多体现出越人窄坑墓的特色。显然，墓主遵从了这种具有地域色彩的葬俗。

义子山墓地，是故城近郊的平民墓葬。义子山墓地虽被定义为楚墓，陪葬物也均为楚器，却是典型的越墓葬俗形制。① 清一色窄长形竖穴小土坑墓，一座宽坑墓也没有，这是典型的越墓配置。考古显示，此处不见陆贾山楚墓陶器组合风格，连常见的仿铜陶器组合也不齐全，多数为仿日用陶器。显然，这处山坡上葬的大概都是被同化的土著越人。发掘表明，其中几座小型墓出土的铜鼎，完全是越文化风格。墓地从春秋晚期一直延续到战国晚期。这从一个侧面证实，这处越人社会羁縻时间相当长，文化层至少保留了近500年。

益阳市赫山区龙光桥出土的越王剑

我们再把目光拉到故城郊外。资江机器厂墓地，陶器墓为主，不同于陆贾山墓地风格。有少部分铜兵器出土，但无一件铜容器。该墓地规模较大，

剑首的错金铭文

墓坑保存完整，墓葬排列有序，无同期打破关系，从战国早期延续到晚期。当中，发现几座墓葬具有巴文化特征，表明墓主与巴文化联系密切，极可能是归化的巴人守将。《益阳楚墓》一书作者认为，此墓地延续时间较长，有多种文化混杂，是当时很有影响的一处家族墓地。

楚人羁縻益阳之前，铁铺岭故城一带仍

---

① 越墓形制，楚器，仍是益阳定义的楚墓。

属于原始社会末期，但聚居地的规模巨大，面积达 15 万平方米。这样一个大型土著越人聚落，是形成东周故城的前置条件。楚人羁縻期间，极少的楚墓出土，证实了楚人定居人口不多，可能仅是使节之类的事务性人员来此生活，比如联络、交通、商贸、军务等。当时，楚人正在中原地区忙于夺取土地和人口，开展诸侯争霸战争，对百越之地自然无暇顾及。历史上，楚人一直对湖沼、山区不待见，对族群复杂、社会分割严重的蛮荒之地更是如此。所以，铁铺岭故城周边的楚墓，具有鲜明的越人社会底色，从前述墓葬可以得出以上结论。

实际上，我们从故城周边和近郊的楚墓发现这样一个显著特点，即楚墓年代多集中在战国中晚期或晚期，占总数的近八成。这些墓葬，与新桥山楚墓、黄泥湖楚墓基本保持同步。所不同的是，新桥山出土了众多青铜兵器，其中包括大型青铜车马器，附近的爱屋湾遗址有城址、居所、水井、陶制生活器具和种类繁多的兵器，黄泥湖岭头有众多军士墓和各类兵器，而铁铺岭故城邻近的陆贾山，却很少或者欠缺这类军事色彩浓厚的器物。显然，铁铺岭故城崛起，是在楚国结束羁縻政策，即"南平百越"，甚至更晚至楚国郢都东迁，益阳被秦军夺取之后。

从墓葬可知，楚人既然在羁縻期间没有直接占领铁铺岭故城，那么，他们一定会在百越之地建立相应的军事政治平台。不用说，他们还真建立了这样的配套设施。这个设施离铁铺岭故城不远，在资江北岸 20 千米外，名叫爱屋湾方城。考古显示，这个方城属于大型聚居点遗址，有军队驻守，无城墙，但有城壕，楚式兵器富集；特别是它的出土器物如楚式陶器、铜器和青铜兵器等，一度指向战国中期，在时间上，与楚国实施羁縻政策相当吻合。战国晚期，也就是郢都失陷以后，爱屋湾方城的出土器物出现断层，而铁铺岭故城的楚墓一直得以保留，直到秦国接管此地为止。所以，我们可以初步判断，

益阳铁铺岭东周故城沙盘（益阳地区博物馆制作）

铁铺岭故城是一处楚国羁縻下越人方国或酋长国的城址，楚人在爱屋湾方城承担了对这个方国或酋长国的军事镇守和威慑职能。这座故城成为益阳县署，是楚国于公元前278年东迁以后。其时，爱屋湾方城失守，铁铺岭故城正好完成这个历史接力。黄泥湖军士楚墓群的出现，从空间关系上对这段历史给予了明确肯定。

　　益阳县署的城郭，无论是爱屋湾方城，还是铁铺岭故城，都存在一个城郭不全问题，即只有城壕，没有夯土城墙的状况。这一现象，在南楚洞庭湖周边可谓绝无仅有。早在明清时期，它就引起了人们的关注。

　　乾隆《益阳县志》记载："城郭不完美非国之灾也。然王者建邦治，立郡邑，未有不深厥堑而峻厥墉者，以是为居中驭外之权耳。而公署以居长贰，藏图籍，仓库以储货镪、积赢粮，馆舍以居停宾客，监禁以收罪辜，而恤孤贫、赡老疾，用广好生之仁，皆抚兹城社者所有事矣。"①

　　这是益阳人对县城营修的理解。其根源在于，洞庭之滨特殊的地理环境，造成城池残缺现象的产生。不了解这点，或许就没法完整领悟益阳县署的古老和独特。

---

① 参见乾隆《益阳县志》卷五"城池公署"。

四、长公主食邑益阳县

西汉时期，益阳沿袭楚国和秦朝的县制，设有县令。但由于战乱和人口减少，一度降格为亭，桓帝延熹二年（159），马昌就曾经出任过益阳的亭侯。但此时，县城仍驻于铁铺岭故城。据同治《益阳县志》记载：西汉初，大中大夫陆贾两次出使南越，均途经并驿驻益阳，陆贾山以此冠名。这一事实表明，县署位于秦直道上，附近设有驿站，两者相距并不远。

两汉时期，益阳周边蛮族兴起，人口剧增，时常威胁着邻境的安全。西汉末，长沙蛮动辄数千，越境进入益阳，经常劫掠益阳县署，抢夺财物。东汉时期，益阳属于与长沙蛮交战的前线，社会局势复杂、动荡。面对蛮族肆虐、州县不安的局面，朝廷多次派兵追剿，但屡征不克，损失惨重。不过，这些军事行动也给蛮族以震慑和打击，令他们只得聚集在不同地域，形成分隔而单一的地域族群，此类割据势力包括长沙蛮、武陵蛮和五溪蛮等。

东汉永寿三年（157）至延熹三年（160），《后汉书·桓帝传》称："长沙蛮叛，寇益阳……荆州刺史度尚讨长沙蛮，平之。"四年的交战均发生在益阳，令城邑毁损，人口锐减。桓帝延熹二年（159），县制一度降格为主邮驿和军事的亭，不久又恢复。三年后，延熹五年（162），江西豫章郡艾县六百人起事，占领益阳，杀县令，后被朝廷镇压，可见益阳县又得重新设置。三国时期，被称为"山贼"的长沙蛮山越人一度兴起，对物产丰饶的益阳虎视眈眈。据《三国志·吴志》称，"长沙益阳为山贼所攻"，孙权获知后，便派遣黄盖率兵收复益阳，山越退守梅山边境，与之对抗，相持月余。可以说，在整个东汉时期，长沙蛮屡次越境益阳，闯入县署，烧毁府库，劫掠货财，从盐铁、土布、马匹、粮食到黄金珠宝，不一而足，令县署惶惶不可终日。

西汉时，县治在铁铺岭楚县的东周故城。三国后期，县署搬到北岸白马山附近。县治搬到北岸以后，初期修筑有鲁肃堤，勉强驻守。后来长沙蛮势盛，平坦地势和低矮城堤令安危不常，加之三年两涝，屡遭水淹，故在三国末期，常把县署设于北岸，而把府库置于南岸，县署官吏在资江大渡口两岸早出晚归，来回穿梭。往来之道，当然是一条非常繁忙的驿道，两岸均有驿夫兵卒值守。

益阳长公主，也称益阳公主或二长公主，汉桓帝妹妹，因后汉时益阳曾为公主封邑，故名，食邑两千石。据《后汉书》记载：东汉时，皇后公主食县曰邑，所以益阳县又名益阳长公主邑。另载，益阳公主，桓帝妹，其父蠡吾侯刘翼（汉章帝刘炟之孙，汉桓帝刘志之父，汉桓帝即位后，追尊这位先侯为孝崇皇帝，庙曰列庙，陵曰博陵），适侍中寇荣从兄之子为妻。去世后与其父刘翼同葬博陵。

实际上，由于益阳局势动荡，估计长公主的食邑在相当多的年份即便不是徒有虚名，也会大打折扣。

五、三国县城与鲁肃城

三国时期，益阳最初属吴县，设县治于资江南岸的东周故城。刘备借荆州后，这个县治由吴蜀共置，数年后，吴国讨还益阳，将南岸的县城搬迁到资江北岸新址。这个新址就是著名的鲁肃城。

乾隆《益阳县志》记载："旧城在今儒学后，吴鲁肃筑。其址犹存数十丈，人称鲁肃堤。"①

　　长久以来，后人对益阳在三国的归属疑惑不已，因为刘备一直久借荆州不还，而且后来东吴那个索讨定局方案，吴蜀即是"以湘水为界"划分荆州，那么，湘水以西的益阳，大概只能成为蜀县，县城也不会出现什么异动。但 2013 年发掘的兔子山遗址，却在某种程度上改写了

益阳古城鲁肃堤城墙砖石基址

历史。因为 1.5 万余枚出土吴简所记载的内容显示，益阳属于吴县，而且资江南岸为县署所在地也真实可信。

　　简牍出土了"建平""元始""建安""嘉禾"等多个年号，其中最有价值的是"建安"和"嘉禾"两个。建安（196—220），汉献帝刘协的年号，一共 25 年。建安二十年至建安二十五年（215—220），这最后 6 年与益阳联系密切，因为建安二十年（215），史载"吴蜀分荆州"。分荆州之后 10 余年，简牍采用嘉禾纪年，说明益阳此时已是孙吴的天下。嘉禾是孙权的年号（232—238），一共 7 个年份。变更年号，这无疑是一个改朝换代之举。益阳县署更替档案年号，这一事实说明，建安以后，益阳被东吴接管，成为孙权治下的一个县份。这印证了吴蜀争荆州，关羽在益阳"单刀赴会"的可信，

① 参见乾隆《益阳县志》卷五"城池公署"。

同时也从一个侧面证明了鲁肃接管益阳，修筑鲁肃古城的真实性。兔子山简牍澄清了一些不实说法，可谓发挥了以正视听的作用。

历史上，两汉、三国涉及益阳的记载，均归口到东吴方面，尽管刘备借荆州，一度未还，而益阳又是荆州一个属县，由刘备管辖数年，但最后还是被孙权派兵收回，纳入东吴治下。陈寿《三国志》涉及益阳"单刀赴会"的史实，也体现在东吴方面的载述之上。说明益阳县是归属东吴，而不是蜀汉。长篇历史演义小说《三国演义》，为突出关羽形象，一度消隐了历史背景，这是长久以来让人产生益阳归属蜀汉错觉的一个主要原因。此外，大量关于益阳与长沙蛮的史料记载，也均录在吴志之中。所以，大体上，三国时期，益阳就是吴的一个县份，县治最初设在资江南岸，建安二十年（215）以后，迁到资江北岸新修筑的鲁肃城了。

六、江城钟摆南北朝

南北朝时期，益阳进入一个多灾多难的时代。灾难之一是地质沉降造成益阳县境地貌改变。表现为洞庭湖盆的凹陷迅速，大片水面侵蚀原先的陆地，致使湖沼增加，耕地减少，人口外迁，社会发展受阻。灾难之二是自然灾害频发，水患激增，旱涝交替，导致饥荒连年，民不聊生，饿殍载道。灾难之三是瘴疠流行，血吸虫肆虐，威胁百姓生命，损害他们的健康，令一方土地不得安生。灾难之四是战乱造成时局动荡，引发难民潮，百姓身如浮尘，命若草芥，颠沛流离，朝不保夕。在此背景下，三国时期的益阳县署，不得不搬迁到南岸的丘岗，择址于铁铺岭故城外，另建新宅。

具体而言，永嘉之乱至南北朝时期（307—589），因"五胡乱华"引发汉人"衣冠南渡";而洞庭沼泽平原沦陷,湖面剧增,生存环境劣化,导致益阳人户从湖平区撤退。在此期间,一是益阳县署搬到资江南岸。二是原先在河岸与沼泽等低洼地带生活的一些民户,不断往南退迁,形成生态难民:一部分在益阳资江南岸留居,一部分甚至进入梅山地区。在梅山地区,难民潮产生了某种挤压作用。相传有部分蛮族,被迫北迁至鄂、豫、皖交界的山区,后被汉化,而留居梅山的百越人,隋唐时则被称为莫徭,在梅山南北乃至益阳南境"畲山燎肉"。莫徭,意指不服徭役、不事耕作的"山居异俗"之人。从湖平区撤退,还有一个原因是佛教兴起。佛在丘山松竹间。崇佛向佛,依山而居,从平地迁往丘岗因此成为一种风尚之选。

上述诸多原因,导致益阳县城从东吴的资江北岸回迁到秦汉的铁铺岭故城附近。此时,一度衰落的三里桥至铁铺岭一线又重新繁华热闹起来。

南北朝时期,益阳城建史料缺失,但透过其他史料记载,仍能打捞一些陈年旧事。其间,益阳出过两位著名县令——何胤和陈起祖,他们的事迹,或许能从一个侧面帮助人们了解当时县城的历史人文背景。

何胤,益阳县令,南朝人,生卒年不详。大约在376年任益阳县令,前后有十余年,晚年也在益阳定居。

他任县令期间,正是佛教在益阳开始兴起之际。相传东晋宁康年间(373—375),印度高僧不如密多在县邑附近资江南岸的会龙山上,修建了益阳最早的寺庙宝泉寺,它是后来栖霞寺的前身。

何胤在益阳的官声政绩不见史载,但在376—387年任县令期间,据《宋书》记载:"承天五岁失父……叔父胤为益阳令,随胤之官。"说起来,益阳县令何胤那位丧父的侄子何承天,投亲来益阳就学,似乎远比他为政一方更加名闻遐迩。

何承天(370—447),东海郯人,南朝宋著名思想家、天文学家和音乐家。在益阳十余年里，何承天在这里度过了少年、青年的美好时光。可以说，他是一位益阳走出去的青年才俊。《宋书·何承天传》记载："隆安四年（400），南蛮校尉桓伟命为参军。时殷仲堪、桓玄等互举兵以向朝廷，承天惧祸难未已，解职还益阳。"

栖霞寺

由此可见，即使后来出仕，何承天仍把叔父何肜为官落业的益阳当作自己的家。何承天的成长，离不开益阳山水的滋养和益阳文化的熏陶。由于佛教文化方兴未艾，何承天在益阳县城受到了深刻影响。当时，已经迁至资江南岸的益阳县署离新修的宝泉寺不足 5 千米，骑马登临较为便利，在何肜带领下，何承天因此成了佛寺里一张最年轻的熟面孔。佛教的出世情怀，让他从小就获得了一种精神皈依，这大概也是多年以后他官场受挫，愿意回归第二故乡益阳的原因之所在。

陈起祖（500—?），荆州华容县人，文武双全。天监中（502—519）被封为湘东王的梁武帝之子萧绎任荆州刺史，对有"经国之才"的陈起祖很赏识，邀其为宾客。529 年，陈起祖获任益阳县令。552 年，萧绎在江陵即位称帝，除旧都建康（今江苏省南京市），定都江陵，年号为承圣元年。陈起祖又因协助经营帝业之功，被拜为散骑常侍，封益阳公（益阳县开国侯）。

史载，任职益阳县令期间，陈起祖廉洁奉公，深得当地百姓爱戴。南北朝是一个"不问苍生问鬼神"的时代，佛教风行，人人向佛。受此影响，笃信佛教的陈起祖闲暇时苦学佛经，不耻下问，在佛学上造诣日深。33 岁那年，洞庭湖一带遭遇百年一遇的大洪水，他虽然尽心竭力筹划，日夜巡堤护坝，可仍难逃大劫降临——滔天洪水将益阳化成一片汪洋，滚滚波涛也无情吞噬了他妻儿的生命。为此，他以失职获罪，被朝廷除官为民，发配回江陵原籍。丢官丧亲之后，极度悲伤的他一度心灰意冷，无意成家立业，只求念佛修行，聊度余生。据传，在家乡毛家港，这位落魄县令有幸遇见一位谈经论佛的徐姓私塾先生，并娶回他的宝贝闺女，命运才开始转机。稍后不久，时来运转的他官复原职，续任益阳县令，仕途从此一路顺畅。

其实，陈起祖的历史地位不因他的业绩和声望，而因益阳县令任上出生的儿子陈德安。陈德安自幼在益阳长大，因浸淫于崇佛兴寺的益阳地域文化，又有浓厚的家庭佛教氛围熏陶，他很小就萌生舍身事佛的愿望，是佛门一位传奇式人物。未及成年，他便在家乡江陵剃度为僧，法号智颛。成年后不久，他相继在荆州修建二圣寺，在沙市修建章华寺，展示出超凡的才能；后前往浙江天台山，修建了著名的塔头寺。他因此声名大振，被尊称为"智颛大师"。这位中国佛教最早宗派——天台宗的创始者，被后世奉为天台宗师祖。隋朝建立后，隋文帝敕封他为"智者"，更令他享誉东方佛教界。公元 597年，智颛大师圆寂，终年 61 岁。

陈氏父子当时在益阳的生活经历和声望影响，对益阳佛教文化的兴盛和繁荣发挥了巨大的引领和示范作用。这便是后世益阳的佛教文化在洞庭湖地区乃至湖湘地域声名鹊起的一个重要原因，同时，也使益阳县城在铁铺岭故城一带得到重点发展有了坚实的思想基础和丰厚的文化背景。

有趣的是，南北朝时期，江南地区特别是洞庭湖周边一度经历过地陷和洪荒，饱受自然灾害困扰，导致民不聊生。智颛出生的那一年，正值全球大洪水来袭。

据哈佛大学法学考古学家、中世纪史学家迈克·麦考密克（Michael Mc-Cormick）的最新研究，公元536年，"神秘大雾"降临欧洲、中东和亚洲部分地区，持续一年半。由于缺少阳光，北半球年均温度急剧下降，导致收成惨淡，普遍饥荒。

公元6世纪中期是欧洲黑暗时代最危险的一段时期，这是欧美历史学家普遍达成的共识。麦考密克和他的同事研究认为，536年冰岛火山大爆发是当时席卷全球的一连串灾难的元凶。之后的540年和547年火山再次喷发，加之瘟疫肆虐，使欧洲陷入停滞，一直持续到640年。①

由此看来，南北朝时期，包括益阳在内的洞庭湖洪水泛滥，是有深刻的全球气候背景的，这些旷世大灾难，引发连锁反应，打乱了全球各个角落人们的生活。益阳县署的设置，不过是基于这种环境改变秉持"趋利避害"原则而做出的合理选择。

七、唐城入溪山

清乾隆《益阳县志》卷五"城池公署"记载："唐移今治。"这个今治，实际上是指江北明代修建的益阳古城。同治《益阳县志》载："元和年间（806—820），僧广慧建白鹿寺于县治资水南岸会龙山麓。"

但是，整个唐代的益阳县署并不固定在江北。晚唐时期，益阳县署又搬回到江南的铁铺岭故城。

晚唐时期，著名诗人杜荀鹤在一首《寄益阳武瓘明府》的诗中写道：

---

① 〔美〕迈克·麦考密克：《科学家确定人类史上最糟糕时期》，载《科学》2018年11月15日。

> 县称诗人理，无嫌日寂寥。
>
> 溪山入城郭，户口半渔樵。
>
> 月满弹琴夜，花香漉酒朝。
>
> 相思不相见，烟水路迢迢。

武瓘，池州贵池（今属安徽省池州市）人，唐懿宗朝咸通四年（863）进士，唐昭宗朝官益阳县令。890 年秋天，屡试不第的杜荀鹤在游历浙、闽、赣、湘诸地之后，归程时，顺道到益阳来探访这位好友。诗句"溪山入城郭"，把益阳县署所处的地理环境描画出来了——当时县令武瓘所居的城郭，皆为山岭和小溪所包围。山峦叠嶂，溪流淙淙，如此景象，唯益阳资江南岸才可见到，特别是在开发历史久远的铁铺岭一带。因此，晚唐时期，益阳的县署无疑是设立在资江南岸的，即置于铁铺岭故城之内。

而"户口半渔樵"一句，勾勒和概括了士农工商之中渔樵者过半的社会生活面貌，说明其时益阳耕种者过少，田亩缩减，土地荒芜严重，是一处"烟水路迢迢"之地。这意味着晚唐时期，因为受战乱、自然灾害、人口流迁和洞庭湖淹没良田等因素影响，才会有这种社会衰败和民生凋敝状况的发生。

杜甫七言古诗《岁晏行》前四句写道：

> 岁云暮矣多北风，
>
> 潇湘洞庭白雪中。
>
> 渔父天寒网罟冻，
>
> 莫徭射雁鸣桑弓。

此诗是杜甫在生命的最后三年，移家舟行，漂泊在洞庭湖和湘江一带所写，也是停驻新康创作七律《北风》（新康江口信宿方行）之后，又一首描写洞庭水乡百姓艰困而悲苦生活的力作。新康，今湖南省长沙市望城区新康乡，濒临湘江尾闾。《岁晏行》中，杜甫以白描手法把一个"水世界"呈现给人们。水阔云低北风疾，偌大的水乡泽国，白雪覆盖，与水鸟争食的渔父点缀其间，处于一种忘我舍身的状态。冰封的湖区，大雁在盘旋，但最终折翅在莫徭的弯弓之下。一声惨叫，凄凉透骨，震撼人心。晚唐的益阳水乡，是以这样的悲凉意境进入后世人们想象中的。

晚唐益阳县城搬迁到南岸，人们并不清楚真相。但是，也并不见得就搬回到了铁铺岭故城。

这里有一个如何看待铁铺岭故城的问题。笔者认为，秉持客观理性的态度，不要过高估计它的作用，才是最符合历史发展进程的。实际上，铁铺岭故城早在两汉时期就荒废了。后来考古发掘的兔子山遗址，也与铁铺岭故城有一段不小的距离。毕竟铁铺岭一带的山岭有近3平方千米，益阳县署没有足够的能力开发这里的丘岗山岭。其南岸县署，规模应该不大，甚至略显简陋，这与益阳社会经济发展状况有关，也与县城人口分布联系密切。况且，当时整个社会经济的开发重心已经转移到资江北岸，白马山一带再怎么遭水淹，也改变不了社会发展的大趋势，这也是铁铺岭至茶亭街一线被阻挡在城外一直没能繁荣起来的秘密所在。

八、宋城外修压波亭

北宋时期的益阳，是一个人口大县。据乾隆《益阳县志》透露："宋熙宁四年（1071），县户二万以上者，置县丞一名。"益阳县署设置县丞一职，这就意味着是梅山开疆，设立安化和新化的前一年，益阳全县人户已超二万，是一个税赋可观的富庶之县。而当时的益阳县城，也从晚唐的资江南岸，搬迁到了资江北岸。

乾隆《益阳县志》卷十九在介绍古迹压波亭时，顺带给出了益阳县署的位置。文中写道："在治前江滨，宋张咏令益时，江水泛溢，漂没民居，咏祷于神，命人杖水，应时而退，益人德之，建兹亭以祀公，今废。"

压波亭又名压波阁，建于北宋真宗咸平年间（998—1003），是专门为纪念张咏在益阳的治水之功而修建。张咏（946—1015），字复之，号乖崖，谥号忠定，濮州鄄城（今山东省菏泽市鄄城县）人，北宋名臣。据乾隆《益阳县志》记载，他于北宋太宗雍熙年间（984—987）出任益阳县令。

长期以来，后世对张咏任职益阳多有疑问，就连多个版本的《长沙府志》和《益阳县志》也常持有此种看法，因为他曾出任过益州（今四川省成都市）知府，猜测是两者混淆所致；再者，除县志以外，涉及张咏的各种典籍均无他做过益阳县令的记载，从明代开始，此事就成了益阳文化史上的一大悬案。而经作者最新考证发现，张咏于983年秋至984年夏短暂任职过益阳，其间留下"杖水驱洪"和"南境栽植"宦迹，有他16首湖湘题材诗可作推理，有南宋乾道元年至乾道三年间（1165—1167）湖湘学派创始人之一的张栻写的《益阳南境松杉夹道郁然父老相传忠定张公为邑》七绝诗作支撑，当然，最主要的是，作为崇祀性人文建筑的压波亭，它是对益阳历史人文的物化，否认张咏，也就等于否认压波亭的存在。

压波亭是益阳县城的一大名胜古迹，是益阳县治在江北的历史见证，它早在北宋时就为文人骚客所歌咏。1118年，号称"北宋诗僧第一人"的惠洪在游历湘北期间，就曾写下七律《题压波阁》，此诗收入其代表作《石门文字禅》。这是压波亭最早见诸典籍的可靠记载。

南宋时，衡阳人廖行之对压波亭更是赞美有加，欣然写下长诗《赋压波亭呈益阳赵宰》。廖行之（1137—1189），字天民，南宋衡州人。孝宗淳熙十一年（1184）进士，曾调岳州巴陵尉，后改授潭州宁乡主簿，未赴而卒。

廖行之《赋压波亭呈益阳赵宰》这首诗大约写于1167年秋天。诗句"筑亭据胜俯百壑，坐使衮衮皆朝宗"，说明当时压波亭早已修筑，亭子占据胜地，形势高居，富有安民恩谢的特殊价值。"英英忠定经国手，初日小试勤民功"一句，诗人点明了压波亭是为张咏所建。忠定是张咏的谥号，后世称其为忠定公。"尔来百多六十载，民得平土趋耕农"的叙述，正好说明压波亭的修建是在北宋真宗咸平五年（1002）前后。这个时间点，离张咏去任益阳县令已十余年，大约在他赴任益州知府之际，离廖行之所处年代自然也就有160余年了。

廖行之还写过《和益阳赵宰六首》等组诗，其中一首写道：

> 世治不忘兵，公深爱国情。
>
> 雄张新汉壁，势压旧吴城。
>
> 夜月鸣筘肃，秋风列燧平。
>
> 农耕浑自适，是处亩从横。

诗中的赵宰，是指赵伯摅，时任益阳县丞。县宰，县令也。此为溢美之词，并非实职，可能取宰相的辅佐之意而称颂他。赵伯摅（1114—1168），字德蕴，南宋新喻（今江西省新余市）人，宋宗室十二代后裔。据《湖南安化琴鹤堂赵氏族谱》记载：绍兴十五年（1145），伯摅得中殿试第八名。这是当时宋代皇室后裔所取得的最高功名。他为人性格耿直，不畏强权，一生仕途坎坷。历官左迪郎、徽州司户参军、鄱阳县丞、柳州州学教授、南安州学教授等职。1165年，他被分发至益阳这个地广人稠的大县充任县丞。两年后，大臣张孝祥也迁官潭州知府，赵伯摅在他手下任事。1168年暑季，赵伯摅身染重疾而逝。他的次子赵师侠，这位与赵彦端、赵善扛、赵汝愚被时人誉为宋代宗室四大词人的才子，当时还是个不足三岁的语塞孩童。

诗中的"旧吴城",与"新汉壁"并列提出,实际是指东吴在益阳建立的县治。

赤壁大战前,先主刘备"借荆州"寄身,以图"联吴抗曹",属于荆州的益阳,因而成了"新汉壁"。为了治理这片新收纳的汉家疆土,蜀汉政权在资江南岸设立新的益阳县署。可如此暂厝的"新汉壁",并未持续多年。面对"久借不还"的荆州,东吴屡次索讨未果后便兵分三路强取。结果是,在大将甘宁带领下,士气高涨的吴军很快攻入益阳,占据资江南岸。甘宁在此修筑"旧吴城",史称甘宁垒,居高临下,挥麾北指。听闻大军压境,刘皇叔便遣派大将关羽自公安南下,匆匆驰援益阳。蜀军兵微将寡,战力不济,好在关羽胆识过人,小心谨慎,与甘宁相持不下之际,便发生了著名的"单刀赴会"历史事件。蜀将关羽孤身赴约甘宁驻守的吴营,与东吴派来的主帅鲁肃和谈商议,以"遂分荆州"定局。按此方案,蜀军撤离,益阳全境皆纳入东吴版图。随后,鲁肃率兵北渡资江,在北岸垒泥填土,夯筑了一座鲁肃堤,史称"鲁肃城"。

看来,即便到了南宋,这个"旧吴城"仍为当时的人们所熟知。诗中的"旧吴城",应当是"鲁肃城"之前东吴的县治。这个在资江南岸的县城,自然是在铁铺岭故城一带,它从楚国南平百越,一直延续到秦汉,甚至最晚到隋唐时期,还曾被反复使用。所以,"雄张新汉壁,势压旧吴城"一句,是在夸赞赵伯㧑治理有方,其新县署规模宏大,在以前蜀汉根基上发扬光大,施展雄风,气势远压过三国东吴县署的规模。

当然,"农耕浑自适,是处亩从横",诗人在收束处夸赞当政者文治武功的同时,益阳田畴纵横交错的鱼米之乡和耕者丰衣足食的富饶景象也跃然纸上,无不给人以农耕乐土的美好呈现。

在另一首诗中,廖行之描述道:"梁间珍篆古,门外碧波平。"

　　从诗句描写的视角看，县署与资江的江面齐平，这从一个侧面证实作者所处的南宋，益阳县城是建立在资江北岸的。

　　乾隆《益阳县志》中关于北宋修筑压波亭的记载，北宋惠洪《题压波阁》，南宋廖行之《赋压波亭呈益阳赵宰》与《和益阳赵宰六首》等诗文中的相关描述，可以确定两点：一方面，压波亭建于北宋，历史记忆延续到了南宋；另一方面，证实整个宋朝，益阳县署均设在资江北岸。当然，因南宋时洞庭湖畔爆发钟相、杨幺起义，义军闯入益阳县城，杀县令袁显，益阳县署不得不于1130年迁往东郊沧水铺，但随着岳飞率兵进剿，战事好转，次年又迁回益阳县城了。如此看来，这不过是整个宋代益阳县治变迁的一个插曲而已。乾隆《益阳县志》"宋建炎四年（1130），移治沧水铺。五年（1131）复徙"的史实，就真实地载述了此事，毋庸置疑。

　　益阳自古以来被誉为"鱼米之乡"，在两宋时期，诗人笔下的益阳呈现给人们的是何种景象呢？南宋初年，湖湘学派奠基人之一的胡寅，在《过益阳》诗中这样描述道："川原渐旧国，鲑菜惬平生。"

　　鲑菜，古时鱼类菜肴的总称。从他的诗，人们突出感受到了益阳盛产鱼虾的印象。这也说明，江河浩渺、水面广阔和沼泽丛生，是诗人笔下"川原"之上荡漾的诗情画意。但宋代的益阳，实际上仍是一个水患连连的地区。从涉及压波亭修建的若干诗文，可以窥见当时水患所造成的无助以及带给人们的无奈。

　　益阳是江河湖沼汇聚之县，县城依山面水，山水相间，鱼游鸟飞，景色怡人。同时商业发达，尤以东郊羊舞岭窑群闻名遐迩。窑场方圆数里，民窑器作琳琅满目，人烟繁阜，引来不少文人骚客登临。北宋文学家、西昆体诗歌代表作家杨亿（974—1020）就曾踏访益阳，留下"资江水急鱼行止，白鹿峰高雁度迟"的翰墨诗篇。此诗被录入乾隆《益阳县志》卷十九"古迹"

篇。益阳县城景色若此，靠近丘岗的益阳山乡，其车马流转、人来人往的驿道，景色又是怎样的呢？益阳南境与梅山地域相接，北宋太平兴国三年（978）曾发生过惨烈的战事。数年后，张咏到任，大片松杉树苗就栽种在饱经兵燹的土地上。而到了一百多年后的南宋，当年的松杉已成参天大树，所以理学大儒张栻有感于先贤植树的功德，写诗称益阳南境"松杉夹道郁然"，其清幽景致，亦可想而知。如此清晰的描述，不禁让人对益阳这个"鱼米之乡"产生另一种美的遐想。

九、元代县城承旧制

元代元贞元年（1295），益阳由县上升为州，属于湖广潭州路。

清乾隆《益阳县志》卷十一记载："益阳之为中州，元史三万户以上为中州，为上县。"

同治《益阳县志》描述称：益阳当时设达鲁花赤一员，尹一员，户在三万以上，每户五人，当有十五万人。

元季末，战乱流离，江南人口大量失散，特别是元末明初，朱元璋与陈友谅大战，朱元璋因骁勇善战的湖南兵造成己方兵员大损而大怒，为泄愤制造了遍及野史和族谱，在整个湖南地域广为流传和载录的"血洗湖南"史实。结果是，包括益阳在内的湖湘大地出现了人口断层。

"明洪武二年乃改州为县，掌县民之事；县丞掌钱粮；主簿初设二，后省一，掌巡水利。"清乾隆《益阳县志》卷十一有如是记载。洪武二年（1369），朝廷派周升担任益阳县令，恢复了县的建制。其中原因不甚明了，但最大的可能是人户缩减所致。

据同治《益阳县志》记载，明初，益阳"洪武落业"时，"旧族十不及一"。照此推算，益阳全境，从元代超三万户，留下不及两千户，不足全盛时的十分之一。而益阳当时地辖方圆两千余平方千米，计算下来，每平方千米不足一户，而且仅存的少量人户，主要逃难到人迹罕至的山谷、人烟稀少的岭背旮旯、交通不便的岛屿洲滩等处，集镇、湖区和稻产区，堪称"十里不见烟火"。所以，面对大量田亩荒芜、村庄寂寥、废墟触目的景象，明洪武数年里，就罕见地出现了"立竿为旗""插草为标"的圈地现象，迁徙和拓殖成为一个时代的代名词和流行语。

元代，蒙古统治者在全国实行臭名昭著的种族隔离和等级制度。进入南方以后，他们继续以小搏大，以少量的统治者管理大量的汉族主体族群，州、府、县由达鲁花赤督军辖制，实行属地化委托治理，基层组织，则由蒙古探马赤军驻守，把触角深入集镇和村庄。其严苛和残酷的社会管制，令处于亡国奴生存状态下的老百姓苦不堪言，生活悲惨窒息，民风习俗野蛮倒退，社会文明蒙昧落后。在益阳，主要体现如下：①因土地用途管治，改田为地，改粮为草，导致洞庭湖周边稻作区大规模强占民田，圈为牧场，放养马牛羊等牲畜。此举造成自然环境改变，良田荒芜，草泽激增，土地单位产出减少，人口承载量急剧下降，农耕文化消逝，百姓流离失所，人口迁徙大量发生。②实行"户长制"，对社会管理采取高压政策，实行监视居住制度。每个村庄不允许

益阳羊舞岭元代窑
影青刻莲葵形云纹瓷瓶
（益阳市博物馆供图）

超过二十户人家，每十户派驻蒙古探马赤军一人，俗称鞑子，家属随迁。对民户的聚集性活动强行参与，实行跟踪、侦听和监视，控制刀具、锐器的数量和使用范围。"十户共一刀"，一把菜刀共十户，两把柴刀共一村，刀具等利器由探马赤军掌控，做菜和打柴，都要经过他的许可。如此严格控制刀具使用，目的在于避免百姓造反谋乱，降低反抗风险，保持社会稳定。驻村的探马赤军享有无上特权，强占和劫掠财物乃常有之事，百姓只能忍气吞声，敢怒不敢言。③在集市和集镇，对屠宰、打铁、剃头、阉割等行业实行准入制，对屠夫、铁匠和猎人等实行非常严格的备案制度，控制人数，严审身份。④实行野蛮的"初夜制"。凡汉人的婚嫁女子，在出嫁前夜，姑娘们必须与蒙古鞑子过初夜，一至三天不等，没有例外。此举旨在实现蒙古人对其他异族的种群替代，完成血统同化使命。在南方地区，其野蛮风俗普遍引发对种族纯洁性的担忧，老百姓多以"溺杀长婴"风俗自发加以应对。此俗造成身体健康受损、人格尊严受挫、民族感情受辱和精神文化致残，在一定程度上，也减少了人口的增长数量和人口再生产的频度。⑤在益阳，蒙治汉族村落的百姓出现迁徙和蛮族化现象。为保持血统的纯洁、宗亲的团聚和亲情的延续，蒙占区百姓纷纷举家举族迁离，离开湖平区的草甸和牧场，到山区和丘陵区谋生。找到新的栖居地之后，他们自卫自保，往往与邻近的蛮族结盟，甚至加入蛮族的队伍寻求庇护，以保持种族的繁衍不息。如此，地处梅山地区的安化、新化等湘中湘西山区的人口激增。

尽管如此，但地处江南丘陵的益阳，在元代社会经济仍得到快速发展。两宋时，益阳境内围垸造地兴起，到元代继续加速，有十余个大堤垸形成，令人户聚集，生齿剧增，益阳城邑亦因此崛起。元成宗元贞元年（1295），益阳还由县升为州，称之为益阳州。元代后期，益阳县城屡遭兵燹侵害。元顺帝至正十二年（1352），红巾军火烧益阳城，将宋元以来在鲁肃城基础上修建的夯土城付之一炬，使千年根脉全断，鲁肃城竟成了一个市井茶余饭后的传说。

十、明清砖筑益阳城

益阳古城城楼（周立志摄）

明初，人口锐减的益阳虽"降州为县"，但统辖资水流域的军事管理机构宝庆卫设于此。同治《益阳县志》记载："明洪武初年（1368），指挥胡海洋镇县，筑土为城，挖壕堑，立敌楼，岁久圮。"明初的夯土城，南临资江，北与宋元的城墙大体一致，其后为沼泽和马良江。洪武十一年（1378），知县王贯建益阳县署城。成化年间，典史赵安重修。弘治中，知县刘志道、赵时中屡加修筑，其中刘志道包瓷砖石建立城楼。至此，益阳县城东抵水北桥，西至常泰门，堪与鲁肃城相媲美。

嘉靖二十九年（1550），四川叙州富顺人刘激出任益阳知县。次年，他大兴土木于益阳城。在胡海洋土城上外包青砖，改筑砖城，使益阳步入青砖时代，成为长江中游地区一座著名的县城。城墙南临江岸，内土外砖。城基宽二丈，路面一丈，高一丈二尺。筑有四座城门：东门称银城（今东门口），西门称金城（今西门口），南门称迎恩（今南门口），北门称拱极（今北门巷）。

万历五年（1577），知县郑思孟加修城垣。万历三十六年（1608），资江洪水漫溢，部分城垣被冲决。稍后，益阳知县黄宏在城垣旧址上加以修葺，但很快又被冲垮了。有人做过统计，在明代中后期，益阳资江河段的洪水，大约每隔20年就会来一次灭顶式的洗劫。来袭之后的数天里，淹没、浸泡、坍塌、毁损，这样的情景遍及益阳古城的大街小巷，灾情令人惨不忍睹。然后，不待雨过天晴，洪水退尽，清淤、修缮和重建便迅速展开。那些蚂蚁般忙碌的场景，会在人们记忆里反复闪现，挥之不去。频繁的洪涝灾害，对益阳城池形成不小威胁，城墙虽经多次修补、加固，但始终无法保持它的完美无缺。

康熙二十一年（1682），知县江闿主持复修城垣，设置了城门的启闭设施。将银城更名为永安，金城更名为常泰，北、南二门照旧名。城门上筑堞楼，永安门楼名酹湖，常泰门楼为倚江，迎恩门楼名

益阳市资阳区石码头街区明清拱券式麻石小巷（周立志摄）

见岳，拱极门楼名汉寿。乾隆三十年（1765），益阳贤士陈圣修请帑重新修筑了益阳城。采用石基砖身形制，基宽一丈二尺，路九尺，城高一丈八尺，周长七百一十九丈。同时，迎恩门被更名为资江，常泰门更名为兴贤，东、北

二门依旧名。各处堞楼，均备有盾牌和武器。城外，从西门河岸到南门河边，砌筑一条长一百三十二丈的麻石驳岸和一座码头。至此，城墙才开始得以坚固。

嘉庆五年（1800）至咸丰九年（1859），数任县衙官吏完善了城池麻石驳岸的石担，并加固维修城墙各种设施，大致保持了它的古城面貌。

风雨两百余年，城墙已不堪岁月的侵蚀。光绪二年（1876），知县吴兆熊禀请上司核准，以每担粮油抽钱一串，广向民众集资，用于整修城墙。此次墙体置换，专门雇人烧制青砖，印上"光绪二年吴兆熊"字样，全县共二十三厢里，各里均募集参与。经过整修以后，每逢资水春夏暴涨，城内百姓不再流离失所。目前残留的部分益阳古城城墙，大多为那时所修建。

民国年间，由于社会动荡、军队驻扎和民生凋敝等原因，益阳古城遭到蚕食、拆毁和盗卖，变得残缺不全。新中国建立后，一轮轮城市建设中的道路修建，以及旧城改造，古城残墙因此一次次被拆除。截至 2000 年，只有东门的石闸等构件以及一小段古城墙被保留，其余部分均不复存在。同年 4 月，益阳古城城墙遗址被纳入市级文物保护单位，实行挂牌保护。

探源益水与益阳

一、益阳之名说益水

（一）益水简说

资水是湖南四水之一。湖南省城步苗族自治县一处名叫北青山的地方，形成一条名叫赧水的河流，这条河流与发源于广西壮族自治区资源县的另一条名叫夫夷水的支流，在湖南省邵阳县霞塘云乡双江口汇合，始称资江。赧水流经山间峡谷，人口稀少，径流大且长，是资水真正的地理主流。夫夷水两岸地势平坦，人口众多且活动频繁，历史上很长时间，它被视作资水的人文主流。按照惯例，资水双江口以上者赧水和夫夷水属上游，中游从邵阳县霞塘云乡至桃江县马迹塘镇资江渡口止，马迹塘镇至益阳市资阳区沙头镇甘溪港为下游。其中，新桥河镇虎形山以下为江湖交接的尾闾。资水途经邵阳、冷水江、新化、安化、桃江和益阳等市县，在资阳区甘溪港分流后，西侧注入南洞庭湖，北侧在岳阳市湘阴县临资口镇随湘江水一起汇入东洞庭湖，全长 675 千米，流域面积 28142 平方千米。

益阳城区资江河面（周立志摄）

据乾隆《益阳县志》记载：治北郊外十余里，地名马渡西湾。其水发源县后西北，过城山桥一带，包城左一二里，至青草港，达于资江。应劭曰"县在益水之阳"以此。

又载：资江在县前，世传中流一带，澄清如碧，风生不波，乃资水也，他处不见。按《禹贡》"九江孔殷"本注：沅渐元辰溆酉澧资湘，皆合于洞庭。又曰五潴，《战国策》"秦与荆战，大破之，取洞庭五潴"，资其一也。①

---

① 参见乾隆《益阳县志》卷四"山川"。

东汉应劭说是有益水一说的，益阳之名就源于益水，并指出，资水是益水的别称。

乾隆《益阳县志》是一本存世最早的益阳方志，目前以孤本收入《四库全书》。这本方志的特别之处在于，它提出了一个长久以来令人困惑不已的益水存在与否的问题。原因是明代的旧志，只载明了资水，而没有以条目形式明确益水的定义。其实，根据记载，益阳县志肇始于明代嘉靖年间，其后陆陆续续做了一些修补，到清代乾隆朝才完成二修而已，以后的方志，都无不援引旧志的表述，而且几乎全部关于益水的提法，皆是对益阳地名来历的一种追溯和猜测。

看起来，益水作为条目，是不曾出现在明朝之前的古代典籍和方志之中的。不过，倒有益山之说。在明清以来的县境——桃江中乡的花果山（**今桃花江镇**），就有一个名叫益山村的小地方，与益阳县（**今益阳市赫山区**）新桥河一带隔江相望。但益山有名无实，一微丘而已不说，赋名估计还不够悠久，且有益山也不等于有益水，只是说地名涉益者，在益阳境内并未缺席，倒不是说它就来源于益水。

（二）资益互名

益水存不存在？益水当然是存在的。因为益阳之名，并非凭空所捏造，而是有一定的依据。古人命名，必以江河山川等地理坐标为参照物。山南水北谓之阳，山北水南谓之阴，华夏版图之内，这一命名规则被视为圭臬，也无一例外。地当益水之阳，故有益阳之名，这一点，应是无可置疑的。

问题是，如果说益水是一个真实存在的名称，那么，它只能是在楚人占领百越之后。理由在于，百越民族没有文字，记载和传承方式缺失。更早的三苗时期，大致亦是如此。唯一可信的记录，只能来自楚人，来自他们的简牍。

　　楚人的简牍，虽无益水称谓，但有关于益阳的记载。根据益阳兔子山楚简记载，益阳之名是以楚国县署档案的方式而写入简牍载入史册的。另据爱屋湾遗址的考古发掘，楚人在占领洞庭迤南的百越地以后，便建立了最早的楚方城。此为荆南楚县之发轫。这就表明，益阳作为楚县，必定是楚人进入此地以后，将益水以北的爱屋湾方城，根据土著民族口耳相传的益水称谓，为其赋名。这就是益阳冠名的来由。

　　但是，楚人在赋名益阳以后，由于对益水的径流变迁、水文异动和自然环境的变化有了全新的认知和理解，也因为外部条件和社会构成发生剧变，如百越的离散直接导致土著减少，移民增加；尤其是南征楚人中，大批巴濮仆从军以及巴濮移民的加入，在某个时期发挥着主导作用，他们的方言表述和文化认同对益水和资水的互名施加了深刻影响；如此，便促成资水取代益水的称谓更替，也就是说益水改成了资水。

　　蜀中是巴蜀文明的发源地。著名的"资阳人"，距今约 4 万年，为四川盆地最早的古人类；广汉三星堆的青铜文明，材质绝世，工艺完美，至今都令人叹为观止。战国晚期，蜀地曾为秦国蜀郡所管辖。西汉元封五年（前106)，汉武帝始设益州刺史部，驻广汉市。其益州得名，有人认为"鱼虾渊薮，因水受益"，与长江支流沱江水系所形成的湖盆地貌有关，是那些"择水而居"族群的一种感恩表达。

　　蜀地对"资"也青睐有加。沱江流域，以"资"命名的溪河还真不少。沱江流经蜀中地，离闻名于世的自贡盐区不远，广汉古属犍为地，亦是产盐大户，以贝为资，贾以货财，皆因此而富甲一方。这些盐压舟楫、商客往来的溪河，可谓流金淌银，以"资"冠之，当实至名归。而蜀地另一地名资阳，也因沱江前身为资水，位居沱江北岸而得名。由此可见，　"益"和

资江中游桃江县马迹塘镇塘湾村河面（周立志摄）

"资"，一为地理称谓，一为经济盛名，均为巴人所看重，已经流进他们地域文化的血液之中，是一种可以传承的地名文化。

巴国是以濮人为主体族群建立的国家。历史上，巴人曾以"川盐入楚"发迹，大量巴人盐商穿梭在蜀楚两地，强国富民，崇文尚武，巴国因此统辖此地数百年。秦国和楚国相继崛起后，巴国发展空间受限，后因巴蜀交战，秦国乘虚而入，一些廪君蛮部族被迫流落到南楚一带，与百越之地的濮人杂居。百濮原本与秦巴楚地相接，生活和族风较开放，适应了壮侗和藏缅等多语言交流环境，春秋时从中原南下，被战争驱赶到洞庭"百濮地"，所以，他们自然要先于楚人进入益阳。由于语言相融、习俗相近和文化相亲，再加之生存需要，濮人与巴人便走上融合之路，后世称其为巴濮或濮巴。益阳的不少地方，也因此留下了他们的踪迹。楚国南平百越后，巴濮曾一度依附于楚人。在开拓百越过程中，巴濮雇佣军便随楚军南征，在爱屋湾方城驻守扎根。这样，益水才经由他们得以改名为资水。说得明白一点，土著越人眼中的益水，随着江水改道，百越的撤离，被南迁至此的巴濮人等改称资水了。于是，人们在楚简文字里读到的，自然只会是资水，而不是源自益阳之名的那一条古益水。

益水不为人所知晓，主要是由于益阳在古代典籍中的缺席，没有曝光度。究其原因，一是百越杂居，社会闭塞，文明未化；二是僻远地瘠，物产匮乏，人口稀少；再一个是梅山地区"千年王法不至"，梅山人频繁劫掠益阳，造成局势动荡，致其山川地理并不为外人所知悉。这种状况一直延续到梅山地区纳入北宋版图为止，益阳的历史和文化地位才得到提升。元明之际，江西填湖南政策促成"洪武落业"，令生齿激增，社会也步入发展快车道，益阳的地理风土物产等才逐渐为各种史书典藏所详载。也因此，自明清以来，一些关于湖南山川地理的著作，又都或多或少重新提及"益水"这一被尘封的概念。

（三）资水沉浮录

为何益阳方志只记录资水，而无益水的记载呢？

乾隆《益阳县志》是这样辨析的，其文如下。

益阳旧志止（只）著资水不著益水，而录《一统志》云：县在益水之阳，故名，亦曰资阳。故明史《地理志》曰：益阳县西南有资江，亦曰益水。自江辰六氏续益志始，称县北十里许，马渡西湾水自县右，过城山桥包城，左一二里至青草港达于江。又称，青草港在治东三十五里，说者谓城山桥水不过沟渎耳，夏秋之间，即涸焉，可据之以名县，且其委在城东四五里许，为石栏桥港入土陵江，以合于资水，不到青草港也。惟县西北隅，有溪发源于分水坳，经迎风桥一带者，其流稍巨，相传此为益水。然其下流于甘溪，甘溪在青草港上二十里，乃资水分支，向北流过沅江县适沅，而不归资矣，迎风港何能越之，而至青草港？平按《左传》杜注：山南水北为阳，水南山北为阴，故衡阳在衡山之南，汾阴亦在汾水之南……今所称益水反居县后，即县当名益阴矣。以阴阳之义，合诸资阳之称，则益水固资水之殊目也。或疑东汉府亦在汉水之南，不知汉阳原名沌阳，以其当沌水之北也。后人改沌作汉，自属不经（《左传》所称益阳本不在）。若益阳之为县始于先秦，其取义必确。①

乾隆《益阳县志》所称的"马渡西湾水"和"迎风港"，是否就是益水呢？这个提法值得探讨。明代之前，甚至更早上溯到宋代，益阳的历史曾出现过断层，令后世混沌蒙昧而莫知真伪。不过人们深知，益阳最早的城未必是在江北而可能是在江南，所以就假设了城在江北或江南的若干种情形，比如城在湘阴县南湖洲或资阳区苊湖口，也努力寻找附近的大小河流，比如把兰溪视作古资水，这些人相信只有找到更南面的河流，才能验证益阳之名的不悖，才能澄清世人对益阳之名的误解。

但是，他们找到的马渡西湾水，或者是迎风港，根本就不是一条像样的河流，而是一条小溪或小水沟，其存在简直不值一提。以迎风港为例，从迎风桥附近的分水坳发源，离益阳城 20 千米不到，海拔不够 40 米，你让它如何集雨成泉，集水成流，变成设想中的一条益水呢？这样一条环村抱舍、桥横路转的潺潺溪水，你要乱点鸳鸯谱，唤名益水，那该让旁边那条大河奔流的资水情何以堪呀！退一步讲，即便资水在北岸冲积洲上洗刷出数道水流，总会有一道是属于资江的主流，可惜，它从来都不是来自迎风港，或马渡西湾水。

---

① 参见乾隆《益阳县志》卷二十四"考辨"。

地质专家告诉我们，历史上，资水在尾闾确实曾数次改道。根据洞庭湖平原湖盆化的地质变迁进程，结合地形地貌的凹陷特点，在李昌港和爱屋湾一带，资水曾冲刷出一处较大的河床，经过紫罗桥、朱家湖、黄溪桥、五里堆、接城堤、风堆仑、过鹿坪，经南门桥湖注入甘溪港，然后再汇入古沅水。这是一条古资水的径流线路。它的存在，不晚于春秋前期。因为这一时期，洞庭湖平原的沼泽化还未加深，仍处于中等程度，平原景观依旧，草长莺飞，陆生和两栖动物云集，大象、犀牛、兔子、麋鹿、鳄鱼、蛇、龟等种类繁多，资水在其漫流三角洲的尾闾流入沅水，再在岳阳城陵矶附近注入长江。显然，马渡西湾水和迎风港对接的，并非资江故道。

资水更近一点的改道，是在清末民初时期。根据清中期至民国以来的水文档案记载，在资江北岸，接城堤未修筑之前，五里堆一带确实有一条支流从资水析分出来，经洗脚塘等一连串洼塘，流过马良湖，在益阳古城后墙外不远处分岔：一股流过贺家桥（原名何家桥）进入资江，另一股则流入古城官署后面的泮池，然后，挨着东城墙脚，经城山桥注入资江。有记者前些年采访附近的一些老住户，不少人还见到过它们的存在。这条资水的分岔，也不是马渡西湾水所指。而且，更主要的是，秦汉之际，益阳城在资江南岸。三国时，是鲁肃索讨荆州，派兵渡江在江北建城，才有了典籍上益阳最早的城。这显然不是益阳第一城。益阳是秦县，县署在江南，最早的驿站也在那里，汉初陆贾使南越曾作停驻，有据可查有陆贾山可依。但益阳的名字却是按照城址在江北而给予，不称益阴。所以长期以来，史书的城、赋名的城和考古的城，一直纠缠着益阳的百姓，为他们的寻根留下一个个巨大的文化困惑。事实上，在相当长时间里，人们是把益阳这个概念，建立在一个三国时期的鲁肃古城之上。如此看来，两者加以对应，即便算不上盲目，也是谬误和附会的成分居多。

二、正本清源说益水

益水，也有人认为是志溪河。这是资水的一级支流河，发源于桃江县灰山港镇汪家冲村贺马仑片，经赫山区泥江口、龙光桥、新市渡、谢林港、会龙山等乡镇和办事处，从黄泥湖南侧的永申垸，以河汊形态流进资江，全长69千米。

资水尾闾一级支流志溪河谢林港镇附近河面（周立志摄）

志溪河流量不大，流速平缓，入江之所在，背倚会龙山麓，与江心洲李家洲相接，自古为舟楫系泊之地，水湾处风樯如云，桅杆林立，景色壮观。其"志溪帆落"，被纳入明代的"益阳十景"，颇有诗情画意。

视志溪河为益水，是为益阳之名打圆场，可信度不高。因为，考古证实楚国晚期的县城，是在资江南岸的铁铺岭。在一些人看来，只有在铁铺岭的南面找到一条河流，才正好可以解释益阳的赋名不荒唐，守法度。铁铺岭故城在志溪河北面不假，如此追溯和猜测，似乎也无可厚非；但用它来解释益阳之名的由来，就显得有些牵强附会了。有一点可以肯定，楚人赋名益阳，不会舍本逐末，不会舍弃面前偌大的一条资江，而对一条名不见经传的小溪河特别看重。志溪河实在太小、太短，发源地和流经地无高山，集雨面积二三百平方千米，平时径流两百个立方米都不到，即使到下游入江处，也不过是沟港一条，这样的一条小河，它怎能与一条地跨千里、域达百丈的南楚大河相提并论？果真以它冠名，又怎能扛得起楚国南部数万平方千米辖地的一个大县，并扬起它雄居湖南四水之一的赫赫威名呢？

（一）从益水到资水

益水这个名称，早在夏禹治水时就应该有其名了。先有益水，再有资水，这是有关专家的基本判断。

在湖南的四大江河中，湘、资、沅、澧，唯资水滩最多水最急，它千里奔涌，直达洞庭湖，并汇入长江。

但从目前记载来看，战国时期的楚国，只见资水，而未见益水。据"鄂君启节"所载，楚怀王（前355—前296）时，鄂君持怀王于公元前323年制作的免税青铜符节，带领庞大的船队，曾从长江进入资水，并开展了收纳粮食等物资的贸易活动。

《鄂君启节》舟节记载：

自鄂往，逾沽，滩，庚（匾），庚芑阳，逾滩，庚（鈚），逾（夏），内邡，逾江，庚彭（弨），庚松邑，内（泸）江，庚爰陵，（让）江，内湘，庚（睺），庚（浭）阳，内（洣），庚（亶），内资、沅、澧、油（澹），（让）江，庚木关，庚郢。

岳阳市博物馆考古学家张中一先生精通钟鼎文，他的考释如下："自鄂往

（开始从古水疆域洲渚出发），逾沽（越进古水区域），滩（从古水南向过滩域），庚（䧟）［更换到被水常淹的（䧟）地域］，庚芑阳（更换到粟梁产地的南面），逾滩（越进滩域），庚（䢀）（更换到所要去的采邑），逾（夏）（越进大片经营区），内邔（受纳采邑梁粟），逾江（越进大江航行），庚彭（㢡）（更换到邻近的疆土采邑），庚松邑（更换到古老森林区的南面），内（泸）江（受纳水边集镇江域的物资），庚爰陵（更换到丘陵地域经营），（辵）江（南向返回大江航线），内湘（受纳湘水地域物资），庚（䞶）（更换到不使用货贝的地方），庚（㴜）（更换到沙域的南面经营），内（洣）（受纳水域大米），庚（𩫖）（更替到粮食集中地的城邑），内澬、沅、澧、油（受纳资水、沅水、澧水、油水地域物资），（辵）江（南向返回大江航行），庚木关（更进到设置的关口），庚郢（更进到目的地郢）。见其金节（出现鄂君启舟队所持的金节），则毋征（地方采邑不要征收税金），毋舍桴饲（不需供给舟队车船马匹饲料、人员饮食），不见其金节（相亲的紧俏物资出现，鄂君启金节舟船），则征（地方采邑征税），如载牛、马、羊以出（跟随装载的牛、马、羊使用支付税金办法），内关（受纳检查过关时），则征（地方采邑征税），于大府（去大府入藏的），毋征于关（不需征税去关口）。”①

这个资水经商路线图的记载中，资写成“澬”，说明早在公元前278年南平百越之前的数十年里，益水已不复存在，楚人眼里，早只有资水之名了。

也有人说，益水乃资水的别称，而资亦写作“赀”，“赀”是资的另类写法，二者是异体字的关系。张揖《广雅》曰：“赀，龟贝货也。”② 根据这一解释，资水，顾名思义，它就是一条盛产乌龟、蚌蛤等贝壳类水生动物的江河。而贝壳，在黄金未使用之前，包括洞庭湖一带的土著居民，在漫长的生

① 张中一：《评〈鄂君启舟节地理密码〉的虚构》，http://shanhaianquyuan.blog.sohu.com/321202784.html.

② 参见〔魏〕张揖《广雅》卷三，收录于《四库全书》。

产生活交往过程中，曾一度被用来充当货物的等价交换品。楚国时期，《鄂君启节》称之为"賖"，从贝，即货贝之意。黄金价值被发现后，贝壳才退出货币历史舞台。因而，贝壳凭此资历与黄金对等，被后世并称为"资金"，乃至引申出财富之类诸多衍生概念来。

益阳城郊龙山港资水河面（周立志摄）

历史上，资水也被纳入五渚而见诸古代典籍。魏晋时期诞生的《水经》，是一本地理著作母本。郦道元《水经·湘水注》云："湘、资、沅、澧，同注洞庭，北注长江，名之五渚。"

资水，乃五渚之一也。在这里，五渚泛指楚国南境。不过，益阳地处荆南，自古以产金而闻名遐迩。而黄金产地，主要集中在资水两岸。暴雨冲刷出来的砂金，块头大，成色足，数量多，很是吸引人。益水改称资水，是否就因为它是一条以黄金著称于世的河流而变换其名的呢？华夏版图之内，江河更名的并不多见，如果有，资水是极少的一条。这一现象，倒值得人们深思。

（二）益水之名溯源

益阳之名的来历，最早见诸东汉学者应劭的说法。《汉书·地理志》长沙国益阳县注："应劭曰：在益水之阳。"《水经·资水注》："茱萸江又东径益阳县北，又谓之资水。应劭曰：县在益水之阳。今无益水，亦或资水之殊目矣。"

理解益水，必先对"益"的字面意思做深入了解。益，属于汉字"六书"中的会意字。殷商时期，"益"字就诞生了。甲骨文写作𤳥，其上部从水漫出状，下部从皿，为一种容器，整个字形，意指皿中积水，水满外溢。益本义为水溢外流，是"溢"的古字。从字形演变看，"益"虽变化起伏，但趋势是化繁就简。商代甲骨文，有以形会意的特点鲜明，皿形之内有多寡不等的小点，呈现水满欲溢之势。入周之后的钟鼎文，皿形变得低浅，皿上多由三个水滴形变的字符，但满溢之意仍一目了然。《说文解字》作𤳥，字形得到规范整饬，下部为器皿，上部为水流，其水从器皿中溢流出来的含义，依然未有改变。

清陈昌治刻本《说文解字》卷十八曰："益，饶也。从水皿。溢，器满也。曰，益之意也。"

清段玉裁《说文解字注》曰："益，饶也。食部曰：饶，饱也。凡有余曰饶。易象传曰：风雷益。"

既然益字有稳定而确切的注释，那么益水，就是人居处经常遭水淹的古水区域。发源于邵阳市城步苗族自治县北青山，在湘中雪峰山系崇山峻岭间自南向北穿越，益水这条流向洞庭湖盆的山溪型河流，流动的从来都是溢流奔涌之水。古益水，就在它的尾闾形成漫流三角洲，然后经由洞庭沼泽平原的沅江共用水道，最终在岳阳一带注入长江。地当江河尾闾，而洞庭湖平原人居历史又非常久远，益水便是人们按照人居环境的认知理解，完成了它最初的命名。如此道来，益水之名不仅忠实表述了益的字面含义，而且更深刻体现了它蕴含的人文价值。

但也有人从资水角度解释和溯源益水的来由。有人从"资"字的甲骨文同音字"滋"得到了启示。"滋"的甲骨文𤁒，外部是水，代表渊，指水潭、大池；内部是蜉蝣类生物。"滋"的小篆写作𤁒，以水为偏旁，虽改成左右结构，但整体字义未变。从训诂意义上分析，滋，表示蜉蝣生物生活在池中。按照应劭所指，茱萸江（资江在中游以下的别称。各个历史时期，指代范围有异，宋代溯及邵阳段，明清常指安化至桃江段，桃花江镇以下，资水或以桃花江相称）东经益阳县北，其后奔流四溢形成沼泽，导致蜉蝣滋生，便改名为"滋水"。许慎《说文解字》曰："滋，益也。""滋"和"资"同音，滋者，益也，而益者，溢也。有了一系列逻辑推理和引申，滋水便渐渐变成益水、资水，到最后，益水也就被人所彻底遗忘。

资者，滋也，再引申一下，滋者，益也，在训诂逻辑上，还是讲得通的；但是否引申过度，造成牵强附会，这便是仁者见仁智者见智的问题了。把"资"训为"滋"，再释为"益"，最令人感兴趣的，莫过于把资水尾闾的径流变化和水文特点做了准确概括。长期以来，益阳市新桥河镇新桥山一线以下，地处湖平区，呈现漫流三角洲的沼泽地貌，遍地是洼塘和积水，细如游丝的蜉蝣生物滋生其中，便习以为常。而水漫四溢的自然现象，正好合乎资水尾闾的涨落实况。这样勾画出的形态特征和地貌图景，与人们引发的联想有某种相似之处。

综上所述，益水，首先来自资江尾闾的湖盆化、沼泽化的地质地貌环境。这也是洞庭湖演变历史的一部分。然后，益水，它来自甲骨文"𤁒"字的写法。水满溢皿的会意，与资江尾闾江湖之水的奔涌漫流之态，二者极度相似，以这种情形冠名，体现了先人的一种观世智慧。益水的命名历史久远，从甲骨文，可以上溯到殷商。但殷商以来，益水并未留下什么地望名称。甲骨文，只属于中原，自然不会关照到荆南。唯一的解释，就是楚人在益水以北建立了一个羁縻百越的方城，并在此基础上，以益阳县冠名。但作为一条地处洞庭之南的河流，在湖南四水中，显然，它的名字不够响亮，名气也不够大。

其原因在于，一是深居荆南，是"蛮荒之地"的代名词，地僻人稀，常常不被纳入历史典籍的记录视野。二是它穿越湘中崇山峻岭，落差大，集聚人口的两岸冲积洲不够多，易涨易退山溪水的特性，导致径流起伏大，明显降低了它大江大河的身份。洪时，江水奔流，枯时，江滩峻列，而且，资水上中游与一条峡谷深沟差别不大。比如中游安化小淹段，冬枯时，宽不过四五十米。三是它在南洞庭湖平原边缘，以江河之水北流长江，其独立性也打了折扣。在春秋战国之前，益水是在甘溪港以北数千米外，与流量巨大的沅江共道，一起从城陵矶流入滚滚长江的。基于此，世人往往只知沅水，而不知资水或资江前身益水，甚至予以忽略、减省和弃用，如"沅湘之间"的提法，都是刻意将它减缩之故。退一步讲，如果不是注入洞庭湖，益水可能仅是一条名不见经传的地域性支流，谈不上有多大的影响。

这样，益水只留下益阳这个唯一的县名，自然算是理所当然的了。不过，这也是后世很多人为之质疑、纠结和遗憾的事情。一条益水，居然就这样默默潜入古今岁月，没有说道，不留解释，还真让人心里不是个滋味。

三、资水尾闾道古今

（一）快活岭码头的变迁

快活岭码头源自一个古老的民间传说。据当地村民介绍，相传很久以前，这里是洞庭湖的尾端。那时资江的河面很宽，人们从江北的凤凰坝渡江，是从快活岭码头开始的。在富水季节，特别是洞庭湖水倒灌顶托资江的春夏洪涝时期，从资阳区新桥河镇到对面的桃江县桃花江镇，还真需要这么一个渡口。

益阳市李昌港湖积平原全景（周立志摄）

这个快活岭渡口码头，现在已看不到多少遗迹了。它只是一个山湾，离资江的直线距离仅千余米，但当地百姓一直留下关于这个古码头的传说，也多少证实了资江河岸在此处形成之前的一种可能。现在的李昌港沿河一带，河堤是近几十年所修，确切地说，是中华人民共和国成立以后反复加修的。据当地八十多岁的老人回忆，就是在民国时期，河岸也不过丈把高，同如今的子堤差不多，现在看来，翻了两番还不止。

可以想见，虎形山以东的资江下游，如果没有修筑沿河大堤，资江一定会以漫流形态，将流水的触角伸向李昌港、土地河、紫罗桥等江北地势低洼的河滩地的。从这么一大片滩涂之地，江水甚至还可以沿着诸如土地河、黄溪河、南湖圫等各种溪河、水沟、汊道，流进南门桥湖等处，进而经甘溪港流入沅江水域。

这一带属于长春垸的上四垸。堤垸修筑于清代中后期，其历史并不长。当然，河堤修建要久远很多，早在唐宋可能就出现了，具体时间已无从稽核。包括资江河堤在内所修筑的长春垸，其功能主要是抵挡资江的滚滚洪水，以及洪涝时节由长江倒灌给洞庭湖的水。如此说来，包括长春垸的上四垸和下四垸在内，资江河堤是古往今来养育众多生齿的一道坚固屏障。对于生活在这一片土地上的人们来说，再

益阳市李昌港河堤掠影（周立志摄）

怎么高估它所发挥的历史作用，似乎都是不过分的。

地处资江尾闾的凤凰坝原属李昌港乡，20 世纪 90 年代末调整到新桥河镇，长塘村也更名为凤凰坝村。但它引以为傲的虎形山仍是行政归属的核心。虎形山上早在益阳县所辖时，就建有包括县氮肥厂、县有色冶炼厂、长塘砖厂在内的多家工业企业。划到资阳区以后，这里曾经建设过有色金属冶炼园，后来因污染问题，一些企业相继停产。这里离新桥河镇不足 1000 米，是益阳城区进入该镇的门户。

凤凰坝位于虎形山下。虎形山是资水在北岸的最后一道山梁，也是山丘区与湖平区的分界线。因为往东，再也见不到山岭，更见不到葱茏的山色了。虎形山与其说是山，不如视为微丘台地，因为其最高处，海拔还不到 40 米。数十年前，密密麻麻的松林遍布小小的村庄，清新而浓烈的气息曾经带给人们以生活的惬意。

凤凰坝村就倚靠在虎形山的怀抱休养生息。它的前面，是千里资江所馈赠的广袤的冲积平原。晴朗的天空下，资水静静北流，湖汊和水沟纵横交错，

益阳市新桥山和史家洲资江风貌（周立志摄）

草长莺飞，云蒸霞蔚。它的身后，是延绵起伏的平缓山岭，山林四季葱郁，景色宜人。这么一处所在，依山面水，堪称绝佳的宜居之地。在渔猎时代，上山，可追逐猎物，下水，可捕捉鱼虾，这样一片土地，先人没有理由不深深拥抱它。

人们甚至还清楚地记得，早在四五十年之前，此地植被茂密，山色葱郁，兔子、麂子、黄鼠狼等野生动物经常出没于山林之中，甚至野猪等大型野兽也窜到这里。各种鸟类更是一大风景，白鹭、野鸡、野鸭、油葫芦等水生和陆生鸟类应有尽有，它们不仅占据了树木的枝丫，山坡的草丛，甚至还占据了芦花飞舞的沙洲。在广阔原野之上的一大片天空，它们一群群结伴而飞，来去轻盈，风姿绰约。日里，它们频繁出没于田野、滩涂，或觅食，或追逐，抑或静立；入夜，则栖息在树杈、草丛之中，那儿，是它们结巢孵雏之所。

啾啾鸟鸣最能安抚孤寂心灵，增添美好生活的情趣，所以鸟儿最招人喜爱。自古以来，抓鸟从来不是人类谋生的首选，人们考量得最多的是捕猎体大肉多的野兽。农闲之际，三五成群的先人脚蹬草鞋，手执刀叉鸟铳，结伴而行，几只活蹦乱跳的猎狗前呼后拥，左冲右突，还不时地吠叫几声。这样的场景，在远古时代的益阳，应该是先人的一种生活常态。只不过，那时的人们，在凤凰坝一带围猎野物的工具，不比几千年以后制作的精良，他们还在用冷兵器，用勇猛的蛮力，用算不得很有效率的机关和陷阱，用整个部落或氏族的智慧去围捕山林里取之不竭的各种野生动物，并从中获取用于改善生活、提高体质的各种脂肪和蛋白质。

而对于楚人，一个长期适应平原生活的民族，一个"饭稻羹鱼"的群体，他们更青睐于面前的一汪清水，一片滩涂，一个鸥鹭翔集、水草丛生的大片原野。从这样的地方瞭望，他们看得见大象、犀牛和鳄鱼，还看得见由鱼虾、蚌蛤和螺蛳组成的水生动物世界。那是多么令人垂涎欲滴的美味佳肴，那又是一个个不断升级的食物链！楚人，不过是这个食物链的最高拥有者和主宰者而已。感谢上苍的造化，如果没有血吸虫的存在，这片宜居之地将迎来它怎样的繁荣和兴盛啊！

笔者经采访村民得知，位于凤凰坝一带的村民打井取水，其水位要下探六七米深，还不包括几米厚的浮土，两者相加，平均深度在十三四米，上部是土壤层，底层是卵石层，大抵是黄色的卵石，有鹌鹑蛋大小。

此地离新桥河镇的麻绒塘村有 4 千米左右，那里有一处大溪文化时期的聚落遗址。离对岸的谢林港镇也有 5 千米左右，那里的石湖村，也分布着一处名叫石湖遗址的石家河文化遗址。虎形山下，有一个水潭，因地近新桥河，故名新桥潭。乾隆《益阳县志》称："新桥潭，治西四十里，其下有石狮石马。"不过 300 多年以后，人们早已见不到这些石狮石马的踪迹了。倒是在中华人民共和国成立后，在当地修了个八里渡口，从这个渡口，开动小小的机动划子，人和自行车甚至摩托车可以涉水过河。此地离新桥渡也不过 1 千米，交通还算方便。

（二）闲说古镇新桥河

新桥河镇，位于益阳古城西部偏南，地处资江河畔，地势平坦，犹如被一个巨大山湾拥抱，土地肥沃，物产丰富，现有人口 7 万余，是益阳市资阳

益阳市新桥河镇新桥河桥

区人口最多、面积最大的乡镇。古镇沿河而建，长约1千米，鼎盛时期为明清乃至民国时期，废于20世纪80年代。街道由青石板铺设，吊脚木楼曾是古镇的一大风景。河岸分布有一系列码头和渡口，自古至今，它一直是资江尾闾重要的物资集散地。对岸是桃江县城，与桃花江古镇水陆交通便捷且往来频密。下游0.5千米处，有新桥山至虎形山等一线连绵起伏的山岭，呈半岛形探出，将资江岸线予以上下遮断，分割出益阳境内山丘区与湖平区两大地貌景观。作为分界之所，它也是走进洞庭湖平原的起点。

新桥河镇，亦名新桥观市。乾隆《益阳县志》记载："新桥观市，治西。"明清时，益阳内设二十三厢或二十三里，新桥观属于七里所辖，是近郊范围之地。

新桥河因著名的新桥观而得名。乾隆《益阳县志》记载："新桥观，治西四十里。"①

新桥观有多出名，可以从一个史料略知大概。乾隆《益阳县志》记载："新桥观，在治西，二十里。建安先民曰：自周穆王居幽逸之人于草楼之观。"②

这里提供了几个信息。一是新桥观是作为古迹而传世的，它是自东汉以

---

① 参见乾隆《益阳县志》卷三"市镇"。
② 参见乾隆《益阳县志》卷十九"寺观"。

来，建安先民世代
相传的一个历史记
忆。这个古迹当是
新桥观市镇存续与
兴废的凝聚之所
在，它从汉献帝时
期延续至明清时
期，影响不可谓不
深远巨大，可惜旧

益阳市新桥河镇新桥观远眺（周立志摄）

址已湮灭，方志也未详加记载，故而并不为人所知悉。其信息源头，采自明
代首修《益阳县志》。此志为明代嘉靖辛亥年（1551）太学生朱铼（建安）
修纂，县丞周济作序，习惯上称朱氏旧志。这是益阳第一本官修县志，今不
存，但后世所有版本均依此为蓝本。乾隆《益阳县志》关于新桥观的传说，
不过是沿用旧志的载述而已。所幸的是，作为存世最早的县志版本，乾隆
《益阳县志》因录入《四库全书》文渊阁馆藏，故而得以孤本存世至今，并
为人们所览阅。因而，新桥观乃一古迹的说法，可信度颇高。

　　二是它的古老，可追溯至商周。从周穆王时代开始，就有人居住于此。
周穆王（约前1026—前922）所处年代，乃西周中期。据传，五十岁称王的
周穆王于当政的第三十七年大起九师，伐荆楚。《竹书纪年》记载："周穆王
三十七年，伐纣，大起九师，东至于九江，叱鼋鼍以为梁。"九江者，长江中
游之地也。《尚书·禹贡》有"九江孔殷"的记载。从周穆王开疆扩土的经
历看，他与九江之地和荆楚之域可能确实存有某种连接和影响，尤其是战争
的加持，作为一个重要因素，它促进了中原人口南迁和洞庭湖平原的拓殖。

　　三是新桥观为草楼之观，居住的是"幽逸之人"。结庐而居者，要么是

殷商败亡后溃散逃难的商纣遗民，要么是周穆王征讨荆楚后避世求隐的荆楚子民，二者均为乱世避祸而来。再者，或许是不满朝政、理想不彰、自求高洁的隐士，如三苗首领善卷、"楚狂"陆接舆之类。当然，也可以是屈原、梅铕、裴休之类或贬或赏或获罪之人。

　　需要指出的是，新桥观市离益阳古城水路三十里，陆路四十里。新桥观究竟在何处，莫能确指。二十里和四十里的记载，差距悬殊，但二十里的说辞，可认定为誊录之疏漏。此外，根据常识，新桥观市既然因新桥观而冠名，二者应当离得不远，极有可能就在附近黄龙山下的某个倚山面江处。而且，新桥观上还有一座晏公庙。同治《益阳县志》记载："晏公庙，在七里新桥观上。"① 这么说来，围绕新桥观，后世配建了一些人文祭祀设施，它的存在，也并非是孤立的。

　　新桥河的历史悠久，还可从新近发掘的潭溪口遗址窥见一斑。该遗址位于新桥河镇西边 1 千米外黄甲山村的资水岸边，东距益阳市区约 22 千米，西南距桃江县城 8 千米，是一处长条状沿河台地，东西长 200 米，南北宽 30 米，分布面积约 6000 平方米。为配合修建常德经益阳至长沙的高速铁路的跨资水铁路桥，2019 年 8—12 月，省文物考古研究所组织益阳市、区文物工作者对遗址进行了抢救性挖掘。在 6 个探方中，共发掘灰坑 133 个、灰沟 15 条、墓葬 3 座，此外，还发现了未能辨认出房屋建筑的 200 多个柱洞。

　　发掘表明，潭溪口遗址为益阳地区资水下游一处聚落遗址，可大体分为商代、战国、六朝、宋元四个时期，年代跨度大。商时期遗存，出土较多陶片、红烧土、炭屑等，陶器以泥质红陶为主，少量夹砂陶。可辨器型有釜、罐、豆等。纹饰以绳纹为主，少量方格纹。战国时期遗存，包含物有较多陶片、红烧土、炭屑等。陶片以泥质陶为主，少量夹砂陶。可辨器型有鬲、豆、

① 参见同治《益阳县志》卷二十四"寺观"。

釜、罐、盆等。纹饰以绳纹为主。湖南省文物考古研究所的何赞、余晓福认为，商代遗存虽然出土遗迹、遗物较少，但其器物特征与安化城埠坪、桃江麦子园、汉寿马栏咀、益阳泞湖等商代遗址具有一致性，应是一种受商文化影响的具有地方特色的土著文化。① 当然，那些数量不菲的柱洞，它们究竟是干栏式建筑的柱础，还是用于固岸的桩基，是用于囤积粮食的仓库，还是晾晒渔获的码头承台，目前尚难得到定论。

特别值得关注的是，从潭溪口遗址的六朝时期遗存中出土了数量众多、器类多样的同期青瓷器，却不见窑址、窑具等相关的遗迹遗物出现，这一度引起考古人员的困惑和好奇。经分析和比较发现，这些青瓷器，多源于湘阴的岳州窑，其中带支钉痕青釉碗、四系盘口壶、鸡首壶等品种，与湘阴岳州窑两晋时期出土同类型器物十分相似。所以，初步得出的结论是，该遗址或许在六朝时期为湘阴岳州窑瓷器贸易的一处集散地。实际上，益阳与湘阴毗邻，人员和货财往来频繁。晚至宋元时期，益阳东郊羊舞岭民窑的青瓷器，一直经由资江尾闾水系，运销洞庭湖周边各处，因而，这个清晰的判断，一点也不会让人感到惊讶。也许，这些残瓷碎陶的重见天日，正是新桥河镇得以兴盛数百年而尘封久远的一个商业秘密所在。

（三）尾闾江岸秘闻

资江尾闾，托起一座益阳城，这是一种共识。但是，人们对变化无常的江岸却知之甚少，甚至无人问津。这无疑又是一种缺失。笔者通过与李昌港沿江一带村民座谈，获悉一些鲜为人知的信息，这不禁让人茅塞顿开。

在长期的生产生活中，人们形成了这样一种判断，沿河一线的地下水位因为青石底，要比远离河岸的地方低不少。村民雇请的专业打井队凿井时，

---

① 何赞、余晓福：《益阳资阳区潭溪口遗址考古发掘收获》，载"湖南考古"公众号 2019 年 12 月 16 日。

队员总会抱怨井不好打，普遍要钻到 15—16 米深才会出水，这比在上百米外的田塅要深 2—3 米。此一反常之举，意味着河岸分布有一条数十米宽的不透水带，它犹如一道屏障，从李昌港延伸至新桥山下，长达千余米。

在当地百姓的印象中，李昌港至凤凰坝一带属于冲积平原，田塅中间，泥脚要更深一些。其表面为浮沙和细泥层，由暴雨和洪水淤积而成。中间的夹层，是沙砾卵石层，比较厚，几米至十余米不等。基底层是膏泥，也就一两米厚，有白膏泥，也有青膏泥，分布不一。越靠近河岸，泥脚越浅，底子也越坚硬。往下 10 到 20 米不等，就能见底，是一色的青石岩。

据地勘资料和史料记载分析，在若干年前的地质年代，资水是穿山而过，才在其尾闾形成河床的。只有从整个山岭的薄弱处冲出一个缺口，河流才能在新桥山和南岸山岭之间找到出路，这就是江水奔流的逻辑。由于长期的侵蚀作用，江北的土山表面早已被冲刷干净，只剩下青石河床底基；附着其上的，是卵石和沙砾，皆为流水裹挟而来，它们是大自然这个搬运工的力作。

从爱屋湾沿资江而下，到益阳城区的南岸，有一座龟台山，与明清时期的益阳古城遥遥相对。南门码头 1 千米外，是一座叫作刘公洲的江心洲。这座洲子并非冲积洲，而是河中兀立的一个岩石岛屿。日久天长的洗刷，嶙峋的青石不时从浮沙中露出峥嵘，仿佛要借此昭示自己的身世。它的旁边，是一条横亘于资江尾闾的江滩，江滩长不足 100 米，滩底浅，水流相当疾。枯水时，岩石的影子在流水之下摇摆晃荡，常常令过往的船筏搁浅于斯而左右为难。它的存在，就为见惯躬身拉纤者的匍匐艰难，就为听惯那又唱又和的号子和粗野的咒骂声。

遥想当年，清末民初时，益阳稍大一点的毛板船和竹木排筏，都不得不停驻在县城西郊位于青龙洲旁边的关濑滩。这倒不是因为此地拥有三国"兵讨荆州"事件中，蜀将关羽在驻地听到对岸吴将甘宁严密的警戒巡查而"闻

益阳市益阳古城东门口资江河面（周立志摄）

咳止兵"的神奇传说，而是因为运往洞庭湖和长江的大宗物资，需要在此修整停息，预备转滩输运。一般说来，除非上中游发了桃花水，竹木等大宗货物皆需在刘公滩下游不远处一个叫清水潭的地方，化零为整并重新捆扎牢靠，才可以上路远征。所以，千百年来，作为一道险滩，刘公滩总是以一个巨大而难以克服的河障存在于资江益阳河段之上。

从地质构造而言，资江在未形成河流之时，刘公洲与刘公滩当是一道完整的低矮丘陵，甚至与蛇山、龟台山连在一起。

乾隆《益阳县志》记载："蛇山与龟台山相连，据益水口。"①

显然，资水在尾闾的版图上狼奔豕突之际，是从蛇山和龟台山的薄弱之处找到了一个突破口，这样，滚滚的资江水以巨大无比的力量，形塑了它作为江河的面貌。具体而言，在刘公洲和蛇山相接部分，冲出一个很大的豁口，

---

① 参见乾隆《益阳县志》卷四"山川"。

才使各种舟楫排筏得以在资江的主航道上安全通过。

民国时期，刘公滩曾有过较大整治，但囿于当时财力和机械设备匮乏，人工亦力所不逮，故而收效甚微。1952 年，益阳地区在整治洞庭湖时，全力突破刘公滩河段的疏浚瓶颈，不惜耗费数十万元资金，炸药数十吨，狠心拆除江心洲上一座拥有数百年历史，被誉为资水流域地标建筑的魁星楼，才彻底解决它的阻水碍洪问题。

从爱屋湾的青石底河岸勘探，到刘公滩的江心岛与江滩被炸毁的疏浚故事，都说明这样一个道理：资江尾闾，河道在形成过程中，经过了长期而复杂的自然选择，尤其是水流侵蚀和洪水漫流交替作用，产生并呈现出一个不为人类所左右的水文地貌。资水在尾闾的多次改道，除了洞庭湖平原南缘受凹陷运动影响，这其中，无疑有它自身的演变逻辑和变化特点。

参考文献

［1］范晔. 后汉书［M］. 北京：中华书局，1965.

［2］班固. 汉书［M］. 北京：中华书局，2007.

［3］陈寿. 三国志［M］. 成都：四川人民出版社，1985.

［4］左丘明. 战国策［M］. 北京：中信出版社，2014.

［5］司马迁. 史记［M］. 长沙：岳麓书社，1988.

［6］孔晁注. 逸周书［M］. 北京：中华书局，1985.

［7］张正明. 楚史［M］. 武汉：湖北教育出版社，1995.

［8］益阳市文物管理处，益阳市博物馆. 先秦南洞庭　南洞庭湖古遗址发掘报告集［M］. 北京：科学出版社，2016.

［9］高秀昌注译. 墨子［M］. 郑州：中州古籍出版社，2008.

［10］高至喜. 楚文化的南渐［M］. 武汉：湖北教育出版社，1996.

［11］易永卿. 蚩尤与梅山文化［M］. 长沙：岳麓书社，2008.

［12］吕思勉. 中国通史［M］. 北京：中国华侨出版社，2012.

［13］伍成泉. 近年来湘西里耶秦简综述［J］. 中国史研究动态，2007（06）：16-25.

［14］柴焕波. 武陵山区古代文化概论［M］. 长沙：岳麓书社，2004.

［15］别鸣，张艳鸽. 从考古发现看2000年前的荆楚饮食习俗：楚人先祖爱吃啥［N］. 湖北日报，2018-01-22.

［16］彭秀枢. 土家族族源新议［C］//湘西土家族苗族自治州民族事务委员会. 土家族历史讨论会论文集. 吉首：［出版者不详］，1983.

［17］杨丹. 谁的青铜器：探寻湖南商周青铜器之谜［N］. 湖南日报，2019-03-11.

［18］谭其骧. 鄂君启节铭文释地［J］. 中华文史论丛（第二辑），1962.

［19］谭其骧. 云梦与云梦泽［J］. 复旦学报，1980-12-31.

[20] 卢跃. 古代益阳的军事战略地位 [N]. 益阳日报，2014-01-18.

[21] 郦道元. 水经注 [M]. 长沙：岳麓书社，1995.

[22] 高自位，主修，曾璋，主纂. 乾隆益阳县志 [M]. 影印本. 台北：成文出版社，2018.

[23] 欧阳修. 新五代史 [M]. 徐无党，注. 北京：中华书局，1974.

[24] 陈澔. 礼记 [M]. 上海：上海古籍出版社，1987.

[25] 姚思廉. 梁书 [M]. 北京：中华书局，1973.

[26] 魏征. 隋书 [M]. 北京：中华书局，1997.

后　记

　　《剑、简牍与斑斓岁月——益阳古遗址与器物价值解读》脱稿之际，新冠肺炎疫情正席卷全球。

　　原本准备在年后把全部稿子交给出版社，但由于二月底所住小区邻栋出现确诊病例，因此，我们楼栋就被连带隔离了两周。稿子文字部分其实只差后记了。其间，想补齐这点内容，又不知何故迟迟无法起心动念，几次坐到电脑桌前，就不知不觉做别的事了。后来细细一想，其实一直都是在等待之中。是的，差的不只是后记，还有这本书的骨架——图片。

　　不想多留遗憾的，皆是图片。毕竟考古题材的文字解读实在枯燥，太需要图片说话。于是，待到国内防疫形势稍有缓解，时值三月中旬，原野草色正浓，空气也清新，我便携妻带子深入洞庭湖腹地绕了大半圈，在南县、澧县等地拍了一组遗址遗迹照片用作插图。随后不久，又趁着高速公路免费和油价跌底的机会，特地驱车赴重庆彭水县郁山镇，目睹卤水从石山泻入绿水山涧的奇观，躬身探访"泼炉印盐"的作坊遗址；在"川盐入楚"的郁山古盐道，还将石板路的照片也一并补齐，前后两天行程有近一千七百千米。这样，经过一系列拍摄，全书配图就准备妥当了。今天，是一个细雨霏霏的春日，我想该坐到藤椅上把后记写好，将交稿的全部功课做完。

　　《剑、简牍与斑斓岁月——益阳古遗址与器物价值解读》一书，最初脱胎于益阳市社科联2018年度立项的一个重点课题，名字叫"益阳古城起源及其历史演变研究"。在数月的资料搜集和调研过程中，自己深感研究视野如果仅局限于益阳，将无法完整呈现与展示益阳在洞庭地域的文化内涵和历史价值，于是决定扩大研究范围——将内容涵盖整个洞庭湖地区，时间也延伸至史前时期，并以著作形式加以介绍和评析。从考古视角来释读和厘定益阳的历史文化乃至洞庭文明，之前没有人做过，深入浅出普及此类社科知识，更是困难重重。这无疑是一项开拓性的工作，是一次历史文化的寻根之旅，其意义自不暇多言。

本书在撰写过程中，得到了众多单位和个人的支持和帮助。益阳市委宣传部、益阳市博物馆、益阳市文物管理处、资阳区文物管理所等单位在协调联络、资料收集、图片使用等方面予以协助或提供便利；我所在的益阳市第六中学也在课题申报上给予了积极支持。益阳市文物管理处周创华副主任提供了大量考古资料，并提出许多中肯的意见建议，益阳市博物馆郭志凌提供了一批珍贵文物照片。本书在写作过程中，还听取了周志宏、颜咏涛、周红、邓建强等领导和专家的看法。此外，还有一些同志给予了各种形式的帮助。当然，本书能顺利出版，更是离不开湖南省社科联提供的项目资助。借此出版之机，对大家的支持和帮助一并表示感谢。

此书是益阳乃至洞庭地域第一本考古题材的社科普及读物，历时三年。囿于著者认识水平所限和研究视野的狭窄，也由于侧重于介绍益阳境内的考古遗址、遗迹和遗物，更大范围的诸多内容未能一一收录，史料运用或许有偏差，解读也仅是一家之言，纰漏和谬误在所难免，诚请专家学者和读者朋友多加包涵，并提出宝贵意见。同时，本书的出版仅起到抛砖引玉的作用。随着洞庭湖周边的考古发掘不断增多，相关探究不断深入，相信将来会有更多精品力作涌现出来。广袤的洞庭湖平原是一片古老神奇而又充满生机的土地，位于南洞庭湖平原的益阳更是这片土地上一颗耀眼的明珠。让我们共同努力，辛勤耕耘，一起将益阳地域文化的金字招牌翻新擦亮，将环洞庭湖考古打造成中华文明一处耀眼的文化高标。

周立志

2020 年 4 月